大展好書　好書大展
品嘗好書　冠群可期

大展好書　好書大展
品嘗好書　冠群可期

武術特輯 163

劉晚蒼傳

內家 功夫與手抄老譜

劉晚蒼
劉光鼎　著
劉培俊

大展出版社有限公司

代 序

博採眾長，圓融精妙

劉光鼎

劉晚蒼，1906 年 6 月 22 日（陰曆五月初一）出生於山東蓬萊大辛店東許家溝，1990 年 7 月 5 日逝世於北京。晚蒼先生畢生酷愛武術，涉獵極廣而尤精於太極拳術，其習練純正，認識精微，體悟深刻，造詣甚高。

他身體力行，德藝雙修，數十年寒暑不移，在北京地壇公園傳授太極拳架，親自餵招推手，培養了一大批拳術家，對提升和推廣中華太極拳術做出了重要貢獻，堪稱一代太極大師。

良師益友

晚蒼先生原名劉培松，是我的堂兄，也是我的良師益友。1941 年，我 12 歲時，老家山東蓬萊遭受侵華日軍的殘酷掃蕩，我家破人亡，孤苦無依，隻身流浪到了北平。蒙表伯曹伯垣收留，到北新橋競存中學寄宿讀書。這時，交道口恆記米莊就成為我每個星期日必去之處，因為這裡有我的三哥劉培松。

培松三哥在恆記米莊打工，每次都熱情地接待我，一壺茶可以談笑風生兩小時；有時逢上吃飯，還會有一碗麵條和一盤豬頭肉拌黃瓜，再加上三哥講的趣聞軼事，每每

使我流連忘返。這樣，使初到北平的我在孤寂的學習生活中產生了熱乎乎的家的感覺。

我在蓬萊時，曾經跟隨大哥劉光斗（劉元化）學過幾天拳，照葫蘆畫瓢般地比畫一番，實質上卻是一竅不通，什麼也不懂。到北平與培松三哥接觸後，很快就萌生出學拳的想法。培松三哥同意了，並親自傳授了我譚腿、八卦、太極和七星杆、馬眉刀，其中講解和指點最深的是太極拳術。

應該說，我與晚蒼先生交往達半個世紀之久，不僅得到先生親傳拳術技藝，而且在先生誠樸的言談身教中受到薰陶。不論我在北京大學物理系讀書期間，還是後來在國內外進行油氣和海洋地質勘探時，凡有機會，我必然要到交道口恆記米莊探望，或者直奔安定門外地壇公園去練拳推手。晚蒼先生的和善樸實就像一塊強大的磁鐵吸引著我。每次在地壇公園西南角的松林中與晚蒼先生習練太極推手，我大多沾上即受到發放，像遇上彈簧一樣被彈擊出去，而晚蒼先生則是引進落空合即出，如同彎弓射箭一般。這樣的太極推手習練煞是好看，人被打得滿場亂飛，可真是切實地加深了對「沾黏連隨」「不丟不頂」「站住中定往開裡打」等太極拳術古典理論的體會與認識。

休息時，拳友們都圍繞晚蒼先生而坐，聆聽他講述拳術源流，楊祿躔、董海川等祖師爺們的故事，以及茶館宋（永祥）、煤馬（維琪）等前輩練拳行功的逸聞。這樣，在餵招、講解中改正動作，領會精神，提高技藝，同時又在講授做人的道理。

「文化大革命」期間，我從繁忙的海洋油氣勘探工作

中解脫出來，除了蹲
「牛棚」、接受批鬥
之外，大多時間處於
閒散狀態。於是，我
和晚蒼先生商量合作
寫一本《太極拳架與
推手》，系統地整理
並論述晚蒼先生數十
年在太極拳術方面的
傳授、教誨以及個人

20 世紀 70 年代，劉晚蒼與劉光鼎合影於北京地壇
（劉君彥保存，劉源正提供）

的心得體會。在得到先生的同意之後，我跑圖書館查閱文
獻資料，與晚蒼先生共同回憶往事，並列出提綱多次討
論。

　　同時還約請晚蒼先生去地壇公園，用我在蘇聯買的費
得照相機，拍攝彌足珍貴的太極拳架與推手的照片，儘管
我的攝影技術不高，照片品質不佳。隨後，我每寫完一
章，即與先生逐字逐句地認真研討、修改。全書完成之
後，我又與先生通讀一遍，做了最後一次修改，該書於
1980 年由上海人民教育出版社出版，首次印刷 42000
冊，不久即售罄。1983 年再版，印數達 33 萬冊。2005 年
5 月再次印刷，印數 5000 冊。

　　晚蒼先生一生質樸，和平待人，從來沒有人前阿諛奉
承、背後詆毀褒貶。既不恃技凌人，更不追求名利，實心
誠意地傳藝、授徒、探討交流，發揚光大中華武術，實為
一代楷模。1990 年 7 月 5 日，晚蒼先生以 85 歲高齡溘然
與世長辭。我在痛失良師益友的同時，一直惦唸著晚蒼先

生生前的一再囑託——對《太極拳架與推手》做進一步的
修改與補充。

但是，今非昔比，由於國家對油氣資源的需求迫切，
我從事海陸油氣勘探工作，於是整天四處奔波，始終沒有
找到時間來完成先生的囑託，內心深感愧疚歉然。

1989 年，我奉調到中國科學院地球物理研究所工
作，次年在參加盧山會議期間，由於在山上練拳而結識軟
體所許孔時教授。在他的督促和鼓勵下，遂在《太極拳架
與推手》的基礎上，增加了太極拳術的力學基礎、生理保
健基礎，以及太極拳術引論等章節，並重新定名為《太極
拳術——理論與實踐》。

補充的這幾章都未能經晚蒼先生審閱，也無法請先生
署名，是我的遺憾之處。

拳架基礎

太極拳術是我國傳統文化中的一朵奇葩，也是中國獨
有的一種技擊運動。它在我國悠久歷史文化的薰陶下，以
太極陰陽學說為理論基礎，指導拳架動作和推手應用。長
期堅持太極拳術鍛鍊，可以增強體質，治療一些慢性疾
病，還可以陶冶情操，修養性情。

但是，太極拳術畢竟是一種技擊運動，所以對它的闡
述，以及對其理論與實踐的認識，都必須以技擊作為主
線，體現太極陰陽學說，使動作準確，姿勢適度，趨路聯
貫，進而在意念的統率下，達到動作和呼吸順遂協調。為
了使盤架子能夠逐漸達到圓融精妙的境界，我們特編製了
一個歌訣：

太極歌訣

心率氣行布四梢，頂靈身端蓄腿腰。

神舒體逸守丹田，虛實變化因意高。

動中寓靜靜猶動，圓中有直直亦圓。

太極一元多辯證，陰陽兩儀不固定。

根據古典拳論，在書中明確提出習練太極拳術的十項要求。

晚蒼先生傳授的吳式太極拳架有十個來回趟路，108個拳式。但在編寫《太極拳架與推手》的過程中，晚蒼先生卻要求將重複的拳式去掉，集中論述其中 39 個基本拳式，包括太極起勢和合太極。為了強調太極拳架中的技擊作用及其中的變換，還特地對這 39 個基本拳式各編寫了一個歌訣，既闡明其作用，又便於誦讀和記憶。這對於普及推廣太極拳術是有重要意義的。

晚蒼先生尊師重道。在《太極拳架與推手》的編寫過程中，他首先要求收集並精選有關太極拳術的古典拳論，並對它們加以簡明扼要的說明，以便於理解和推廣。遺憾的是，雖然晚蒼先生提供了他記憶中的一些拳論，我又在北京圖書館中查閱到一些，但保留在山東蓬萊東許家溝的一些拳論如劉光斗撰寫的《太極拳論》（見劉培一、劉培俊著《劉氏傳統武術集》），當時就沒有瞭解，也沒有去收集。

晚蒼先生在傳授太極拳架的過程中，始終堅持「入門引路須口授，工夫無息法自修」。他認為，太極拳術有許多流派，即使是一師所傳，也會有所不同。大家都是根據

太極陰陽學說對傳統套路長期不斷的修練中積累起來的認識和體會，必須給予充分的重視和尊重。只要像《太極拳論》所要求的那樣，在行功走架中貫徹「貫串」和「用意」，符合原理，就不應該過分挑剔。

拳架是太極拳術的基礎，也是技擊中的知己功夫，必須長期堅持盤架子。既要深入領會太極拳架都是取法乎自然，在輕、慢、圓、勻、穩的動作中連綿不斷，端莊穩重；又要領悟太極陰陽之理，力求用意完整，「周身一家，宛如氣球」。嚴格遵守太極拳術的基本要求，經過長期盤架子鍛鍊，將使外形完滿、協調，空鬆圓活，而內勁又輕靈流動、圓融精妙。

推手習練

太極拳是一種技擊運動，其基礎是太極拳架，應用實踐的習練則是太極推手，也是知人功夫的訓練，因而有「練習太極拳而不練推手，等於不練」的說法。「走架即是打手，打手即是走架」，要求在太極拳行功走架中，處處擬想與敵人打手，無人若有人；而在推手時，則應靈活運用拳架

劉晚蒼彎弓射虎拳照，20世紀80年代攝於地壇
（劉君彥保存，劉源正提供）

中的技擊招法，有人若無人。這樣，在太極拳術中走架與推手是學以致用的兩個階段，而且是相輔相成的。因此，只有推手與走架多次循環反覆，使之互相緊密結合，才能達到高深的太極拳造詣。

晚蒼先生在傳授太極推手時，首先說明太極推手八法，即四個正方向動作掤、捋、擠、按稱為四正；四個斜角動作採、挒、肘、靠稱為四隅。四正如拳架中的攬雀尾，四隅如卸步搬攔捶，它們合起來組成太極拳對敵打手的基本方法。其次講解太極拳術中對敵打手的基本原則（即沾、黏、連、隨）和主要禁忌（即頂、匾、丟、抗），然後再反覆闡釋輕、重、浮、沉的重要性，進而指出這些名詞之間的關係，它們既是相互對立，又是相互依存的，必須用辯證觀點來對待。正如太極理論所指出的：「陰不離陽，陽不離陰，陰陽相濟。」因此，在對敵打手中必須用意於貫串，連綿不斷，捨己從人，否則勢必陷於停頓和僵滯，遭受打擊。

初學太極推手，對上述 20 個字雖反覆聽到講解，但大多仍是處於似懂非懂的狀態，必須經過一段時間的實戰練習，在不斷的體會中，才能逐步領會和認識。

太極推手有定步與活步之分。晚蒼先生經常演習的是定步四正推手，透過推手雙方打輪來認識、理解和應用掤、捋、擠、按。應該說明，四正推手便於示範餵招，及時講解改正，有助於傳授和體驗太極拳的技法。一般地說，經過相當時間的四正推手習練，逐步加深了對太極拳架的認識和理解，同時也開始對聽勁和懂勁有了體會。往往就在這時晚蒼先生會講述一個故事，道出吳式太極拳術

20世紀70年代，劉晚蒼與劉光鼎推手
（劉君彥保存，劉源正提供）

的精髓：春節來臨，楊祿躔從北京回老家探親。全佑依依不捨，跟隨騾車送行，送了一程又一程。楊老說：「回去吧，不要送了。」全佑則堅持再送一程。騾車到了盧溝橋，楊老對徒步扶車送行的全佑先生說：「回去好好練，站住中定往開裡打。」正是「站住中定往開裡打」的指示，經全佑先生融會貫通於拳架和推手之中，才形成後來的吳式太極拳術。

　　晚蒼先生繼承吳式太極拳的優良傳統，並加以發揚光大，極重要的關鍵是對「站住中定往開裡打」下過深功夫。每次和晚蒼先生推手，他腰似弓把，腳手如弓梢，引進落空合即出，正是「站住中定往開裡打」，以至動似放箭，上百斤重的漢子立即被彈發出去，既體現出「撒放秘訣」中靈、斂、靜、整的太極打手原則，又在沾、黏、連、隨中乾淨俐落地深化出一個「脆」字，形成了晚蒼先生沉粘古樸、靈潛宏偉的個人風格。

　　晚蒼先生傳授太極推手，並非只講定步四正推手。他也曾講述過體現採、挒、肘、靠的活步四隅推手，並且指出這是從上步、卸步搬攔捶演化出來的，經過楊式太極拳的闡發，成為楊式大捋，得到廣泛流傳。

　　應該說明，晚蒼先生曾經教過我一種圓形推手，其手法仍是掤、捋、擠、按，而步法卻沿圓線變化。這樣，腳扣腰撐使身體做大幅度轉動，能夠膝頂腳踢，肩靠肘打，展現出激烈的攻防運動。

聽勁懂勁

　　作為技擊運動，太極拳術要求在盤架子的基礎上，經過推手訓練，學會聽勁，最後達到懂勁。古典拳論明確指出，練太極推手而未能懂勁，則運用毫無是處。因此，要求「由著熟而漸悟懂勁，由懂勁而階及神明」。懂勁是太極拳術的高級階段。

　　太極拳術非常講究聽勁和懂勁。所謂聽勁，就是對技擊對方進行調查研究。透過沾黏連隨來瞭解對方施加於我的勁力。「彼之力挨我何處，我之意用在何處」，將自己的意念集中於對方勁力施加於我身的著力點上，並努力精確地瞭解此勁力的大小和方向。所謂懂勁，則是根據聽勁所瞭解到的情況，經過分析和判斷，搞清對方的意圖，並迅速做出反應，不失時機地將應對決策施於對方。「彼不動，已不動；彼微動，已先動。」這樣，晚蒼先生依照古典拳論，將人體比作氣球，而將聽勁和懂勁形象地概括為「你挨我何處，我何處與你說話」。

　　晚蒼先生盤架子，早年與晚年有很多不同，明顯地反映出先生對太極拳術理解的深化和提升。仔細探索其發展和演化的路徑，可以找出兩個原因：一是透過盤架子和推手的大量實踐融匯力學原理，貫通於太極拳術之中；二是對聽勁和懂勁不斷深化，達到高深造詣。

一次，晚蒼先生在地壇公園做盤架子示範時，我發現他在白鶴亮翅和玉女穿梭中都明顯地出現了小臂滾捲的動作。對此先生給出兩種解釋。首先，先生觀察到用圓木墊在笨重物體之下可以輕易地移動此物體；其次，拳論要求「擎起彼身借彼力」，對方施力於我小臂，如我臂順其力滾捲，則不要多大力量使著力點落空，對方身體勢必騰虛，腳跟浮起，而我臂再做反向滾捲，恰好正擊中對方。這樣，向後的滾捲是順其力，使著力點落空，而反向滾捲，又是我發放的落點，使對方傾倒。這正是「亂環決」中所謂「發落點對即成功」，也是聽勁與懂勁的結果。

應該附帶說明的是，白鶴亮翅與玉女穿梭在習練中都必須從小臂到後腰有勁，不得丟匾，順勢滾捲和反向滾捲也都必須以腰為軸，力求完整。

在技擊鬥爭中，首先要將自己安排好，這就要靠平日盤架子的功夫了；其次要由聽勁仔細瞭解對方情況，明白其真實意圖，迅速做出分析、判斷，再根據力學原理，從弧線與直線、分力與合力、轉動與滾動、槓桿與螺旋等方式選取最有力的作用，破壞對方的平衡。

晚蒼先生長年在地壇公園演練太極拳術，透過示範、餵招、講解來說明聽勁和懂勁，由實戰來認識技擊的全過程，應該說，先生講解的是拳理、拳法，但處處符合物理學中的力學原理，並能用生活中的實例比喻和加以闡釋，體現出先生在長期太極拳術鍛鍊實踐中達到了極高的境界，他無師自通地理解力學原理並將其融匯於太極拳術之中的悟性和功底，令人感到十分驚奇和由衷地敬佩。

深刻懷念

太極拳術繼承並發揚中華民族源遠流長的文化傳統，融會貫通了中國哲學、醫學、美學等多種思想智慧，既博大精深，又為廣大人民群眾所喜愛。太極拳術流傳廣泛，凡是接觸到此拳術的中外人士，大多會產生興趣，甚至沉湎於太極功夫之中。長期堅持太極拳術鍛鍊，確實可以達到增強體質、陶冶情操的效果，而太極推手的習練，不僅可以提高攻防技藝，還有無窮趣味，可以深化對拳理的認識。

中國古代哲學中，經常使用「矛盾」這個詞。矛是進攻的武器，用以消滅敵人；盾是防禦的器械，用以保存自己。兵書上講求矛盾，實質上是探討攻防、敵我的鬥爭。

《老子》可以說是我國最早的一部兵書，「歷記成敗存亡禍福古今之道」；宋·周敦頤的「太極圖說」，用「陰陽」作為基本理論，來概括人體及其運動中相互矛盾對立、又相互統一的事物，如動靜、虛實、開合、蓄發、呼吸、進退，等等，以認識其變化規律；孫武在春秋戰國時就從兵家角度對戰爭規律和攻防原則進行了總結，並指出「知己知彼，百戰不殆」「後人發，先人至，此迂直之計也」。孫武認為「先識迂直之計者勝，此軍爭之法也」。在充分調查研究的基礎上，根據情況，因勢利導，實現迂直之計是鬥爭取勝之道。毛澤東在總結敵我強弱的情況下，提出的「敵進我退，敵駐我擾，敵疲我打，敵退我追」進行遊擊戰爭的指導思想仍是因勢利導。

在當年的敵我鬥爭中，這些思想原則的高度總結既是

積極的防禦型戰略，同時又是具有戰術指導意義的。將它
們具體化到太極拳術的技擊鬥爭中，所謂「迂直之計」，
就是曲線與直線的轉化：人擊我時，要使其循曲線而進；
我擊人時，則要沿直線以對——也就是「引進落空合即
出」「站住中定往開裡打」。由此可見，太極拳術長期在
中華文化的薰陶中，融會貫通其精髓於技擊運動。因此，
要想發展太極拳術，除了堅持鍛鍊太極拳架與推手之外，
還必須廣泛而深入地瞭解中華文化。

　　劉晚蒼先生長期居於北京交道口恆記米莊，安貧樂
道，淡泊名利，專心致志於研習太極拳術。他自幼酷愛中
華武術，博採譚腿、八卦、形意等眾家之所長，深刻領悟
太極拳術之精髓，獨闢蹊徑，達到圓融精妙的境界，並在
太極推手上形成「沉粘古樸、靈潛宏偉」的特色。

　　筆者認為，晚蒼先生之所以能夠達到這樣的造詣，和
他日常以書畫自娛，不斷深化對中華文化的理解有關，當
然，也和他數十年如一日，堅持鍛鍊，刻苦鑽研，並在北
京地壇傳授太極拳架、訓練太極推手有關。

　　總之，劉晚蒼先生奉獻於太極拳術，承上啟下，繼承
中華優秀文化傳統，精研太極拳術並加以發揚光大，堪稱
一代太極大師。

代前言

季培剛

　　劉晚蒼（1906－1990）所傳習的武藝，主要源自其師劉光斗（1912—？）。劉光斗自民國初期開始在京從張玉連習教門譚腿，後從王茂齋習太極功，最終由王茂齋薦與與石如習宋永祥派八卦功，所傳習的內容涵蓋內外家，包括十路譚腿、譚腿對練、掩手母子、短打母子、查拳、十路行譚、練手拳、二十四式、六家式、串拳、如意刀、馬眉刀、春秋大刀、虎頭雙鉤、燕翅鑶、雙手帶、雙橛、太極拳、太極劍、太極刀、華槍、太極推手、宋派八卦掌、八卦推手、八卦轉槍、八卦變劍、六合大槍，等等。

　　劉光斗自抗日戰爭後期不知所終後，劉晚蒼在推手方面又多受王茂齋之子、師伯王子英（1902－1967）指點。他學兼內外，慎重吸收眾家之長，終成一代大家。

　　關於劉晚蒼及其技藝傳承的詳細情況，有此前所編《三爺劉晚蒼——劉晚蒼武功傳習錄》一書可供參考。

　　本書內容，為劉晚蒼所傳的太極功與宋永祥派八卦功。太極拳部分主要源自劉晚蒼、劉石樵（即劉光鼎院士）所著《太極拳架與推手》，實際是劉石樵對劉晚蒼所傳太極拳的理解與體會。該書後經劉石樵本人重新補充，曾以《太極拳術——理論與實踐》為名重新出版。本次再次整理，將現存劉晚蒼全套太極拳架照片全部呈現，供讀

者從中領略劉晚蒼太極拳架風貌。這些照片為劉石樵早年拍攝，由劉晚蒼之子劉君彥老先生保存，由劉晚蒼之孫劉源正老師提供。有的拳架銜接處無劉晚蒼拳照，以劉石樵或劉培俊老師拳照代之。另外，為便於瞭解劉晚蒼所傳太極拳架趙路情況，由劉培俊老師重新配圖並加以完整解說，又由劉晚蒼的部分再傳弟子拍攝了分段演練影片，方便讀者對照圖文學習。

宋派八卦功部分為劉培俊老師所編著，是其本人對劉晚蒼所傳宋派八卦功的理解與體會。劉晚蒼生前曾自述其功力主要來自宋派八卦，且其一生對此較為珍視，不輕易授人，因而得其傳者少之又少，外界難知大概。由於劉晚蒼本人未曾拍攝過全套的八卦掌照片，此次是由劉培俊老師按照劉晚蒼所傳動作拍照配圖，分段影片由劉培俊老師於 1999 年臘月拍攝的錄影剪輯而成，大致可以展示出劉晚蒼傳宋派八卦功的習練樣式。功譜部分收入劉光斗的八卦功著作兩篇。

此外，本書還收入了在別處難得一見的手抄老譜。除劉晚蒼手抄的《武術集宗》中與太極功、八卦功有關的內容外，署名為劉光斗（亦名劉正剛、劉光魁）的手抄本全部來自於劉培俊老師所存劉培一先生抄本複印件。個中淵源在《三爺劉晚蒼——劉晚蒼武功傳習錄》中已有交代，此處不再贅述。

至於讓不少人讚譽的劉晚蒼推手及散手技擊的核心技法要點，讀者可以透過劉晚蒼傳人的著作略見一斑，體會揣摩。由於文字的功能有限，很難將劉晚蒼本人的心得體會真實、完整、原原本本地保留下來，尚待相關傳習者們

繼續研究、探討、整理，並順隨機緣，以各種便利方式呈現出來。

　　年近九旬的劉石樵對本書的編輯整理非常支持，在前後多年的時間裡，儘管他的身體狀況已欠佳，仍不厭其煩，對書稿的整理非常關心。抱愧的是，該書未能在他生前面世，讓我們無限緬懷。

掃碼瞭解
《三爺劉晚蒼》

目　錄

上篇

太極拳架與推手

一、理　論

（一）太極拳法

太極拳術是以「太極圖說」作為基本理論的。宋·周敦頤作《太極圖說》：「太極動而生陽，動極而靜，靜而生陰。靜極復動。一動一靜，互為其根。分陰分陽，兩儀立焉」。說明「太極」的概念中包含陰陽、動靜等相互對立的雙方，它們既互相依存，又相互轉化。

明·王夫之在《大易篇》中指出：「一物而兩體，其太極之謂與？」他在《思問錄外篇》對「太極」所做的解釋是：

「繪太極圖，無已而繪一圓圈爾，非有匡郭也。如繪珠之與繪環無以異，實則珠環懸殊矣。珠無中邊之別，太極雖虛而理氣充凝，亦無內外虛實之異。從來說者竟作一圓圈，圍二殊五行於中，悖矣。此理氣遇方則方，遇圓則圓，或大或小，絪縕變化，初無定質，無已而以圓寫之者，取其不滯而已。」

不顯於形色的是無極，而成於形色的是太極；在太極中，靜裡含動，動不捨靜。靜動即陰陽。「陰陽者，數之可十，推之可百，數之可萬；萬之大，不可勝數，然其要一也」，因此，用陰陽這兩個抽象名詞來概括所有相互對立而又相互統一的事物。

　　我國古代的陰陽學說在中醫和擊技中都得到應用。陰陽學說可以概括為這樣幾點：

① 陰陽之中可以再分陰陽

　　「陰中有陰，陽中有陽」，就人體來說，「背為陽，腹為陰；臟為陰，腑為陽」「背為陽，心為陽中之陽，肺為陽中之陰；腹為陰，腎為陰中之陰，肝為陰中之陽，脾為陰中之至陰」。

② 陰陽相互依存，又相互聯繫

　　「無陰則陽無由生，無陽則陰無由長」「孤陽不生，獨陰不長」。

③ 陰陽相互為用

　　「陰在內，陽之守也；陽在外，陰之使也。」

④ 陰陽在一定條件下可以互相轉化

　　「故重陰必陽，重陽必陰」「動復為靜，陽極反陰。」

⑤ 陰陽之間的消長是事物發展、變化的根源

　　「陰勝則陽病，陽勝則陰病」「陽強不能密，陰氣乃絕。陰平陽秘，精神乃治；陰陽離決，精氣乃絕」。

　　但是，陰陽學說中，還沒有明確地認識到物質運動的本身就是矛盾，也沒有認識到鬥爭促使矛盾的轉化，從而，對於陰陽雙方採取調和的方法，陷入唯心論和形而上學。太極拳術和中醫一樣，沿襲我國古代的「陰陽」概念，來概括人體生理和運動機制中各種相互矛盾著的對立面，從而有動靜、虛實、開合、蓄發、呼吸、進退以及其

他許多相互對立而又相互統一、相互制約而又相互鬥爭的名詞作為「陰陽」的內涵，並用它們來闡明「盈縮之期」和「奇易而法」，認識事物的變化規律。

這樣，在太極拳法中，首先承認事物都是一分為二的，承認矛盾的普遍性：「一處自有一處虛實，處處均有一虛實」，認為矛盾是普遍的，絕對的，存在於事物發展的一切過程中，又貫串於一切過程的始終。

其次承認矛盾雙方相互聯繫，相互轉化，進而要求區分矛盾的性質，並正確處理其間的關係：「虛實宜分清楚」「謹察陰陽所在」「陰不離陽，陽不離陰；陰陽互濟，方為懂勁」。

但是，如果把陰陽看成是循環往復而否認發展，就不能正確地認識螺旋式的前進；如果處理陰陽之間的矛盾關係僅停留在平衡上而否認鬥爭，即不能認識和理解鬥爭的絕對性和平衡的相對性與暫時性。

古代用矛和盾來進行鬥爭。矛是進攻的，用以消滅敵人；盾是防禦的，用以保存自己。兵家通過矛盾的鬥爭，對戰爭進行了總結。

我國最早的一部兵書——《老子》，「歷記成敗存亡禍福古今之道」（《漢書·藝文志》），從戰爭的勝敗引起國家盛衰興亡和階級升沉浮降中，總結了某些軍事上的規律，並把具體的用兵之道上升到戰略思想的高度，從哲學上作了概括。他在《道德經》中指出矛盾雙方的關係：「有無相生，難易相成，長短相形，高下相傾，聲音相和，前後相隨」，並且指出對立面的轉化：「禍兮福之所倚，福兮禍之所伏」，以及對這種規律的應用：「將欲弱

之，必固強之；將欲滅之，必固興之；將與奪之，必固與之」。他的基本觀點就是：「柔弱勝剛強」。

1973 年底在長沙馬王堆三號漢墓中發現珍貴帛書 12 萬字。《老子》的四篇古佚書中有：「以剛為柔者活，以柔為剛者伐（經法）」「極而反，盛而衰，天地之道也，人之理也（四度）」，從而主張「審知逆順」「審觀事之所起」，具體地去「定禍福死生存亡興壞之所在（論約）」，促使事物向積極的方面轉化。

孫武兵法十三篇是我國著名的兵法著作，概括並總結了戰爭規律和攻防原則。孫武在《謀攻篇》中指出：「知彼知己，百戰不殆；不知彼而知己，一勝一負；不知彼，不知己，每戰必殆。」明確地闡明在敵我雙方的鬥爭中瞭解情況的重要性，既要瞭解對方的情況，又要瞭解自己的情況，才能正確地制訂戰爭計劃，部署兵力，去獲取戰爭的勝利。

孫武還在《軍爭篇》中指出：「軍爭之難者，以迂為直，以患為利。故迂其途而誘之以利，後人發，先人至，此知迂直之計者也。」「善用兵者，避其銳氣，擊其惰歸，此治氣者也。以治待亂，以靜待嘩，此治心者也。以近待遠，以逸待勞，以飽待飢，此治力者也。無邀正正之旗，勿擊堂堂之陣，此治變者也。」辯證地論述了在敵我雙方的鬥爭中，將迂（弧線）變為直（直線），化不利為有利以爭取主動的原則，並具體地闡述消滅我之弱點，以轉向有利，同時暴露敵之弱點，使其轉向不利。

後來，大量的鬥爭實踐，運用、補充並發展了這些基本原則，使用兵之道達到了高度的成就，並幫助太極拳法

制訂出積極防禦的戰略思想和對具體情況做具體分析與對待、因勢利導的戰術方針。

正是在這種太極拳法的指導下，太極拳術在擊技運動中，才能以柔克剛，以靜待動，以簡馭繁，以逸待勞，以小制大，最後克敵制勝。

唯物辯證法認為：事物發展的根本原因，不是在事物的外部，而是在事物的內部，在於事物內部的矛盾性。太極拳術作為保健和擊技運動，首先要求正確處理人體內部的矛盾關係。

在保健運動中，將人體看成一個矛盾統一的整體，也將人體和其所在的周圍環境看成一個相互影響、相互關聯的整體。人體中臟腑、經絡、氣血之間具有相互聯結、相互依賴、相互制約又相互鬥爭的關係，而在心（大腦皮層和中樞神經系統）的統率與協調下，既分工，又合作，共同完成各種生理活動。

因此，太極拳術將大腦皮層和中樞神經系統在人體內部置於矛盾的主導地位，關係到人體內外的各個部分，所以要求「虛領頂勁」「尾閭中正神貫頂」，突出頭頂和脊骨，作為重點鍛鍊的內容，強調「用意」，要「先在心，後在身」「以心行氣」「以氣運身」。

在中樞神經的主導之下，使呼吸與動作緊密結合，以按摩臟腑，促進血液循環，增進腸胃消化能力，並改善人體的新陳代謝；同時在肢體的平衡運動中使骨骼和肌肉都得到鍛鍊。因此，可以將太極拳運動看成是運行氣血、暢通經絡、鍛鍊臟腑、活動肌肉筋骨，促進人體內部鬥爭發展，使人體內外達到「陰平陽秘」的保健運動。

　　正是由於人體內陰陽雙方處於不斷的鬥爭和消長之中，生命才得以維持和繼續。但是，人體的陰陽雙方都互往自己的反面轉化，一旦其平衡遭到破壞，就產生疾病。因此，中醫治療疾病的原則是「扶正祛邪」「調其陰陽，不足則補，有餘則瀉」，達到「陰平陽秘，其人乃治」。為了保持身體健康，應積極地促進體內陰陽雙方鬥爭的發展、新陳代謝，破壞舊的平衡而達到新的平衡。這樣，每天堅持太極拳運動就是完全必要的了。

　　在擊技運動中，太極拳法重視盤架子，稱為知己工夫。盤架子要求將身體看成一個整體，比作氣球，必須上下相隨，圓滿完整，「周身練成一家」。

　　在運動中，要求先有意動，將意識放在領先的地位，再使呼吸和動作緊密結合，完整貫串，連綿不斷。在身體的運動中，矛盾的主要方面在腰，要使腰為主軸。因此，「心為令，氣為旗，腰為纛」。然後，正確處理動靜之間的關係：「一動無有不動」，動中有靜，「一靜無有不靜」，靜中有動；圓直關係：圓中有直，隨時能從圓弧化為直線，直中有圓，直線運動而富含圓弧意味。同樣，太極拳法也重視推手，稱為知人功夫。

　　推手要求將自己和對方作為一個整體看待，透過掤、捋、擠、按、採、挒、肘、靠，使自己的動作沾黏連隨，不丟不頂，跟隨對方的動作，用意識去掌握其運動和呼吸的變化規律，在恰當的時機，利用「引進落空合即出」或分力合力的作用，保持自己的平衡，破壞對方的平衡。只有做到知己知彼，才能夠百戰不殆。

　　無論是保健，還是擊技，都是矛盾雙方的鬥爭，身體

的疾病和擊技的失敗，關鍵都在於自身內部的矛盾沒有得到恰當的解決，從而稍受外界作用，自身便不能適應，以致產生疾病或失敗。由此可見，太極拳法的要求，也就是要在長期的鍛鍊中，努力解決自身內部所存在的矛盾問題，使柔中寓剛，陰陽相濟。

但是，事物內部矛盾著的雙方，都要在一定的條件下，向著自己的反面發展，向著自己的對立面所處的地位轉化。從而，有大小、強弱、生死、勝敗等質變或飛躍出現。任何質變或飛躍都是經由鬥爭才能出現的。

人體生命的生死是突變，也是質變。而組成人體的細胞每時每刻都在新陳代謝，除舊布新，即舊細胞不斷地死亡，新細胞不斷地生長，以致不斷地發生量變的過程。但是，量變中包含有部分質變，質變中也包含有部分的量變；只有在大量量變的基礎上，才能形成質變。量變轉化為質變，生轉化為死，起始轉化為終結，自己轉化為自己的反面。因此，有生無死是虛妄或幻想，既不符合客觀實際，也不符合科學規律。

但是，在此總規律之下，左右其條件，使事物發展的進程加速或延緩，卻是可能的。這樣，透過長期不懈的鍛鍊，改善身體素質，可以提高工作效率、增長壽命。

敵我雙方的鬥爭，力量的強弱是基本問題。但強可以轉化為弱，弱又可以轉化為強，從而，強者未必一定能操勝券，弱者未必一定就要敗北。勝敗固然有其強弱的基礎，同時也有其轉化的條件。這是在對立面鬥爭中不得不考慮的一個重要方面。

太極拳法之所以不強調身體的強弱，不強調力量的大

小，關鍵就在於它的訓練是掌握此轉化的條件，從而達到以小制大、以柔克剛、以弱勝強。

為了能充分地掌握矛盾鬥爭中的轉化條件，必須對事物發展的過程及其中許多個矛盾方面做認真的具體的分析。在太極拳術中，具體分析主要體現在太極推手的聽勁和懂勁上。

推手時，從雙方搭手進行打輪起，就進入聽勁和懂勁的過程中，必須對對方的勁力做具體的分析，才能找出敵我條件轉化的形勢和時機。

具體分析矛盾時，首先要抓住許多個矛盾中居於支配地位、起主導作用的主要矛盾，否則不論採取什麼方法或措施來解決矛盾，都將一無是處。其次，要認真識別這個主要矛盾的性質，並針對其特點採取相應的解決方法。不同質的矛盾，必須用不同質的方法去解決。只要主要矛盾得到解決，其他次要的矛盾也就都迎刃而解。

太極拳法指出「主宰於腰」「命意源頭在腰際」，就是說太極推手時，人體的主要矛盾大多集中在腰部，腰部必須保持前進、後退、左旋、右轉的高度靈活性，受力即能做出條件反射，用腰部的變動來帶動手、腕、臂、肘、膊、肩、胸、背的運動，以及時處理對方進擊時所造成的矛盾，並使對方身體騰虛，給我發放創造條件。

因此，我們必須學會全面地看問題，不但要看到事物的正面，也要看到它的反面。在一定的條件下，壞的東西可以引出好的結果，好的東西也可以引出壞的結果。強大的反面是虛弱。打手時如果只看到身強力大，而忽視了條件的轉化，則將走向它的反面，造成失敗。鬥爭的主動權

不是固有的、不變的，而是產生於認真地進行聽勁和懂勁之中，虛心地體察情況，恰當地做出判斷，正確地採取措施，即使弱小，也能獲取鬥爭的主動。

太極拳法承認矛盾的普遍存在，同時也承認矛盾雙方鬥爭的絕對性。因此，平衡只是暫時的、相對的，可以破壞的，我們只能不斷地取得平衡，而不能永遠保持平衡。太極拳對於保健和擊技的作用，都應以此為根據。

在擊技中，拳法是研究和總結鬥爭規律的。認識、掌握和運用拳法來指導鬥爭，對於保證鬥爭的勝利，保持身體平衡，有極為重要的作用。

戰爭也是一種鬥爭，研究並總結戰爭規律的兵法和拳法有許多相通之處，拳法必須用來作為借鑑。

太極拳在其形成和發展過程中，受到我國古代軍事科學的培育，研究了攻守、進退、動靜以及其他許多對立面相互轉化的規律，並用以促進事物轉化，勝利地指導擊技鬥爭。敵我雙方的鬥爭，力量的強弱是基本的問題，但是，強弱是可以互相轉化的。勝敗固然有其強弱的基礎，同時也不能忽視其轉化的條件。因強大而驕傲，造成失敗的事例是很多的。因弱小而喪失鬥爭的勇氣，解除精神武裝，也是錯誤的。

在戰略上要藐視敵人，建立起勝利的信心，勇於鬥爭，敢於勝利；在戰術上要重視敵人，採取具體的分析態度，認真對待。

太極拳法首先要考慮的就是鬥爭的戰略問題，其次才是戰術問題。無論是戰略，還是戰術，其中都含有豐富的唯物辯證法內容。

太極拳法主要是總結擊技中以小取大、以弱勝強、以柔克剛的規律，因此，必然採取戰略防禦的原則，保存自己的實力，待機破敵。

因此，戰略退卻實際上是和戰略反攻聯繫在一起的，其間的關係是後發制人的戰略防禦原則。

戰略防禦中，先退讓一步，並不是懦弱的表現，相反，是在保存自己力量的基礎上，調動敵人，摸清敵人的情況，尋找出有利的形勢和時機，促使事物向有利於自己的方面轉化，獲取勝利。這裡有在客觀物質的基礎上充分發揮主觀能動性的問題，而這個問題的解決，則必須進行充分的調查研究，具體分析其特點，並採取不同的方法去解決不同性質的矛盾。

戰略防禦也就是孫武兵法中所謂「後人發，先人至，此知迂直之計者也」。孫武認為：「先識迂直之計者勝，此軍爭之法也。」所謂「迂直之計」，直接的意思是曲線和直線的轉化。或者，人擊我時，要使其循曲線而進；我擊人時，一定要沿直線向人，以實現「後人發，先人至」的要求。

在太極拳術中，迂直之計既是戰略原則，又是戰術原則。因此，太極拳法要求捨己從人，用沾、黏、連、隨使掌、腕、肘、肩、胸、腰、胯、膝在運動中做各種圓形跡線的變化，而圓弧又隨時隨地能化為直線。

但是，作為戰略防禦原則的迂直之計，在太極拳法中還具體化為「引進落空合即出」。所謂引進，就是誘敵深入。引進的結果，必須要求使敵人落空。所謂落空，就是敵人不能達到他所追求的目的。敵人要使我身體受力的作

用而破壞我的平衡，我則因勢利導，使身體鬆柔而不受其
勁力的作用，不為敵人創造發放的條件，「避其銳氣」。
對方由於一擊不中，勁力落空，其形勢和條件就開始發生
轉化，由盈轉竭，身體騰虛，平衡進入不穩定狀態。此
時，即彼竭我盈之時，是我開始反攻最有利的時機，應全
力以赴，取直線進行發放，完成「合即出」的動作，「擊
其惰歸」。恰當地選擇戰略反攻的時機，必須等待客觀條
件的成熟，而不能單憑主觀願望。

這裡，「引進落空」包含著「用意」和「貫串」兩個
方面。

首先要用意去進行調查研究，充分掌握對方的動作虛
實和運動規律，才能誘引敵進，而在對方進攻當中，更必
須及時瞭解情況，才能恰當地抓住有利於我反攻的客觀條
件，得機得勢。在此過程中，太極拳法要求運用沾黏連
隨，因人所動，貫串不停。

其次要用意去促進條件的轉化，並在貫串中完成條件
的轉化。對方進攻而將勁力作用於我身體的某一處時，我
必須全神貫注於該處，用意去識別此勁力的大小和方向，
「秤彼勁之大小，分釐不錯；權彼來之長短，毫髮無
差」。在情況確切無誤時，通常採取兩種具體的戰術措
施，使敵人的勁力落空：（1）轉動或滾動，（2）分力與
合力。

轉動主要指腰部的左旋右轉，滾動則指腕、臂、肘、
膊的翻捲，都是使對方勁力的著力點發生變化、勁力失去
作用。分力是減小對方勁力對我的作用，合力是對方身體
受到更大的勁力作用，都是不改變對方勁力的著力點而改

變其方向。這兩種方法都是在「不丟不頂」的戰術原則下，造成敵人落空的有效措施。

反攻的準備和實現，也必須貫徹用意和貫串的要求。敵方勁力落空是敵竭我盈，最有利於我反攻的時機，必須集中全身勁力去實現反攻。但是，如果在這時才去做反攻的準備，就不能利用時機去反攻。因此，必須「引到身前勁始蓄」，恰當地掌握反攻的準備時機。這既須在動作變化中進行，又必須有意識地進行，所以，必須懂得並貫徹「迂直之計」。

既然「引進落空合即出」要用意和貫串，並符合不丟不頂，即因人所動、隨曲就伸的要求，而又能轉化敵人進攻，將圓弧化為直線，進行反攻，實際上也就是因勢利導，或稱柔中寓剛。

敵進我退，敵駐我擾，敵疲我打，敵退我追，是因勢利導在敵強我弱的具體鬥爭情況下的指導原則。「誘敵深入」是「敵進我退」的另一種說法，也是因勢利導。因此，因勢利導是處理鬥爭運動的高度概括的戰略防禦原則。太極拳法對於打手所要求貫徹的，也正是這項原則。

太極拳術中，掌運八方，足行五步，由掤、捋、擠、按、採、挒、肘、靠，以及拳架中擊人、拿人和發人的種種方法，可以表出多種多樣的擊技形態，但是，都必須貫徹「柔中寓剛」「因勢利導」的戰略原則，才能保證擊技的勝利。

對待各式各樣的進攻，都必須建立起全局觀點，貫徹此戰略原則，在實踐中切實地進行聽勁和懂勁，達到知己知彼，並正確地對待矛盾，促進轉化。這正是「運

用之妙，存乎一心」，必須去認真思考的。大約正是這種原因，太極推手才具有濃厚的趣味，引人入勝。

(二) 太極經典拳論解說

有關太極拳術的經典文獻，大都是太極拳家實踐的概括與總結。現將其中流傳比較廣泛的一部分摘錄並略加說明如下。

(1) 太極十三勢

太極拳，亦名長拳。長拳者，如長江大河，滔滔不絕也。

十三勢者，掤、捋、擠、按、採、挒、肘、靠，此八卦也；進步、退步、左顧、右盼、中定，此五行也。

掤、捋、擠、按，即坎、離、震、兌，四方也；採、挒、肘、靠，即乾、坤、艮、巽，四斜角也；進、退、顧、盼、定，即金、木、水、火、土也。

合而言之，曰十三勢。

「太極十三勢」對於太極拳的特徵做了描述：首先指出太極拳在形象上要「如長江大河，滔滔不絕」，它不同於單式的習練，而必須逐式貫串；其次指出太極拳「掌運八方，足行五步」，其中手法有四正（四個正方位），即掤、捋、擠、按，有四隅（四個斜方位），即採、挒、肘、靠，步法有進、退、顧、盼、定之分。要求在太極拳走架和推手時，認真地體會和掌握。

(2) 周身大用歌

一要心靈與意靜，自然無處不輕靈。

二要遍體氣流行，一定繼續不能停。

三要猴頭永不拋，問盡天下眾英豪。

如詢大用緣何得，表裡粗精無不到。

「周身大用歌」明確地指出體用太極拳時，要求思想集中、呼吸順遂和頭頂中正有如懸空的重要。同時指出，獲得太極拳術的造詣和獲得健康，則必須在意識的引導下，使動作與呼吸協調配合。呼吸要深、緩、細、長，而動作應輕靈無滯，保持頂頭懸，並始終用意使身體內外和大小部位都得到鍛鍊。

(3) 十六關要訣

活潑於腰，靈機於頂，神通於背，流行於氣，行之於腿，蹬之於足，運之於掌，通之於指，斂之於髓，達之於神，凝之於耳，息之於鼻，呼之於口，縱之於膝，渾靈於身，全身發之於毛。

「十六關要訣」全面地闡釋了練習太極拳時，全身各個器官與關節的功能特徵，並強調在意念、呼吸、勁力和動作上的全身鍛鍊，具體地說明「表裡粗精」的基本要求。

(4) 太極拳論

一舉動，周身俱要輕靈，尤須貫串。氣宜鼓盪，神宜內斂。勿使有缺陷處，勿使有凸凹處，勿使有斷續處。其根在腳，發於腿，主宰於腰，形於手指。由腳而腿而腰，總須完整一氣，向前退後，乃得機得勢。有不得機得勢處，身便散亂，其病必於腰腿求之。上下前後左右皆然，凡此皆是意，不在外面。

有上即有下，有前即有後，有左即有右，如意要向上，即寓下意，若將物掀起，而加以挫之之意，斯其根自斷，乃壞之速而無疑。虛實宜分清楚，一處自有一處虛實，處處均有一虛實。周身節節貫串，無令絲毫間斷耳。

「太極拳論」分上下兩段。上段主要講體，下段主要講用。體中講氣、講神，要求全身圓滿、完整，並指出「主宰於腰」，關鍵在於腰腿。

用中講虛實關係，舉上下為例，具體說明其應用，意味著前後、左右也都類似，無須贅述。但是無論是體還是用，都必須在「貫串」和「用意」兩處下深刻工夫：時時用意，處處貫串；拳架如此，打手也如此。因此，將「貫串」和「用意」體現於通篇，作為重點。

(5) 太極拳經

太極者，無極而生，動靜之機，陰陽之母也。動之則分，靜之則合。無過不及，隨曲就伸。人剛我柔謂之走，我順人背謂之黏。動急則急應，動緩則緩隨，雖變化萬

端，而理為一貫。

由著熟而漸悟懂勁，由懂勁而階及神明。然非用力之久，不能豁然貫通焉。

虛領頂勁，氣沉丹田。不偏不倚，忽隱忽現。左重則左虛，右重則右杳。仰之則彌高，俯之則彌深。進之則愈長，退之則愈促。一羽不能加，蠅蟲不能落。人不知我，我獨知人。英雄所向無敵，蓋皆由此而及也。

斯技旁門甚多，雖勢有區別，概不外乎壯欺弱，慢讓快耳。有力打無力，手慢讓手快。此是先天自然之能，非關學力而有所為也。察四兩撥千斤之句，顯非力勝，觀耄耋能禦眾之形，快何能為？

立如平準，活似車輪。偏沉則隨，雙重則滯。每見數年純功，不能運化者，率皆自為人制，雙重之病未悟耳。欲避此病，須知陰陽。黏即是走，走即是黏。陰不離陽，陽不離陰，陰陽互濟，方為懂勁。懂勁後，愈練愈精。默識揣摩，漸至隨心所欲。

本是捨己從人，多誤捨近求遠。所謂差之毫釐，謬之千里，學者不可不詳辨焉。是為論。

「太極拳經」同時講體和用，既講理論，又講實踐，渾然一體。理論的根據是太極陰陽學說，實踐的經驗是制化黏走關係。行動走架必須上領頂勁，下守重心，中正安舒，支撐八面；敵我打手則應立如平準，活似車輪，隨機應變，因勢利導。化敵為走，制敵為黏，化即是制，黏即是走。陰陽雙方相互聯繫，又相互制約，相互依存，又相互為用。因此，在運動中須「謹察陰陽所在而調之，以平

為期」，使陰陽互濟。反之，或偏沉則隨，或雙重而滯，陰陽相乖，則病敗自生。

由此可見，太極拳術的高妙，不在於力大手快，而在乎善於運用迂直之計，使人不知我，我獨知人，從而有四兩撥千斤之巧。

「拳經」重視對太極拳術的學習，指出學習的途徑是由走架而達到著熟，由推手而獲得懂勁。如要懂勁，則必須精於鑽研太極陰陽的理論，勤於練習制化黏走之實踐。沒有長期的功力，不能使理論與實踐豁然貫通。沒有懂勁後的習練與揣摩，就不能運用自如，從必然王國達到自由王國。

(6) 十三勢歌

十三總勢莫輕視，命意源頭在腰際。

變換虛實須留意，氣遍身軀不稍滯。

靜中觸動動猶靜，因敵變化示神奇。

勢勢存心揆用意，得來不覺費功夫。

刻刻留心在腰間，腹內鬆淨氣騰然。

尾閭中正神貫頂，滿身輕利頂頭懸。

仔細留心向推求，屈伸開合任自由。

入門引路須口授，功夫無息法自修。

若言體用何為準，意氣君（均）來骨肉臣（沉）。

想推用意終何在，益壽延年不老春。

歌兮歌兮百四十，字字真切義無遺。

若不向此推求去，枉費心機貽嘆惜。

　　「十三勢歌」用一百四十個字的歌訣形式，概述了太極拳術中的幾個基本問題，言簡意賅。然後提出太極拳的目的是「益壽延年不老春」；太極拳的體用標準是「意氣君（均）來骨肉臣（沉）」。由於是歌訣，所以採用雙關語：君、臣既有主、次的意思，又與均、沉諧音。歌中反覆強調「用意」，要求「勢勢存心揆用意」「變換虛實須留意」，而對於「屈伸開合任自由」，也必須「仔細留心向推求」；同時指出意念和動作的關鍵在「腰」，「命意源頭在腰際」，所以必須「刻刻留心在腰間」。太極拳術對於呼吸的要求是「氣遍身軀不稍滯」，但必須保持「腹內鬆淨氣騰然」。

　　此外，「十三勢歌」還指出，太極拳架必須保持身法中正，虛領頂勁，才能獲得輕靈，「尾閭中正神貫頂，滿身輕利頂頭懸」；而在太極推手中，應是「靜中觸動動猶靜，屈伸開合任自由」「因敵變化示神奇」，即隨機應變，因勢利導。

　　「十三勢歌」從一元論的角度出發，闡述了動和靜、拳架和推手、擊技和保健的關係，要求在意識的主導下，呼吸行氣遍及全身，而全身的運動關鍵在腰。

(7) 十三勢行功心解

　　以心行氣，務令沉著，乃能收斂入骨。以氣運身，務令順遂，乃能便利從心。精神能提得起，則無遲重之虞，所謂頂頭懸也。意氣須換得靈，乃有圓活之趣，所謂變動虛實也。發勁須沉著鬆淨，專注一方。立身須中正安舒，支撐八面。行氣如九曲珠，無微不到（氣遍身軀之謂）。

運動如百煉鋼，何堅不摧！形如搏兔之鵠，神如捕鼠之貓。靜如山岳，動似江河。蓄勁如開弓，發勁似放箭。曲中求直，蓄而後發。力由脊發，步隨身換。收即是放，斷而復連。往復須有摺疊，進退須有轉換。極柔軟，然後極堅剛。能呼吸，然後能靈活。氣以直養而無害，勁以曲蓄而有餘。心為令，氣為旗，腰為纛。先求開展，後求緊湊，乃可臻於縝密矣。

先在心，後在身。腹鬆淨，氣斂入骨。神舒體靜，刻刻在心。切記一動無有不動，一靜無有不靜。牽動往來氣貼背，斂入脊骨。內固精神，外示安逸。邁步如貓行，運動如抽絲。全身意在精神，不在氣，在氣則滯。有氣者無力，無氣者純剛。氣若車輪，腰如車軸。

「十三勢行功心解」是對「十三勢歌」的具體解釋，更有所闡發。其中第一段講走架，第二段講推手。

走架時，要求「以心行氣」「心為令」「以氣運身」「氣為旗」；任何動作的關鍵都在腰，「腰為纛」。用兵陣中令、旗、纛的地位來說明意識、呼吸和腰部動作的作用與關係。此外，用八種形象的概念來說明走架：

（1）太極拳運動要如「搏兔之鵠」，盤旋不已；（2）動作時神態要如「捕鼠之貓」，精神貫注；（3）定式時要「靜如山岳」「中正安舒，支撐八面」；（4）行進時要「動似江河」，連綿不斷，渾然一體；（5）行氣要「如九曲珠」，深緩沉著，收斂入骨，布達四梢；

（6）身體要「如百煉鋼」，紮實沉重，完整圓滿，毫無缺欠；（7）「蓄勁如開弓」，曲縮圓活，腰如弓把；

（8）「發勁似放箭」，鬆淨沉著，直奔鵠的。其間關係是動中有靜，「曲中求直」「蓄而後發」。因此，要以意識為統帥，使運動與呼吸結合起來，從而，練習走架時，應「先求開展」「後求緊湊」。

推手時，要「內固精神，外示安逸」「神舒體靜」。同時用四種形象的表述來說明推手：（1）運動要如「抽絲」，勁力勻長，連綿不斷；（2）步伐變化要如「貓行」，從容輕靈而又柔韌；（3）腰部是關鍵，要如「車軸」，左旋右轉，潤滑無滯；（4）行氣有如「車軸」，輪轉不息，深緩細長，「斂入脊骨」。但是，動作必須受意識（心）的支配，而不是受呼吸的支配。呼吸行氣要緊密配合意識，「無氣者純剛」。動作不能決定於呼吸，否則，「在氣則滯」「有氣者無力」。

(8) 五字訣

一曰心靜。心不靜則不專。一舉手，前後左右，全無定向，故要心靜。起動舉止未能由己，要悉心體認，隨人所動，隨曲就伸，不丟不頂，勿自伸縮。彼有力，我亦有力，我力在先。彼無力，我亦無力，我意仍在先。要刻刻留心，挨何處，心要用在何處，須向不丟不頂中討消息。從此做去，一年半載便能施於身。此全是用意，不是用勁。久之，則人為我制，我不為人制矣。

二曰身靈。身滯則進退不能自如，故要身靈。舉手不可有呆象，彼之力方挨我皮毛，我之意已入彼骨裡。兩手支撐，一氣貫串。左重則左虛，而右已去；右重則右虛，而左已去。氣如車輪，周身俱要相隨。有不相隨處，身便

散亂，便不得力，其病於腰腿求之。先以心使身，從人不從己。後能從心，由己仍是從人。由己則滯，從人則活。能從人，手上便有分寸。秤彼勁之大小，分釐不錯；權彼來之長短，毫髮無差。前進後退，處處恰合，工彌久而技彌精矣。

三曰氣斂。氣勢散漫，便無含蓄，易散亂。務使氣斂入脊骨，呼吸通靈，周身罔間。吸為合為蓄，呼為開為發。蓋吸則自然提得起，亦拿得人起，呼則自然沉得下，亦放得人出。此是以意運氣，非以力使氣也。

四曰勁整。一身之勁，練成一家。分清虛實，發勁要有根源。勁起於腳跟，主於腰間，形於手指，發於脊背。又要提起全付精神，於彼勁將出未發之際，我勁已接入彼勁，恰好不後不先。如皮燃火，如泉湧出，前進後退，絲毫不亂。曲中求直，蓄而後發，方能隨手奏效，此謂借力打人，四兩撥千斤也。

五曰神聚。上四者俱備，總歸神聚。神聚則一氣鼓鑄，煉氣歸神，氣勢騰挪，全神貫注，開合有致，虛實清楚，左虛則右實，右虛則左實。虛非全然無力，氣勢要有騰挪；實非全然占煞，精神要貫注。緊要全在胸中腰間運化，不在外面。力從人借，氣由脊發。胡能氣由脊發？氣向下沉，由兩肩收於脊骨，注於腰間，此氣之由上而下也，謂之合。由腰形於脊骨，佈於兩膊，施於手指，此氣之由下而上也，謂之開。合便是收，開即是放。懂得開合，便知陰陽。到此地位，功用一日，技精一日，漸至從心所欲，罔不如意矣。

　　「五字訣」將太極拳法歸結為心靜、身靈、氣斂、勁整和神聚五項要求，而用神聚概括前四者。

　　心靜則一靜無有不靜，將意念集中於受作用處，既不丟，也不頂，摸清虛實，因勢利導。

　　身靈必須使動作與呼吸緊密協調，一動無有不動，其關鍵在腰腿，是知己功夫；而靈的標準在於從人，「秤彼勁之大小，分釐不錯；權彼來之長短，毫髮無差」，是知彼功夫。

　　氣斂是以意運氣，斂於丹田，發至四梢；其與動作的關係是「吸為合為蓄，呼為開為發」。

　　勁整要求力起於腳跟，主宰於腰，發於脊背，形於手指，周身完整圓滿，說有即有，說無即無。神聚則是身體、呼吸、勁力在意識的統帥下，能夠開合有致，虛實清楚；合便是收，也是陰，開即是放，也是陽；陰不離陽，陽不離陰，陰陽相濟，使實踐與理論緊密聯繫起來，從而進入太極拳術的高級階段。以上幾點，是對於行功走架的要求，也是對推手擊技的要求。

(9) 太極拳的走架打手

　　太極拳不在樣式而在氣勢，不在外面而在內。平日行功走架，須研究揣摩空鬆圓活之道，要神氣鼓盪，全身好似氣球，氣勢貴騰挪，身體有如懸空。兩手無論高低曲伸，一前一後，一左一右，皆能靈活自如。兩腿不論前進後退，左右旋轉，虛實變換，無不隨意所欲。日久功深，有不知手之舞之，足之蹈之之境。明白原理，練熟身法，善於用意，巧於運氣，到此地步，一舉一動，皆能合度，

無所謂不對。

習太極拳者，必先求尾閭正中。正中者，脊骨根對臉之中間也。邁左步，左胯微向左上抽，用右胯托起左胯；邁右步，右胯微向右上抽，用左胯托起右胯，則尾閭自然正中；能正中，則能八面支撐；能八面支撐，則能旋轉自如，無不得力。次則步法虛實分清。虛非全然無力，內中要有騰挪，即預動之勢也。實非全然占煞，內中要貫注精神，即上提之意也。切記兩足在前弓後蹬時，不要全然占煞，應該分清一虛一實，否則即成雙重之病。兩肩需要鬆開，不用絲毫之力，用力則不能捨己從人，引進落空。沉肘即肘尖常向下沉之意。前膊和兩股注意內中要有騰挪之勢；無騰挪則不靈活，不靈活則無圓活之趣。又須護臀。臀不護則豎尾無力，便一身無主宰矣。又須養氣。氣以直養而無害，即沉於丹田，涵養無傷之謂也。又須蓄勁。勁以曲蓄而有餘，並須蓄斂於脊骨之內。吸為合為蓄，呼為開為發。蓋吸則自然提得起，亦拿得人起；呼則自然沉得下，亦放得人出。此是以意運氣，非以力使氣，是即太極拳呼吸之道也（此中所說「呼吸」，專指太極拳的開合、蓄發而言，與吾人平常呼吸不同）。

太極拳之為技也，極精微巧妙，非恃力大手快也。夫力大手快者，先天自然賦有，又何須學焉。是故欲學斯技者，宜先從含胸、拔背、裹襠、護臀、提頂、吊襠、鬆肩、沉肘、虛實分清求之。這些對了，再求斂氣。氣斂脊骨，注於腰間。然後再求騰挪。騰挪者，即精氣神也，精氣神貫注於兩腳、兩腿、兩手、兩膊前節之間。彼挨我何處，我注意何處。周身無一寸無精氣神，無一寸非太極。

而後再求進退旋轉之法。旋轉樞紐在於腰隙。能旋轉自如，絲毫不亂，再求動靜之術。靜則無，無中生有，即有意也。意無定向，要八面支撐。

單練之時，每一勢分四字，即起、承、開、合。一字一問能否八面支撐，不能八面支撐，即速揣摩之。如二人打手，我意在先，彼手快不如我意先。彼力大不如我氣斂。彼以巨力打來，我以意去接，微挨皮毛不讓打著，借其力，趁其勢，四面八方何處順，即向何處打之。切記不可用力，不可尚氣，不可頂，不可丟。需要從人，仍是由己。得機得勢，方能隨手而奏效。動亦是意。步動而身法不亂，手動而氣勢不散。

單練之時，每一動要問能否由動中向八面轉換？不能八面轉換，即速揣摩之。如二人打手，我欲去彼，先將周身安排好，意仍在先。對定彼之重點，筆直去之；我之意方挨彼皮毛，如能應手，一呼即出；如彼之力頂來，不讓其力發出，我之意仍借彼力，不丟不頂，順其力而打之；此即借力打人，四兩撥千斤之妙也。

此全是以意運氣，非以力使氣也。能以意打人，久之則意亦不用，身法無所不合。到此境界，已臻圓融精妙之境。說有即有，說無即無，一舉一動，無不從心所欲，真不知手之舞之，足之蹈之矣。

習太極拳者，須悟太極之理。欲知太極之理，於行功時，先要提起全副精神，外示安逸，內固精神，氣勢騰挪，腹內鼓盪。太極即是周身，周身即是太極。如同氣球，前進不凸，後退不凹，左轉不缺，右轉不陷，變化萬端，絕無斷續，一氣呵成，無外無內，形神皆忘，乃能進

於精微矣。

在打手時，我意需要在先。彼之力挨我何處，我之意用在何處。彼之力方挨我皮毛，我之意已入彼骨裡；以己之意接彼之力，非以己之力頂撞彼之力；恰好不先不後，我之意與彼之力相合。左重則左虛，右重則右杳，仰之則彌高，俯之則彌深，進之則愈長，退之則愈促。一羽不能加，蠅蟲不能落，人不知我，我獨知人。所謂沾連黏隨，不丟不頂者是也。

習太極拳者，須悟陰陽相濟之義。動之則分，靜之則合。分者，開大也。合者，縮小也。其中皆由陰陽兩氣開合轉換，互相呼應，始終不離也。開是大，非頂撞也；縮是小，非躲閃也。一動無有不動，一靜無有不靜。動者，氣轉也；靜者，有預動之勢也。所謂視靜猶動，視動猶靜。氣如車輪，腰如車軸。非兩手亂動，身體亂挪。緊要全在蓄勁。蓄勁如張弓，發勁似放箭，無蓄勁，則無發箭之力。發勁要上下相隨，勁起於腳根，注於腰間，形於手指。由腳而腿而腰，總須完整一氣。腰如弓把，腳手如弓梢。內中要有彈性，方有發箭之力也。自己安排好，彼一挨我皮毛，我意接定彼勁。挨皮毛，即是不丟不頂；用意去接，即是順遂之勢。能順遂，則能借力；能借力，則能打人。此所謂借力打人，四兩撥千斤是也。到此地步，手上便有分寸，能秤彼勁之大小，能權彼來之長短，毫髮無差；前進後退，左顧右盼，處處恰合，所謂「知己知彼，百戰百勝」也。

平日走架打手，需要從此做去。走架即是打手，打手即是走架，此皆一理。走架每一勢要分四字，即起、承、

開、合是也。一字一問對不對，稍有不對，即速改換。差之毫釐，失之千里。能領悟此意，行住坐臥皆是太極，學者不可不詳辨焉。

平日走架行功時，必須以意將氣下沉，送於丹田（以意非以力，非努氣，非用呼吸），存養含蓄，不使上浮，腹內鬆淨，氣勢騰然。依此法練習，日久自能斂氣入骨（脊骨）。然後用意將脊骨之氣由尾閭從丹田往上翻之。達此境界，就能以意運氣，遍及全身。彼挨我何處，我意即到何處，氣亦從之而出，如響斯應，疾如電掣。周身無一處不是如此。此即所謂「行氣如九曲珠，無微不到；運動如百煉鋼，何堅不摧」，亦即「意到氣即到」也。又丹田之氣，須直養無害，才能如長江大河之水，取之不盡，用之不竭。迨至功夫純熟，煉成周身一家，宛如氣球一樣，左重則左虛，右重則右杳，物來順應，無不恰合。凡此皆是「以意運氣」，非「以力使氣」「在內不在外」，亦即「尚氣者無力，善氣者純剛」是也。

「太極拳的走架打手」用明晰的文字闡述了平時進行太極拳走架鍛鍊和推手中的基本問題：要求「明白原理，練熟身法，善於用意，巧於運氣」，把身體想像成氣球，空鬆圓活；要求以意運氣，反對以力使氣；要求「悟太極之理」「悟陰陽相濟之義」。

此論明確指出：「走架即是打手，打手即是走架」，用一元論的觀點來闡述太極拳術，並指出其理論基礎是概括陰陽鬥爭的太極學說。

(三) 力學基礎

太極拳術的走架與打手處處貫串著力學原理。從某種意義上來說，太極拳架中的基本拳式及其轉換都嚴格遵守力學原理，希望學者在長期的鍛鍊中，習慣成自然，從而在技擊中建立起不敗的基礎；而太極推手則是對各種力學規律的具體學習和演練，以便在技擊、防身中獲得運用。因此，在太極拳術中，拳架與推手是相輔相成而不可分割的。

練拳架而不練推手，固然對身體健康頗有補益，但終究難以深刻領會其技擊效能，並在實踐中做出切合實際的發揮。練推手而不練拳架，必有益於身心保健，但不能在前人經驗的基礎上，使技擊的功力更上一層樓。

太極拳術克敵制勝的原則是以柔克剛，以靜制動，以簡馭繁，以逸待勞和以小制大，從而要求在積極防禦的戰略思想指導下，克制對方之所長，又不為敵所用。所有這些，都與熟諳太極拳術的力學基礎有密切的關係。

1. 太極拳術的力學原理

力學是研究物體的空間位置隨時間變化的一般規律的科學，其中靜力學主要研究力系及物體的平衡，運動學研究物體運動的幾何性質，而動力學則討論物體運動和作用力之間的關係。用力學的觀點分析太極拳運動，儘管每個動作都十分複雜，但卻能完全與力學原理相符合。這一點只要考察太極拳運動與力學基本原理之間的關係，就可以充分說明。

(1) 平衡

在力學中，將物體做勻速直線運動或物體相對於地球處於靜止狀態，稱為平衡。在太極拳術中，平衡完全指的是後者，即人體相對於地球處於靜止狀態。

太極拳行功走架要求動作在意識的引導下，與呼吸配合併保持穩定平衡；而太極推手則是在與對手較量中，破壞對方的平衡而保持自己的平衡。因此，太極拳術是一種平衡運動。

物體在空間任意力系作用下保持平衡的必要條件和充分條件是：各力（F_i）的代數和等於零，各力所成力矩（M_i）的代數和也等於零：

$$\sum_{i=0}^{n} F_i = 0$$

$$\sum_{i=0}^{n} M_i = \sum_{i=0}^{n} F_i d_i = 0$$

式中，d 為力的作用點到物體轉動軸之間的距離，i 為力和力矩的順序。此二條件被破壞時，物體就不能保持平衡，或者發生移動，或者轉動。

根據力學的觀點，可以將人體看成一個剛體。如果這個剛體具有圓錐體的形狀（解析圖 1），則很容易說明人體平衡的兩種極端情況。如果圓錐體的頂點向下立於地

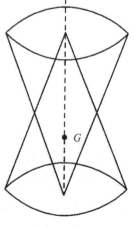

解析圖1

面,除非它和陀螺一樣處於高速旋轉之中,否則很難保持平衡,因為它的底面積太小。如果圓錐體的底面立於地面而頂點向上,那麼,只有施加外力,使其重心移出底面之外,才能使此圓錐體傾倒,不然它就將一直保持平衡。由此可見,與物體平衡有關的兩個基本因素是底面積和重心。底面積大,重心低,是保持平衡的主要條件。

由力學計算可知,如果圓錐體的質量分佈均勻的話,底面中心與頂點連線的 1/4 處為此圓錐體的重心所在之處。對於人體來說,重心的位置大體相當於內丹田,即人體內臍下三寸處。

練習太極拳架時,務必盡量保持全身平衡。為此,盤架子要求把姿勢放低,甚至使小腿與大腿在膝關節處成90°角,以便降低重心而又有寬廣的底盤。但是,僅作這種考慮還很不夠,因為身體歪斜將改變重心位置,影響平衡。太極拳術要求立身中正安舒,不僅是保持端莊而穩重的形象,將身體作統一的安排,使全身作為一個整體,而且是滿足平衡所應保持的基本條件。

用拳術的術語來說,盤架子中,在每個定式時都應注意外三合,即手與足對、肘與膝對、肩與胯對,以期上下、左右、前後都保持完整、平衡,從而達到八面支撐,不偏不倚。

應該指出,頂頭懸與軀幹正直在平衡中具有重要意義。頭部在全身之中所居位置最高,所占比重最大,因而頭部歪斜影響身體平衡也最嚴重。肩歪、腰斜、挺胸、收腹都將使人體重心偏移或上升,極不利於平衡。

這種平衡也稱為靜態平衡,因為它只涉及每個太極定

式的平衡，而不包括太極拳運動中拳式之間的銜接轉換，甚至在外力作用下身體保持動態平衡的問題。

盤架子時，要求分清虛實。用一腿支持全身重量為實，一腿無此重量負擔為虛。如果兩腿平均支持全身重量，則不能使身體輕靈地前後左右轉換，稱為雙重。而分清虛實則是兩腿分別為大虛大實，僅一腿支持全身的重量，稱為單重。

儘管此時可以要求實足的腳掌要平穩，湧泉穴要空起，五趾要抓地，以獲得牢固堅實的底盤，但對於靜態平衡是不利的，因為底面積太小。

作為基本功訓練，在太極拳行功走架時，採取緩慢的動作而又有些虛實分明的要求，則是希望在長期從難從嚴的鍛鍊中，使身體能最大限度地保持穩定平衡。

對於打手來說，既要避免雙重，又要避免單重。它們是兩種極端情況，但都失之於不能靈活地調節重心、因勢利導地保持穩定平衡。為了能夠自如地應付任何突然襲擊，在打手中應使身體的重心處於這兩種極端情況之間，而不是偏向於任何一端。

根據對平衡的這種理解，在初學盤架子時，必須分清虛實，採取大虛大實的練法；在經過相當的鍛鍊之後，則應逐漸改變，使虛中有實，實中有虛，既不是虛實的等量分配，也不是虛實相乖離，而是有虛有實。

虛是陰，實是陽，陰不離陽，陽不離陰，虛實滲透，陰陽互濟。只有如此，才能在任何意外的動態變化中仍可以保持平衡。

經典拳論指出：「一處自有一處虛實，處處均有一虛

實。」這句話明確地說明，人體周身處處都有虛實、陰陽之分，並不是只有兩腿才有分清虛實的要求。手有手的虛實，胸有胸的虛實，它們都有既要避免單重又要防止雙重的問題。

「含胸拔背落自然」，是指胸背要呈自然狀態，既不挺胸收腹，也不佝僂內凹，以致處於極端而陷於僵滯不得運化。只有使胸背自然正直，才能使此部分陰陽、虛實相互結合，應付任何外力作用而不影響整體平衡。

應該強調指出，腰襠的虛實開合是取得全身動態平衡的重要環節。腰襠扣合能使人體重心以上輕靈活潑，而重心以下堅實穩固。

在此情況下，雖受外力打擊，而上身可以旋轉自如，下身又能保持重心位置，使底盤牢固。腰襠扣合之後能夠迅速轉換為開放，則扣合所蓄之動力突然爆發，如強弓勁矢，直取對方。這樣。腰襠的扣合與開放，既能保持自己的平衡，又能危及對方的平衡。

此外，呼吸是開合，也是虛實。「吸為合為蓄，呼為開為發。」氣沉丹田實質上是降低重心的重要措施。吸氣而收腹，使身體輕靈不滯，以應付外力的作用；呼氣而鼓腹，使下盤牢固，以利於平衡。

所有這些都必須在長期認真的鍛鍊中，不斷地揣摩，反覆修正，務期全身完整，內外統一，自然而不偏頗，靈活而不僵滯，含蓄而寓變化，從而達到靜如山岳，動似江河，形象沉穩端正，身體在任何情況下都能獲取平衡。

太極推手，從力學觀點來看，可以說是在敵我雙方的對抗運動中，努力保持自己的平衡而破壞對方的平衡。破

壞平衡的方法有多種，但都不外乎使對方在短暫時間內重心移於底盤之外，或者位移，或者傾跌，以致身體難於繼續保持平衡。因此，在推手中，敵我雙方的注意力往往都集中於自己的與對方的重心（丹田）。

一般地說，經過太極拳訓練的人，大多可以做到上下輕靈而中部填實，加上堅固而寬廣的底盤和開合順遂的腰襠勁，為保持身體平衡奠定基礎。但是，要想在雙方推手動作的往來變化之中，保持重心轉換自如而不至於使平衡遭到破壞，卻不是一件容易的事。

所謂推手八法，掤、捋、擠、按、採、挒、肘、靠，都具有強烈的技擊性質，能夠由腰身與手臂，甚至腕指的動作，使對方的重心偏離。因此，推手八法主要講的是攻擊，而將此八法聯繫起來，例如四正推手（掤、捋、擠、按）、四隅推手（採、挒、肘、靠）的往復打輪，盤旋進退，則包含著化勁的訓練。

所謂化勁，就是根據對方的勁力，由自己重心的變換來保持自身的平衡。為此，四正、四隅推手講求的是先化後打，能化才能打，化勁要身體鬆活輕靈，八面轉換，既不雙重，又不偏隨，始終具有變化的能力，以在各種條件下保持身體的平衡。只有自身平衡得到保持，才能為運用推手八法打擊對方、破壞對方身體平衡創造條件。

(2) 慣性

牛頓力學的慣性定律認為，未受外力作用的物體將不改變其原有的運動狀態，即靜者恆靜，動者恆沿直線做勻速運動。假定人體不是因其本身的重心移動而破壞平衡，

那麼，靜止的人體須受到超過其自身重量的外力作用，才能發生位移運動，而在力矩作用下，則將發生轉動或傾倒。相反，不受外力作用，或外力作用微小，都不可能改變人體靜止或運動的狀態。

慣性定律及其推論，一般地說是對的。但是，太極拳術講求的是以小制大，以弱勝強，儘管太極拳術和中國外家拳術一樣，也講擊法，只是並不刻意追求而已。擊法大多強調快速用力，否則一擊不中，既未改變對方的靜止或運動狀態，也就沒有達到技擊的效果。

太極拳術主張用意不用力，要求獲取四兩撥千斤的技巧，從而在擊法之外，更加注意追求拿法，尤其是發人之法。拿法是以小力鎖住對方的關節，或尤其不靈活而受制，或尤其薄弱而必須遷就，以致引起對方身體歪斜，重心偏移。

發人之法則是根據對方所施之力，或使其落空，或順其力而增加其運動，或者略加小力而使其受到大力的作用，以致對方身體失去平衡。這些都是借力打人，用對方之力來破壞對方的平衡。

顯然，拿法與發人法在概念上與擊法完全不同，但卻同樣是以力學原理為依據的。

任何一個作用力都是由大小、方向和著力點三項要素組成的。假定對方用力作用於我身體的某一部分，如果我身體的這一部分對於對方的作用力並無阻擋或頂撞，而是隨之收縮或旋轉，則對方的作用力失去著力點，必將感到勁力落空。

從力學的角度來看，對方的運動並沒有受到外力的作

用，必將沿直線繼續運動，其結果勢必造成自身的不平衡。假定我已瞭解對方勁力的作用方向，而順此方向略施小力，儘管此力不大，但對方卻要受到其本身的作用力與此小力的合力，從而更加速其運動的繼續。其結果往往促使其重心迅速偏離平衡位置。

至於在對方勁力落空之際，略加一個力矩，則使對方加速旋轉，平衡將遭受強烈的破壞。

所有這些借力打人的方法，都是根據人體在運動中的慣性作用加以靈活運用的結果。它不僅說明太極拳術的高超技巧，更重要的是體現了太極拳術的精微與辯證關係。

太極拳術名家充分意識到慣性在技擊中的重要作用，從而要求在行功走架時處理好動靜的關係，使慣性作用能為我所用，而不是被用於人。

所謂「動中有靜，靜中有動」，更確切地說，應是動中猶靜，靜中猶動，即在運動中要求動作緩慢得猶如靜止，而在靜止中又有運動的意味。這樣，太極拳術不僅要求在運動中保持頭腦的冷靜，同時又要求在靜止中使動作圓勻聯貫，使得動靜兩種對立的矛盾能夠得到辯證的處理。

在這種認識的基礎上，經過長期的鍛鍊，在意識對動作有高度的統率能力後，可以因勢利導，改變運動狀態為靜止，或由靜止狀態自然地轉入運動，從而解脫慣性的制約，避免平衡遭受破壞。

當然，完全不受慣性定律的支配是不可能的，但只要不陷於雙重而滯和偏沉而隨的極端情況，即使在慣性作用下，仍應能夠靈活地調節身體的平衡。

(3) 動量

由經典力學可知，在外力 F 的作用下，物體發生加速度運動，而此加速度 a 與作用力 F 的方向相同，大小成比例。比例常數稱為質量 m，即物體慣性的度量：

$$F=ma$$

質量與重力加速度的乘積為重量。已知加速度是速度 v 的變率，則上述公式可以用動量定理來表述：物體在某段時間內的動量（mv）變化等於作用力 F 在同一段時間內的衝量（Ft），即

$$mv_2-mv_n=\int_{t_1}^{t_2}Fdt$$

由此可見，在沒有外力或外力的矢量之和等於零時，物體的動量保持不變。這就是動量守恆原理。

在一個系統中，物體所有的動量恆等於其所受到的衝量。所以，質量很小的子彈，在高速前進的條件下，可以達到穿透人體的衝量。反之，如果人體以大於或等於子彈的速度在其前進的方向上運動，則子彈將不再具有殺傷力，或者根本不起作用。此時速度是相對的。

因此，在太極拳術中，要求打手使用沾、連、黏、隨的原則，動急則急應，動緩則緩隨，既不可丟，又不能頂，完全隨人所動，因屈就伸，與對方的變化速度相應，則不僅能夠避免遭受突然的打擊，同時又可發現對方的弱點，進行反擊，這完全是總結符合動量定理的經驗而制訂的技擊原則。

此外，人體所產生的動量取決於其所遭受的衝量，而衝量的大小則決定於作用力和作用時間兩個因素。因此，

作用力大而作用時間短促和作用力小而作用時間緩長，完全可以達到同樣的衝量效果。這一點很容易從動量定理的數學表達式中看出來，因為衝量等於作用力與作用時間的乘積。雖然在日常生活中有許多這種實例，但是，這一點卻往往不易為人們領悟。

儘管有兩種途徑可以達到同樣的衝量效果，但大多數拳術強調擊法，都是從作用力大而作用時間短暫這一途徑出發的，只有太極拳術強調用意不用力，要求用小力而增長力的作用時間：即在向對方身體施力之後，不是一觸即回，而是繼續延長其作用時間，雖然太極拳術並不排斥在得機得勢時，也使用快速的爆發力猛烈地攻擊對方。

(4) 作用與反作用

經典力學指出，一個物體對另一個物體施加作用力時，另一個物體必對此物體產生反作用力。作用力與反作用力大小相等，方向相反，並作用於同一條直線上。

由此可見，在交手雙方，如果一方採用作用力大而作用時間短的突然打擊，雖然有時可以奏效，使對方疼痛，甚至跌倒，但也還必然要受到對方作用於自身的大小相等而方向相反的反作用力。種因是自己所施的作用力，惡果是自己也要獲得反作用力。

如果被打擊的一方採取像壘球或籃球運動中接球並拋球的技術，在受力部位略作後撤以卸卻其前進之力，並隨即外拋，則施力一方必將受到嚴重的打擊。

在太極拳術中，將卸卻其前進之力，看成蓄勁的過程，將它與外拋的動作聯成一氣，正是打手歌中所謂的

「引進落空合即出」。如果被打擊一方能夠採取像排球運動那樣的彈擊方法，則在對方作用力到達時突然爆發彈擊，即「於彼勁將出未發之際，我勁已接入彼勁，恰好不先不後」，則擊人一方勢必如排球被彈擊出去。

顯然，這些情況都是太極拳術用來正確處理作用力與反作用力之間的矛盾問題。

因此，太極拳術在選擇取得相同衝量的兩種可能情況時，寧願採用作用力小而作用時間長的方法，以避免反作用力的作用，特別是要防止大作用力而短作用時間會遭遇像上述籃球、排球那樣的情況，在剎那的時間裡蒙受強大的突然打擊，使自己陷入一個不可收拾的極端境地。

事物總是處於對立的矛盾統一體中。有作用力必有反作用力，它們既是相互依賴，又是相互依存的。但是，事物又總是往其反面發展的。只想打人而不想挨打，必然導致與自己主觀願望相反的結果，遭受更加慘重的打擊。

太極拳術正確地考慮到事物的正反兩個矛盾方面，深入地研究了作用力與反作用力之間的關係，從而在整個太極拳套路中精心地規定了只有五處可以用拳擊的情況，稱為太極五捶，即搬攔捶、肘底捶、指襠捶、栽捶和撇身捶。其他拳式幾乎全部用掌而不用拳。

這不僅是因為掌指的伸縮轉化比拳捶有更大的靈敏程度和變動餘地，可以因感覺而相機變化，同時也由於掌比拳更能符合作用力與反作用力的要求。

(5) 應力與形變

人體能夠完成極其複雜多樣的運動。如果僅從剛體的

角度來說明太極拳運動，而不考慮其彈性能力，雖不能說是嚴重的遺漏，至少也應是很不充分的。全部太極拳術的動作可以用「開合、蓄發」來概括，「合即是蓄，開即是發」，而蓄與發則是對彈性力的理解與運用。

　　彈性力學的基礎建立在虎克定律之上。虎克定律用張量的形式來描述應力和應變之間的關係。為了敘述的方便，我們僅就一維關係來看虎克定律：在彈性限度內，彈性力 F 和形變伸長量 x 成正比而方向相反，其比例常數 k 為物體彈性性質的度量：

$$F=-kx$$

　　由此可見，彈性物體收縮 x 距離，則它本身蘊蓄了 $F=-kx$ 的彈性爆發力。因此，收縮距離 x 越大，彈性物體蓄積的爆發力 F 也越大。此外，彈性物體本身的彈性 k 越強，則其爆發力 F 也越強。

　　在太極拳術中，認為「腰如弓把，腳手如弓梢」。將人體形象地比喻成符合應力與形變定理的雕弓，自然也就要求人體能有彈性，富有爆發力。於是，「蓄勁如張弓，發勁似放箭」，使蓄勁與發勁、張弓與放箭結合一氣，用強勁快速的放箭來形象地描繪發勁。張弓要如滿月，是使位移達到極大，以產生最大的彈性爆發力。有時為求得更大的位移而採用圓弧跡線，但爆發力卻必須沿直線前進。因此，「曲中求直，蓄而後發」具體地說明了彈性力的應用。「無蓄勁，則無發箭之力」，則從反面說明彈性力與形變、開與合、蓄勁與發放之間的關係。

　　由此可見，太極拳術中要求的發放應是「弓似霹靂弦驚」，突然爆發，疾如電掣。此時，箭矢以強大的勁力飛

速前進，直貫甲胄，無堅不摧，而在打手中如此發放對方，也必致隨手奏效。反之，如果弓已張滿，勁力已達極點，卻不能果斷發放，則徒誤良機，既不能有爆發力，也不會致敵於失敗。

太極拳術的「撒放秘訣」指出，「擎起彼身借彼力，引到身前勁始蓄，鬆開我勁勿使屈，放時腰腳認端的」，就是集中而具體地闡述有關彈性力的應用。

太極拳術要求，用圓弧動作以蓄勁，用突然爆發的彈性力以發放，從而平日行功走架也應予以貫徹。蓄勁要全身一致，發勁也要全身一致，「由腳而腿而腰，總須完整一氣」，否則此牽彼扯，既不能蓄勁圓滿，也不能發勁乾脆俐落。只有完整一氣，才能使人體發揮出強弓般的作用。因此，平日行功走架，必須處處以腰為軸，左旋右轉，上下相隨；姿勢圓滿而不散漫，呼吸順遂而不短促，開合有致而不缺欠，使整套拳路自始至終，式式貫串，完整一氣。這樣既能增進身體的彈性，也鍛鍊了全身彈性力的蓄放。

我們曾經指出，在太極拳術中用「引進落空合即出」來說明蓄勁的過程與發放的時刻。但是，結合反作用力和彈性力在太極拳中的應用，還應該進一步指出，在太極推手中，「引進落空」應是圓弧，以取得最大的蓄勁過程，而「合即出」，應使彈性爆發力做直線運動。此時蓄勁具極大的爆發力，以迅猛的速度一往直前，足以造成充分的衝量而動搖對方的平衡。

太極拳術將周身比作一個具有彈性的氣球。它在運動中，前進不凸，後退不凹，既無缺陷，又無斷續。那麼，

氣球一旦爆發出彈性力，就勢必將對手像排球那樣彈擊出去。

以上我們僅從經典力學的一些基本定理來看太極拳術，儘管討論還只是初步的，但已經可以充分地看出，太極拳術是完全符合於經典力學原則的。

我們在驚嘆太極拳術所達到的這種高度成就的同時，不禁要問：為什麼和怎麼才會有此成就呢？看起來，唯一的解釋只能是：作為中華民族瑰麗的文化遺產之一，太極拳術在長期發展的實踐中，經過歷代太極拳家鍥而不捨的努力，用嚴肅認真的態度進行了不斷深化的總結，做出了精闢的概括，從而與經典力學理論原則不謀而合，達到了高度辯證的認識水準。

2.力學規律的應用

太極拳術不僅符合力學原理，而且大量地運用各種力學規律。其研究精微深湛，應用廣泛多樣，在各種拳術中獨樹一幟，別有特色。但是，太極拳術要求因人所動，隨曲就伸，物來順應，雖有太極八法（掤、捋、擠、按、採、挒、肘、靠），而具體運用卻是極其靈活、精巧，甚至千變萬化的。經過歸納，現僅就其中具有典型意義的部分動作進行闡述。

(1) 圓弧運動與直線運動

前面已經指出，太極拳術中的「引進落空合即出」就是圓弧運動與直線運動相結合的應用，這正是太極拳術的重要特徵之一。圓弧與直線是相互對立而又統一的，太極

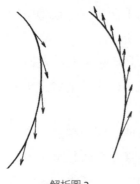

解析圖 2

拳術要恰當地處理好這一對矛盾，只有使「沾黏連隨」「掤勁不可失」等法則所要求的圓弧運動隨時都能轉化為直線，而前進、後退、左顧、右盼等直線運動又富含圓弧的意味。

在運動學中，只要位移、速度或加速度的軌跡為曲線，例如圓弧，就可以將它看成是此軌跡上每個點的位移、速度或加速度的直線向量的包線（解析圖2）。因此，在直線與圓弧之間存在著一種極限關係。這一點從微積分的概念出發，是很容易理解的。

這樣，我們可以認為，圓弧運動在整體上表現為圓弧，而在每一點上又是直線（切線）。其實，也只有圓弧運動才可以隨處化為直線而無間斷的痕跡。

圓弧運動適於作沾黏連隨，可以順應對方進攻的力而加以改變，例如用掤變捋；又可以用圓弧作蓄，用直線作發，合以蓄勁，開以放人。無論是前者，還是後者，只要運用純熟，都可以接榫無跡，一任自然而又寓有變化。

兩點之間的直線為最短。這是幾何學的基本公理。在太極拳術中，我去擊人，應採取直線運動；人來擊我，則應盡量使其沿圓弧作用，才便於化解，也有利於我來尋找可乘之機。一旦發現這種機會，圓弧運動隨時可以轉化為直線，即沿該點的切線作用於人，使其在最短的途徑中受到打擊。

這樣，在太極拳術中，要求任何動作都應是「圓中有

直，直中有圓」，而對圓直的轉換，必須在意識與感覺的支配下，因人因勢而變，絕不能有任何固定不變的成見。這是太極拳術用辯證的觀點和具體分析的方法來對待技擊運動，正確地處理圓弧和直線之間的關係，也是太極拳術高於其他拳術之處。

在太極拳架中，搬攔捶是圓弧運動與直線運動相結合的典型。左搬右攔都是圓弧運動，用意於化移對方的勁力，因而用掌，以使圓弧運動靈活多變。

例如，此時可以演化為懷抱琵琶，既搬開敵手，又隱含拿法；也可以演化為白蛇吐信，右手上穿，左手下撫，使敵身受力而傾倒。在搬攔之後緊接以捶擊，是在搬攔的圓弧中蓄勁，在敵身平衡失控之際，用拳作捶直擊敵肋，完全是直線運動。

其實，太極五捶是總結各種拳術而形成的命中率最高的五種擊法。其中除肘底捶之外，所餘四捶都是採取左手作圓弧運動，轉移對方勁力致使落空，而右手作直線進擊。肘底捶是將右拳隱藏於左肘之下，如葉底藏花，僅是擊法的準備，並未將拳擊表現出來。

其擊法是立左肘作圓弧運動，外掤敵人的攻擊，同時上步撐腰合胯，用右拳進擊。一般地說，只要左臂的圓弧運動得以施展，或掤，或拿，或化，則右捶大多可以擊中對方。

平時盤架子，應努力體會圓弧運動和直線運動之間的辯證關係。開始時，宜作大幅度的圓弧動作，手、腕、肘、肩、胸、腰、胯、膝都作圓弧，而圓弧有大有小，有平有立，有正有斜，觸處成圓，處處是圓。大幅度的圓弧

運動是求得開展，一個階段之後，應使圓的幅度逐漸減小，力求緊湊，直到形式上是直線的圓弧運動，即形跡上看不出圓弧卻富含圓弧味道的直線運動，從而登上圓中有直直亦圓的境界。

雙人推手時，沾黏連隨是圓弧運動。要求對方的手挨我何處，我何處作圓弧運動，既承受其力，又使其力失去打擊的作用，給直線運動的發放創造條件，從而達到「引進落空合即出」。

(2) 分力與合力

太極拳術尚意不尚力。它在擊技中追求四兩撥千斤的巧妙，而不提倡一力降十會的體力條件。相反，太極拳術認為，力之大小主要是先天賦予，不若學力技藝精深博大，受人尊崇。

關於四兩撥千斤，必然是靈巧多變，而且「因敵變化示神奇」，以致常被視為難於學習並不可理解的技術。事實上，從力學的角度來看，四兩撥千斤的效果並不是完全不能獲得的，它除開應深刻領會並熟練圓弧運動，正確掌握圓弧與直線之間的關係外，還必須善於使用合力與分力、槓桿、轉動、滾動和螺旋等多種力學作用。

在力學中，用矢量來表示具有大小、方向和著力點的力。力的合成與分解，即力的相加與相減，可以用平行四邊形的邊長與對角線之間的關係來說明。

平行四邊形定理表明：作用於物體上的兩個力之合力，其大小和方向由此二力的矢量所構成的平行四邊形的對角線來表示（解析圖 3）。合力的作用點即為原來兩個

力的交點，也稱為力的三角形法則，因為只要繪出此四邊形的一半，就可以求得相應的合力或分力。

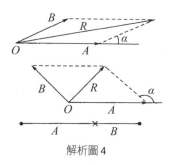

解析圖 3

　　設有力 A 和力 B 作用於 O 點，如果它們之間的夾角為 α，則此二力的合力決定於

$$R^2 = A^2 + B^2 + 2AB\cos\alpha$$

分析此式可以看出，在 $\alpha = 0$ 時，$\cos\alpha = 1$，則合力為

$$R = \sqrt{A^2 + B^2 + 2AB} = A + B$$

即相當於順 A 力的方向加上一個 B 力的結果。如果 α 接於 0 而不等於 0 時，$\cos\alpha \to 1$，則合力 R 仍可達到比 A 或 B 單獨作用要大很多的效果。但是，如果 α 從 $90°$ 變到 $180°$，則合力 R 逐漸減小，直到相互抵消（解析圖 4），即 $R=A-B$，或

解析圖 4

$$R = \sqrt{A^2 + B^2 - 2AB\cos\alpha}$$

　　因此，力 A 與力 B 之間的夾角越小，就越能獲得大的合力 R；夾角在 $90°\sim180°$ 之間，則合力相減相消。

　　由此可見，在擊技中要求善於使用力的合成與分解，關鍵在於順其力而打之，逆其力而化之。順其力是指我力與彼力之間的夾角很小，而使對方受到大力的作用；逆其力是指我力與彼力之間的夾角處於 $90°\sim180°$ 之間，而取得化大力為小力的效果。

　　太極拳術要求「力從人借」「擎起彼身借彼力」，而

且認為，「能借力，方能打人」。太極拳法反對丟頂。丟是逃脫，是思想上畏縮的表現，其結果則使自己處於完全不瞭解對方的狀態，以致陷於被動挨打的地位。頂是對抗，是與對方之力正面衝突，正如 A 力與 B 力之間夾角成 $180°$ 的情況，其結果則是動量大者勝。如我與人頂，則我必僵滯而失去變化，勢將為人所制。因此，「力從人借」「借力打人」，都是指順其力而施力，使對方受到其自身之力與我所加之力相加的合力作用而失去控制，這是合力的應用。

太極拳術要求「化勁順遂」，是用圓弧運動使對方的作用力由直線化為弧線，而不作用於己身。有時也可以在對方施力的中途，以大於 $90°$ 角的力來截取對方之力，使自己僅受較小的作用力。這是分力的應用。

在太極拳式中，抱虎歸山是應用分力與合力最典型的動作。這個拳式將敵人設想為虎，先摟抱隨即推擲。在用右手將敵人往自己懷中摟抱時，如果敵人順勢前進欺人，我則立即轉腰撤步，用左手順其前進的方向，往我後側推擲。全式的關鍵在於順敵欺人之勢而發勁，正是應用合力，借力打人。

推手八法中，掤、捋、擠、按、採、挒、肘、靠都包含著力從人借的原則，因此，也有分力與合力的應用問題。這些，我們將在後文「聽勁與懂勁」一節作進一步的闡述。

(3) 槓桿

在力學中，用小力獲得大力的途徑有許多種，其中最

簡單的是槓桿作用。

設有槓桿如解析圖 5 所示。其中 A 為支點，B 為力點，C 為作用點。在此槓桿為剛體的情況下，於 B 點加力 F_1，則在 C 點獲力 F_2，它們之間的關係與力臂成反比：

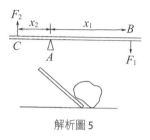

解析圖 5

$$F_2 = \frac{x_1}{x_2} F_1$$

此處 x_1、x_2 分別為 B、C 兩點到支點 A 之間的距離，稱為力臂。由此式可以看出，只要 x_1 比 x_2 大，很小的 F_1 就可以得到大的 F_2。

在日常生活中，利用槓桿原理獲取大力的例子很多。用橇槓起動重物就是其中常見的實例之一。此時支點兩側的力臂相差應較大。

太極拳術中，許多拿法都是用小力而勝大力的效果。其中或者以對方腕肘等關節作為支點，以其薄弱不能經受大力而必須遷就，以致歪斜、傾倒，甚至僵滯，製造被發放的機會；或者運用槓桿原理，以小取大。這種拳式很多，典型的如懷抱琵琶和海底針。懷抱琵琶是針對對方直攻胸前所作的拿法，其動作為雙手一前一後，一上一下，分別拿住對方腕肘，同時向內作圓弧轉動。目的是前手取對方肘部為支點，而後手作為力點向對方腕部施力。

此時對方肘部需要承受其全身的重量，成為相對的薄弱環節，又因槓桿作用而受大力，以致身體傾斜。如對方企圖維持其平衡，而不能放鬆肩部關節，勢必僵滯並有向後的趨勢，我則正好順其力而打之，達到發放作用。

海底針是在對方進攻中，我順其力並向下牽引，使其

俯之則彌深，製造我用掌直督對方海底穴的條件，從而，
我能在垂直方向上取對方腕肘，利用槓桿原理擒拿對方。
這樣，利用槓桿原理，透過拿法來打擊對方，則是「力從
人借」在特定條件下的應用。

(4) 力偶矩

在前面的討論中，將人體看成是一個剛體，而其重量
全部集中於重心，從而可以用質點來表示。但人體是十分
複雜的，上述簡化的力學模型只能給出最簡單的、一般性
的規律，而不能概括全部情況。為此，將人體看成一個質
點系，其質量集中於質心。

質心和重心在均勻重力場中是重合的。作用於人體的
所有外力，都要平移到人體質點系的質心上，並在那裡起
作用，從而不僅會產生位移，而且會產生轉動。

由實踐可知，力 F 使物體發生轉動，不僅與此力的大
小有關，也和此力的作用線與物體接觸地面 O 的距離 d
有關（解析圖 6a）。在力學中，將 O 稱為矩心，d 稱為力
臂，而將乘積 $\pm Fd$ 稱為力 F 對 O 點的力矩 M_0：

$$M_0 (F) = \pm Fd$$

這就是轉動效應的度量。

力偶也可以產生轉動。力學中將大小相等方向相反的
平行力稱為力偶，並表示成

$$M_0 (F,F') = F (a+d) - Fa = Fd$$

由此可見，力偶作用與矩心 O 的位置無關，而等於力
偶力 F 和力偶臂 d 的乘積 Fd，稱為力偶矩（解析圖 6b）。
力偶對物體的效應取決於力偶矩的大小和旋轉方向。

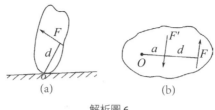

解析圖 6

人體的平衡條件應包括力的平衡和力偶矩的平衡，即

$$\sum_{i=0}^{n} F_i=0, \quad \sum_{i=0}^{n} F_i d_i=0$$

前一個條件說明沒有位移或平動產生，後一個條件表示沒有轉動出現。

在太極拳術中，對於人體的發放主要條件是破壞對方的平衡，或者使對方發生位移，或者使其出現轉動。造成對方轉動則應從力偶矩出發，其中包括力矩。在太極拳式中，野馬分鬃是利用力偶矩致人轉動的典型。

野馬分鬃，一手取敵腕，一手自敵腋下穿出，隨即進步於對方腳後而使敵處於力偶矩的作用之下，發生轉動，破壞平衡，則可橫肘施力發放對方。

野馬分鬃要求後腿上一步，即應使自己的重心在前腿，否則對方將不可能因力偶矩的作用而遭受轉動。

白蛇吐信，兩手分別向上和向下，使對方承受垂直平面中的一對力偶，以致產生傾倒，亦即轉動。對方因受轉動而離開地面時，不僅平衡遭破壞，且除去其與地面的約束力，於是，我尤其轉動而蓄勁，再順其掙扎方向做直線進擊而發放。力偶矩的這種運用，不易為人察覺，以致時常成為破壞對方平衡的成功實例。

3.滾　動

滾動是轉動的一種特殊情況，一般指圓球或圓柱的滾動。根據力偶矩原理，已無須再作解釋，現僅對滾動的應用略加說明。

軸承是由圓球或圓柱組成，具有減小摩擦（損）而保證機械運轉的作用。在受到大力或重物作用的情況下，軸承中的圓球或圓柱產生滾動而使大力或重物產生位移，其效果是十分明顯的。各種車輛都採用軸承，就是這個道理。

我們經常看到，在搬運十分沉重的物體時，在其下放置幾根圓木，則可以在小力的作用下，使重物遷移。這種滾槓的作用，完全是滾動原理在日常生活中的應用。

太極拳術同樣利用滾動來對付大力的作用。玉女穿梭的精巧，首先表現在腰步的靈活，其次是在轉身之中含有拿法，隨著開合的變化，既化解對方的作用力，又可乘勢進擊對方。但是，在一手進擊的同時，另一手在眉際額前用腕臂上捲所作的滾動，也是玉女穿梭中值得重視的動作。這個滾捲雖然只是微動，卻並不需要太大的力量即可化解對方向面部進擊的拳掌。

這個動作極為考究，腕臂在眉際向上翻捲，不必高過頭部，稍稍滾動即可使對方的拳掌失去其作用點，甚至引起身體前傾，為發放創造機會。此時腕臂再做反向滾動，即所謂「發落點對即成功」，滾臂進腰可致強大的發放力。在扇通背中，同樣也應用這種滾動。右手滾動化卻敵人的進擊，左掌則隨手用橫勁奔向敵肋。橫擊之力十分強勁，而右手腕掌翻捲動作的纖巧實是命中敵人的決定性關

鍵。

(1) 螺旋

在力學中，將旋轉、滾動中的進退稱為螺旋。日常生活裡，用改錐撐螺絲可以穿透堅硬木材。太極拳術則將滾捲盤旋結合進退的螺旋作用稱為纏絲勁，要求在行功走架中做精細的體會，而在技擊中做廣泛的運用。

應該指出，螺旋作用精巧隱蔽，在滾捲盤旋中，退以化解，進以發放，渾圓一體，實是太極拳術動作的高級境界。

滾動已經具有纖巧的特點，用力不大，動作細小，卻可以使對方勁力落空，失去平衡，為進擊創造條件。而滾動中的後退，使敵重心空虛，如墜深淵，欲罷不能，只好撲倒；滾動中的前進，使勁力入敵骨裡，僵滯不能運化，任我處置。而退後可進，進後有退，都可給對方以更嚴重的打擊。

太極拳術中，滾捲進退的纏絲勁幾乎可以貫徹到每個拳式裡，而且並不僅限於腕臂的應用。提手上勢、白鶴亮翅都有腕臂的螺旋纏絲，雲手則與腰部的轉動與平移相結合，而腕臂在纏絲中還可轉化為劈砍的擊打等等，都值得深刻揣摩，反覆推敲。

轉動、滾動，以及它們與進退相結合的螺旋纏絲運動，是太極拳術中化勁的重要形式，也是發放的前奏。旋轉進退可以演化出種種方式，不僅精微巧妙，而且花樣翻新，趣味橫溢，使太極拳術在中外拳術中表現出獨特的風格和無窮的韻味。

二、拳 架

太極拳術是由拳架和推手兩部分組成的，而太極拳架是基礎。

在長期的歷史發展中，太極拳架演變出許多風格不同的流派。但是，各種太極拳架的招式和趟路都嚴格地按照虛實開合編排而成，又都十分強調「用意」，要求在意識的引導下，使呼吸和動作緊密地結合起來。

因此，在學習太極拳架的過程中，首先應正確地掌握其手、眼、身、步法，使動作準確，姿勢合度，趟路聯貫，意識、呼吸和動作相互協調，完整圓滿；其次要在長期不斷的鍛鍊中，深入領會一招一式的目的、意義與作用，並掌握此拳套的特徵。在此基礎上，還必須透過太極推手的學習和實踐，進一步體驗、領會太極拳法的原則要求，學以致用，並做創造性的發揮。

(一)基本拳式（37 式）

我們所傳習的太極拳架源自王茂齋，總共有 10 個來回趟路，108 個拳式。其中有許多拳式是重複的，甚至是多次重複的。如果去掉這些重複的拳式，則在整個拳套中，除開始（太極起勢）和結尾（合太極）之外，只有37 個基本拳式。

太極起勢

太極拳從準備到開始運動的姿勢，稱為太極起勢。

準備時，頭頸應正直鬆豎，下頜略向後收，意寓頂勁，眼向前平視，含胸拔背，兩臂自然下垂，兩腳分開與肩等寬，腰胯放鬆而吊襠提臀。全身形象端莊平正，精神內固，氣沉丹田。這些要求取意於守我之靜，待人之動（圖 1-1）。

在精神斂聚、呼吸順遂之後，開始進入運動。用意識自丹田提氣上升，同時使兩臂緩慢向前輕輕抬起直到高與肩平，手心向下，十指微屈，用意不用力，表現輕靈無滯，自然穩重（圖 1-2）。兩臂平舉的緩慢程度確定整套太極拳架中的速度。

兩臂與肩平後，由吸氣轉為呼氣，雙手下按，掌心吐力。兩腿隨手下按而屈膝下蹲，確定整個拳套中身體的高低程度。雙手下按時，要用意識沉肩墜肘，使肘膝相對，十指隨呼吸而張縮。下按到極點，要呼出全部空氣，十指

圖1-1　太極起勢（一）　　圖1-2　太極起勢（二）　　圖1-3　太極起勢（三）

伸張。

此式重心在兩腿中間，身體平正豎直，神情磊落大方。隨後，動右腰，用右胯支持左腰眼，回收右手，左腿輕提，腳尖點地，右腿為實，以接下式（圖 1-3）。

起勢全部動作在一吸一呼中完成，要求精神集中，摒除雜念而取靜字，用意不用力。兩臂起落都含有向上向外的掤勁，兩腿由平均分配體重的雙重開始變動，負擔體重的腿為實，另一腿為虛。

這樣，太極起勢不僅是動作的開始，也是用意和導引行氣的開始，用思想安靜來使大腦皮層得到抑制，以加強中樞神經系統，並使全身器官的機能活躍起來，對於全身保健具有基本意義。

起勢雖然只是太極拳架的開始，但它在擊技中也具有一定的意義和作用。敵人從外線來攻我時，如用雙風貫耳動作，我則可以採取起勢，將精神凝注於手背腕骨之間，用來沾取敵臂，將氣沉入丹田，仔細聽勁，或轉腰，或捲腕，都能化卻敵勁，而後向敵發放。此中的關鍵在於雙臂起落均不可失去掤勁。

太極起勢精神斂，虛領頂勁呈自然。

抬起雙臂鬆無滯，調和呼吸守丹田。

寓意對手取外線，立肘上掤沾其腕。

雕弓直放轉腰斜，雙風貫耳收效難。

第1式　攬雀尾

太極拳中將敵人手臂比作雀鳥的頭尾，用雙手持取雀頭雀尾，並隨其旋轉上下，因名為攬雀尾。所謂上步攬雀

尾的意義與動作和攬雀尾相同，只是開始時向前邁出一步，取積極進攻的意思。太極拳術中極其重視攬雀尾，認為它是體用兼備的招法，必須精練純熟。但在太極拳中只有右攬雀尾式，而無左式。因此，凡左手在前被人擄住時，則採用穿掌的方法，將右手送於左手背之上，或直奔對方面門，或作鎖喉，對方必棄左手而擄右手，從而下面即可接右攬雀尾式。

　　攬雀尾要求頭頂正直，上身平準，左手中指放在右掌根大陵穴上，雙臂各含掤勁而成圓環，在腰的主宰下，身手胯腿動作一致。運動時，此式承接太極起勢，向前伸腿，重心全部由右腿支撐，左臂彎曲而不失掤勁，並以腰為軸作逆時針轉動，右手扶於左腕間成擠式（圖 1-4）；或此式承接搬攔捶等右手在前的動作，都要首先動腰。

　　腰手前進時，右手掌心向上而左手手背向上，在腰胯的推動下直線向前（圖 1-5）；腰手後退時，雙掌翻轉，右手背向上，左手掌向上，在腰胯的牽動下，雙掌向後作圓弧（圖 1-6）。

圖 1-4　攬雀尾（一）　　圖 1-5　攬雀尾（二）　　圖 1-6　攬雀尾（三）

圖1-7　攬雀尾（四）　　圖1-8　攬雀尾（五）　　圖1-9　攬雀尾（六）

　　此時，右掌向右後方移動，並沉肩墜肘，轉腰坐胯，改換重心於右腿，氣沉丹田，稱為捋式。隨後含胸拔背，雙掌自右移左，上下翻轉變化，再作吸氣。掌勁向下並向自己的方向稱為按，要求圓活俐落。雙掌在身體左側再向前進時，腰腿臂膊一齊動作並呼氣，又成掤勁（圖1-7）。這樣，完成攬雀尾式的第一個圓圈。

　　接著雙手進至身體正前方（圖1-8），隨即坐腰鬆胯並立肘，用肘法擊人（圖1-9），再將掌擊出，完成第二個圓圈，並使右手撮勾接單鞭（圖1-10）。

　　由此可見，攬雀尾式的兩個圓圈中貫徹了掤、捋、擠、按、肘等多種手法，要求手臂作圓弧運動，而又包含著圓弧和直線的轉換，確實是體用兼備的重要招法。

　　攬雀尾式本身還是解腕術或拿法。設右腕被敵人握住，我即用左手指扶其手背，如持雀頭，雙手在腰勁

圖1-10　攬雀尾（七）

推動下直進作掤。敵方如不鬆手，我即沉肩墜肘，擰腰坐胯，翻轉兩掌，既作捋手，又可反握敵腕。如敵仍堅持不放，我則含胸拔背，用按法將手從右側移向身體左側，使敵腕受制，而我更能用腰臂的橫向掤勁向前直放，也可用肩胛敲擊對方。

作為擊法，攬雀尾的第一個圓圈中，掤手直奔對方咽喉或面部，氣勢銳厲，有如捌掌；第二個圓圈中，用肘直擊對方前胸，右掌更連擊敵面。此處立肘擊人為整個太極拳術中肘法的基礎。

此式圓活輕穩，精緻細膩，變換多端，對於腰、胯、胸、背、腕都作鬆活柔韌的鍛鍊，而始終保持百會至會陰成直線貫通，脊骨中正；手臂直進向前為呼，後退作弧為吸，使動作呼吸在意識的引導下緊密配合，既能攬化而緩卻對方前進之力，隨即乘勢拋擲敵人，又極有益於身體。

　　　攬雀尾式體用全，掤捋擠按包羅遍。
　　　手持頭尾身腰整，剪取敵腕陰陽間。
　　　雙環螺旋化直線，側捋外擠復可按。
　　　風雲變幻隨猜測，隱有右肘連擊腕。

第2式　單鞭

拳術中將手臂擊人稱為鞭。單鞭是單手作鞭擊，雙鞭是雙手左右分擊，同時都彎曲雙膝作騎馬式，正而不偏。斜單鞭表示其方位為斜角的單鞭式。

此式上接攬雀尾式中肘掌連擊之後，右手撮勾，五指下垂，眼光注視左掌心，用意識導引右臂的勁力，透過右邊的腕肘肩背，再過左邊的肩肘腕，達到左掌，使左掌平

圖1-11　單鞭（一）　　　圖1-12　單鞭（二）

鋪直立，掌心吐勁。

同時在腰襠的作用下，取中定姿勢，五趾抓地，使左右平衡，頭頂正直，下頜內收，目光前視，氣沉丹田（圖1-11、圖1-12）。此動作中勁力在腰的作用下，如車伕持鞭左右搖擺往還，稱為通臂勁。其關鍵在於兩肩關節要鬆開，全身放鬆。

單鞭在擊技中，右手撮勾主要是用腕力，既能擊打人面，又能有鈎掛作用。如敵用勁頂撞，立腕即可擊發。但發人時，必須用丹田發出的勁力，由腰動而膀腕隨進，全身完整。左手自右經面前向左移動，有翻砍的作用，而立肘含掤勁，既能在滾臂中運化敵勁，用掌擊人，又能進身用肘擊人。左手經過面部中線時，呼吸逐漸由吸轉入呼，全身鬆淨，氣沉丹田，嚴密地與擊人配合。

單鞭以脊椎為中軸，用腰勁自右向左轉動，既活動腰背和四肢，使氣下沉，又透過腰部左右搖擺，活潑脊椎神經，充實腰襠勁力，訓練身體平衡。

　　　　單鞭正斜右撮勾，頂抗應施腕和肘。
　　　　通臂內勁意導引，目視掌心掤到頭。
　　　　平衡身法輕鬆穩，採捌肘靠應追求。
　　　　雙鞭左右作分擊，砍削抓勾有自由。

第3式　提手上勢

拳術中將向上提物的勁力稱為提。提手上勢取意於頂勁上提，身形向上伸長升起，而腰腿隨之向上並轉腰，以練習脊骨的伸縮和轉動的能力，增加肩肘腕膝等關節的靈活程度。

提手上勢可分解為兩個動作：首先是提手為合，其次是上勢為開。由於單鞭使胸前全部暴露，敵人得乘機用拳正面進攻。此時，我應立即含胸拔背，沉氣坐身，用左腿支持全身重量（為實），右腿為虛，雙手分別拿取敵腕和肘，如懷抱琵琶（圖1-13）。如敵避免遭受擒拿而將拳後撤，我則立即伸長身形，將重心移至前腿，左手扶右臂內側作擠（圖1-14）。

對方如果避免為我擠出，而用按法或加大勁力向下，我則腰向右轉，身形有如螺旋，小臂作逆時針滾動，使對方勁力失去著力點而落空。此時對方身體勢必騰虛，腳跟離地，我則左手自上而下直抹對方胸部，破壞其平衡。

上式也可以採用掤勁，化解敵人的進攻。右臂隨我伸長身形，重心前移之際，向右轉腰並立右肘，使小臂作順時針滾動，化解對方勁力，

圖1-13　提手上勢（一）　　圖1-14　提手上勢（二）

使其重心浮起。我如再向左轉腰，臂肘又作逆時針滾動，則可發放對方。提手上勢的關鍵在於伸長身形而轉腰，因而，必須氣沉丹田，軀體平正，雙肩鬆開。這樣能對腰腿的變化、掌臂的敏感及滾捲，尤其是脊椎的伸縮旋轉進行鍛鍊。

　　提手上勢長身形，含胸拔背把敵應。

　　脊椎伸展頂虛領，腰腹鬆淨肩膝靈。

　　臂有掤勁能滾捲，提手鎖喉意最凶。

　　氣沉丹田身平正，按擠隨機腰胯撐。

第4式　白鶴亮翅

　　拳術中，將兩臂左右對稱分展，身脊中直，面向正前，形如鳥翼，稱為白鶴亮翅；否則兩手一上一下，兩臂不對稱，身體略作扭斜者，稱為展翅。

　　拳架中，白鶴亮翅承接提手上勢，兩手一上一下，兩臂作弧形而含掤勁（圖 1-15），彎腰前躬，使兩手並齊（圖 1-16），向左側轉；目光隨左手虎口轉動，如挑重物

圖 1-15　白鶴亮翅（一）　　　圖 1-16　白鶴亮翅（二）

向上，腰身隨而扭轉，直到左右兩手在身體左上方相遇（圖 1-17），轉腰移正後，十指相對，掌心向外（圖 1-18）；然後利用脅胛扣合之力，雙掌畫球，使十指向上，掌心向內，兩肘直立，身形隨手勢下落而逐漸屈膝半蹲，目視掌心（圖 1-19）。

在白鶴亮翅中，以背為樞紐，以肩肋開合帶動手臂運動，對於胸背肋腹的鍛鍊有極好的作用，又對呼吸行氣、內勁運轉有很大的作用。

開為呼，合為吸。呼氣時，內勁要自腰脊直貫手指腳趾；吸氣時，內勁要由手指腳趾返回腰脊，使呼吸有序，開合有致。腹背胸脅的伸縮，腰脊的扭轉，呼吸的深緩細長，都有益於身體健康。

白鶴亮翅或展翅，都不能使兩臂失去掤勁。敵方從上用急拳進攻，而我躲閃不及時，可用白鶴亮翅托採敵臂，轉腰化其攻勢，並順其勁力方向滾捲小臂，使對方向旁側落空。在此式中，雙肘隨雙手畫球後直立，是用肘法進攻；如敵方用手扶我兩肘，我則得用手背前擊。此時進步

圖 1-17　白鶴亮翅（三）　　圖 1-18　白鶴亮翅（四）　　圖 1-19　白鶴亮翅（五）

即如封似閉式。

白鶴亮翅展兩臂，鳳凰振翼伸屈奇。

虛實自然深呼吸，纏繞四梢守中氣。

高處拳掌攻勢急，托採敵臂旁側擊。

雙肘直立合寓開，進步雙掌門封閉。

第 5 式　摟膝拗步

拳術中將手橫過膝蓋稱為摟膝，是破敵進攻下路的方法。將進右足伸右手或進左足伸左手，稱為順步，而將進右足伸左手，或進左足伸右手，稱為拗步。順步取意於進攻，另半邊必須跟上；拗步須動腰才有利於平衡。

摟膝拗步分為左右兩式。左摟膝拗步以左手摟膝，拿取敵腿，轉移對方的進攻，而右手同時向敵進擊（圖1-20、圖 1-21）。右摟膝拗步則對稱而相反，意義與作用也完全相同（圖 1-22）。

拳架對摟膝拗步有多種要求。首先，頭部必須保持虛領上頂，下頜內含，脊椎豎直中正；其次，兩腳必須虛實

圖 1-20　摟膝拗步（一）　　圖 1-21　摟膝拗步（二）　　圖 1-22　摟膝拗步（三）

分明，足堅而穩，膝屈而伸，邁步有如貓行；最後，前手自耳際出發，手指微屈而指向前方，後手橫過膝前，均在腰脊勁力作用下循弧線行進，小臂隨掌的屈伸而微作轉動。定式時，腕肘要下沉，手指伸張，前掌直立，掌心吐力，而目光透過中指前視；後掌於摟膝後停於胯側，應有按勁；氣沉丹田，腰襠扣合，前腿弓而後腿蹬直，十趾抓地，嚴格保持內外三合，達到八面支撐，而又能八面轉換。

運動中要靈動活潑，鬆淨無滯，靜止時要端莊穩健，勁力貫於四梢；換式時應似停非停，前掌前伸，後掌上提，上下相隨，協調勻稱，吸氣而變換重心，以接下式。

此式兩手運動路線為橢圓，腕隨掌轉，膀肘又隨腕掌轉，在滾捲中前進。而所有這些螺旋轉動都必須在腰脊的主宰下相互協調配合，並使內勁向前纏繞，全神貫注。螺旋運動對兩臂肌肉群，以及腕、肘、肩諸關節都有良好的作用，而單腿屈膝立地更能增強腿力。

邁左步時，左胯上抽，用右胯托起左胯；邁右步時，右胯上抽，用左胯托起右胯，保持尾閭正中，並用意識引導腰脊作伸縮，以為進退。

經常作摟膝拗步，對脊椎神經極為有益，不僅能促進神經系統的新陳代謝，增強身體的銳敏程度，而且也加強腰腎功能。

> 左手下摟右膝前，右手直攻敵胸肩。
> 進步左右應貫串，相隨上下有變換。
> 支撐八面守三合，運行兩臂依橢圓。
> 脊骨中正裡襠勁，呼吸丹田勁力現。

第6式 懷抱琵琶

拳術中將兩手相抱，掌向裡扣，比作抱琵琶；而以手指撫弦，稱為懷抱琵琶；將兩手一前一後同時向斜前方推出，稱為手揮琵琶。

在太極拳架中，懷抱琵琶承接摟膝拗步。由於摟膝拗步右手在前而左掌下按，以致左前方有空檔，敵人乘隙前擊，我則順應其攻中路之勢，含胸拔背，重心後移，同時一手取敵腕，一手撫敵肘（圖 1-23），用腰勁使兩手分別向內作圓形扣合，擰轉敵人小臂，使其肘關節如槓桿的支點，支持其全身重量，從而不得不受制於我（圖 1-24）。

此時，如果對方身體騰起，腳跟離地，則可順其力轉腰，向我斜後方發放；如果對方受制而掙扎後退，我則弓腿向前，五趾抓地，用腰脊力向前將敵發出。但是，拳架中對左摟膝拗步卻無相應的懷抱琵琶。這倒不是不需要，而是因為只要理解了懷抱琵琶的作用，養成條件反射，只要敵人從右前方進攻，我則能換手應用。其實，敵人用拳擊我胸部，而沾及我時，單手亦可作懷抱琵琶。

此式的關鍵在於動腰。腰不動，使再大的力氣，也不會收到預期的效果。

圖 1-23　懷抱琵琶（一）　圖 1-24　懷抱琵琶（二）

懷抱琵琶如撫弦，兩手運行皆作圓。

腰脊內勁貫雙掌，擒取敵臂槓桿懸。

胸間運化鬆且黏，手持腕肘轉螺旋。

擎起敵身趾抓地，合開吞吐瞬息間。

第7式　搬攔捶

搬是搬移，攔是攔阻。搬攔捶是用手搬移敵拳，加以攔阻，並用拳進擊敵人。此式為太極五捶之一，在太極拳法先化後打的原則下，具有強烈的進攻能力。

搬攔與捶擊是在腰勁主宰下，雙手循圓弧路線化除敵人直進的拳擊，而右拳作螺旋纏繞向敵人進擊和發放。搬勁是明顯的橫勁，雙手掌心向左前方推出，也稱手揮琵琶，要弓屈前腿，蹬直後腿，用腰勁向前面和雙手的動作協調配合（圖 1-25）。攔勁是暗藏的捋勁，同時也是拿法，要求含胸拔背、沉肩墜肘、坐腰撐胯，是敵人抗拒我搬勁時，順其勢所做的懷抱琵琶（圖 1-26）。這樣，既能將敵捋出，又可擒取敵臂。如果對方退身而避免受捋或遭

圖 1-25　搬攔捶（一）　　圖 1-26　搬攔捶（二）　　圖 1-27　搬攔捶（三）

擒拿，我則順其勢正身擰胯，將攔時所蓄腰脊的勁力一呼
而出，迅猛地用拳直擊（圖 1-27）。

搬勁向斜前方，在擊法中也可作為砍來看待，行氣應
為呼；攔勁向側後方，是化勁時的拿法，應吸氣以使敵進
而我愈深，造成對方身體騰虛；捶擊時腰勁貫於右拳，直
線向敵，既可擊人，又能發人，必須由吸氣轉化為呼氣。
由此可見，搬攔捶是圓柔和直剛的結合，它不丟不頂，順
應自然，因勢利導，體現出太極拳術柔中寓剛、綿裡藏針
的擊技原則。

整個搬攔捶式的動作，使手、腕、臂、膊、肩、胸、
腰、胯、腿都作各種圓形運動，柔韌而靈動，脊椎則旋曲
進退，不僅有益於全身肌肉群的活動，而且對脊椎神經和
臟腑也大有裨益，從而能夠促進消化、循環和排泄。當
然，進行此式時，必須嚴格保持尾閭正中，注意鬆肩擰
胯，轉換兩個腰眼；切忌身體前傾側斜而失去重心；又必
須刻刻用意，並使呼吸和動作協調。

搬攔捶除定步之外，還有進步搬攔捶和卸步搬攔捶之
分。進步，即向前上步；卸步卻不是退步，而是向後側方
撤步。這裡有步法的訓練，還有防守和退卻中反攻的訓
練。進步搬攔捶是先搬攔敵拳，再進攻；卸步搬攔捶是在
撤步中搬攔敵拳，使其落空，有如大型的捋手，也稱楊式
大捋，是楊式太極拳術中活步推手的基本方式。

> 搬攔敵手再用拳，太極五捶此為先。
> 左搬明運右攔蓄，正身裹騰鬆兩肩。
> 發勁須用腰脊力，拳捶直進雷電閃。
> 卸步旁移上步前，搬攔捶法重心端。

第8式　如封似閉

封是封鎖，閉是前進以逼敵。如封似閉是用門的開合來象徵封鎖敵手並進而攻敵的招法。開是向內化敵攻勢，同時蓄勁準備反攻，因而要求前腿虛，後腿實，坐腰吸氣，含胸拔背，鬆肩沉肘。合是向外推人，將所蓄勁力向前發放，轉守為攻，從而要求身法平正而收斂，兩肩平順，含胸拔背，弓腿撐胯，腳趾抓地，兩臂前伸。勁力要由腳、腿、腰直貫兩臂、雙掌，一呼即出，不得間斷。因此，封是開，閉是合，一開一合，一蓄一發，先化後打。化敵勁力使之落空時，我即打之。雙掌進攻，須待敵反應，要求在敵呼吸使氣上浮時發勁。

在拳架中，如封似閉承接搬攔捶。此捶擊出之後，敵人握住我上膊或小臂，我即將左手自右臂膊下插出，同時並步吸氣，含胸拔背並坐腰胯，以擒拿對方手腕（圖1-28），再進步為封（圖 1-29），使敵騰起。敵如退避，我即順勢前發為閉。敵如頑抗，我則滾捲雙臂使其勁力落空，而後發放；或者滾捲右臂，而左手握拳進擊。因此，如封似閉包含有擊法、拿法和發人法。

從上述動作可以看出，如封

圖 1-28　如封似閉（一）　圖 1-29　如封似閉（二）

似閉是又一種步法的訓練，而且對胸背、四肢都進行一次開合的運動。

此動作的關鍵在腰，含胸拔背的同時，要有腰動，雙掌前推要用腰脊之力。因此，它是以運動腰脊、鍛鍊脊椎神經、暢通任督二脈為主的全身運動。

> 如封似閉象開合，封取固蓄閉直攻。
>
> 腹淨氣沉肩肘鬆，腰腿臂掌進如風。
>
> 封有拿法取敵腕，攻寓聽勁待敵應。
>
> 直進身正勁力整，查其動向順其行。

第9式　抱虎歸山

太極拳將身形後撤並用橫勁轉體，稱為抱虎歸山。此式上承如封似閉，在雙掌前按的同時伸腰撤步（圖1-30），伏身形右腳落地後，即用腰臂橫勁移動，重心移至右腿，右膝用力將身體站穩立直（圖1-31）。

抱虎歸山是在進攻中做好防禦的準備，並在防禦時轉入進攻的招法。敵方向我的進攻作反擊時，我即向後直

圖1-30　抱虎歸山（一）

圖1-31　抱虎歸山（二）

撤，使自己的重心轉移，兩臂用掤勁向我身體右側引敵勁力，我則能用挒勁以對，或者及時地變為打虎式，反守為攻。兩臂必須保持掤勁，否則即不能有所變化。

　　此式在退守過程中，左腿立地保持身體平衡，兩手兩臂向前伸張，而右腿向後伸張，使手臂、軀幹、右腿在一條直線上，腰脊在緩緩呼氣中得到最大的伸展。右腳落地後，即由後撤轉入橫移，要在腰胯勁力的作用下，使重心自左腿逐漸地移至右腿。右腿站實後，才使身體立直。橫移的過程中，要吸氣入丹田，虛領頂勁，含胸拔背，兩臂含有掤勁。

　　　　抱虎歸山撤身形，前進後退宜相應。
　　　　脊柱伸展腰腹鬆，重心轉換步作營。
　　　　進攻須防平衡失，退守切忌腰襠遲。
　　　　直撤橫掤化為挒，因敵前進打虎式。

第10式　十字手

　　太極拳將兩手相搭於胸前，形狀如十字，稱為十字手。此式在拳架中承接抱虎歸山，當身形後撤，右膝用力站直後並步，兩手在身前劃大圓弧（圖 1-32），兩臂滾捲，在胸前交叉（圖 1-33），並順勢逐漸屈膝矮

圖1-32　十字手（一）　　圖1-33　十字手（二）

身形，以接下式。

此項動作使兩臂腰腿的屈伸與呼吸配合協調，能增大肺活量，訓練腰脊的橫勁，而兩臂自始至終含有掤勁，頭部虛領上頂，下頜內含，意守丹田，虛實分明，既可作為拳式間連接貫串之用，又可作多種防禦和進攻的變化。

腕臂十字相互搭，腰為中軸寓捋法。

脊背屈伸臂掤滾，虛頂含胸多變化。

卸身護膝防攻下，取腿進步疾飛斜。

十字分單作劈打，雙掌前按把敵發。

第11式　左顧右盼

顧盼本來是目光流露，而在太極拳法中有時卻將它作為步法來對待。左顧右盼作為拳式名稱，是指向左與向右的摟膝拗步。有人將此式也稱為抱虎歸山，是把敵人比擬為虎，如往懷中摟抱，必須立即迅速推擲出去的意思。

太極拳行功走架時，通常起勢的方位是背北面南左東右西。左顧的方向是東南，而右盼的方向是西北。左顧時，左手摟膝挪移敵腿，右手向敵進擊，直奔左前方斜角（圖1-34）。如敵用力抗拒，以免受我擒拿，或攬抱而勁力指向我身體時，我則必須立即含胸拔背，以脊椎為樞紐，重心移於左腿，轉腰撐胯，順敵動向，用力前推，掌心吐勁，完成指向西北方斜角的右盼（圖 1-35、圖1-36）。

拳架中，左顧右盼的兩臂運行路線為雙圓，手身與步法必須協調一致，以腰為主軸做全身運動。左顧與右盼中間的銜接處，轉腰撐胯、含胸拔背，必須乾淨俐落、精神

圖 1-34　左顧右盼（一）　　圖 1-35　左顧右盼（二）　　圖 1-36　左顧右盼（三）

貫注，於輕捷中表現機警靈動。此時，既要虛領頂勁，又
要呼吸轉換，上下輕靈。以腰脊運動肩背，用腰胯轉移重
心，對於腰腎的鍛鍊極為有益。

　　　　撩膝拗步顧盼間，兩臂運行成雙圓。
　　　　含胸拔背腰脊力，轉身蓄勁發向前。
　　　　右手抱撩左手擲，乘勢進掌復可按。
　　　　機靈於頂神通臂，右腳外挪可推山。

第 12 式　肘底看捶

　　看有看守的意思。將右拳放在左肘尖下，看守對方而
待動，稱為肘底看捶。

　　此式也稱葉底藏花，是將左肘直立，左掌上托比擬為
葉，而將右拳置於左肘底，比擬為花。肘底看捶是太極五
捶之一，具有極強烈的進攻性質。

　　動作中，肘底看捶採用三角步法，由面向西南的斜單
鞭，移動右腿，使身體轉動 135°，面向正東（圖 1-37、

圖 1-37　肘底看捶（一）　　圖 1-38　肘底看捶（二）　　圖 1-39　肘底看捶（三）

圖 1-38）。隨即聳身向前，鬆肩垂肘，雙手分別劃圓，臂膊滾捲，在腰勁主宰下，含胸拔背，立肘藏拳，而將全身重量寄於右腿，彎曲坐實，左腳為虛（圖 1-39）。

在此拳式中，神情自若，態度自然，上下相隨，完整貫串，除定式外，無絲毫停頓間斷。從而能圓活地運動腕、肘、肩、腰、胯、膝諸關節和胸背的肌肉群，同時，輕勻地呼吸行氣並隨著胸背的開合而深長緩細，增強肺活量。

肘底看捶必須能夠八面轉換，才能發揮其強烈的擊技能力。在身形轉動後，雙手分別所劃的圓弧是轉化敵人進攻的措施。由於身體轉動，使身後之敵出現於我的前方，用右臂防範其從右前方的進攻，用左臂與敵接觸，沾接後，即立肘外掤，小臂外滾，化卻敵力。

自內下向外上立肘，是取最短的路徑，並可用肘法進攻，又能擰腰扣襠用右拳作捶擊。因此，肘底看捶既是擊人法，也是發人法。

　　肘底看捶葉底花，移步轉身三角法。

兩臂分作圓護頂，立肘巧妙敵拳化。

左肘花葉不是守，撐腰進擊須合胯。

開合宜用深呼吸，太極捶肘把人發。

第13式　倒攆猴

拳術中將退步過程中腰胯向後的移動稱為攆勁。將敵人比擬為猴，我引猴前撲，而退步撒手轉移其進攻之勢，同時又以手擊其頭部，稱為倒攆猴。

在太極拳架中，倒攆猴式承接肘底看捶或金雞獨立。抬左腿，右手橫勁搬移敵拳，在後退中，腰胯向後移動（圖 1-40），左腳落地踏實，並由虛變實，同時進左掌擊敵頭部（圖 1-41）。

右倒攆猴與上述動作對稱（圖 1-42）。

此式後退的距離必須恰當。對方進多少，我退多少，既不能多，也不能少。退步時，身體須保持正直，虛領頂勁，既不能前傾，也不得歪斜。腳落地後，即應塌腰坐胯，輕靈無滯，鬆淨平穩。

圖 1-40　倒攆猴（一）　　圖 1-41　倒攆猴（二）　　圖 1-42　倒攆猴（三）

倒攆猴式既是防禦，又是進攻；既是擊法，又是發人法。在腰胯向後用攆勁移動時，敵方前擊之勢落空或臂膊受我拿制，都將使身體滯重或騰虛，我利用此機會進攻，一般能發放成功。倒攆猴與摟膝拗步，除進退方向相反和所施勁力不同之外，其他均相同，因此，生理保健的功效也是相同的。

　　　倒攆猴式守中攻，摟膝拗步倒退行。

　　　猴兒遇人向前撲，撒手閃卸閉其鋒。

　　　後退避化不完整，同時前按頭頷胸。

　　　塌腰坐勢輕與鬆，身體正直忌前傾。

第14式　斜飛勢

在太極拳套中，斜飛勢是將自己比喻為鳥，兩臂斜展，有如鳥張翅而飛。

此式上接倒攆猴，取意於敵以右手擊我，而我用左手側捋使其勁力落空，身體前傾；敵方為了避免撲倒，勢必後退思脫，我則得機而因其動向，用左手穿其右腋下，往斜側擲發。

因此，斜飛勢中，兩臂須按逆時針方向做大圓，用腰勁進左步，以左臂向斜側伸出（圖1-43、圖1-44）。

全式舒展大方，轉換綿密，既

圖1-43　斜飛勢（一）　　圖1-44　斜飛勢（二）

有肩背脊腰的伸縮，又應滾捲小臂而舒腕掌。定式時，身體雖在偏斜之中，而頂勁不可失，左右勁力應相稱。因此，常練此式，能夠增強腕臂臂力，並結合呼吸屈伸，訓練肩胛的靠勁。

但是，在我雙臂作圓時，敵人不用右手擊我，而用左手進攻，我如不能根據情況具體處理，仍繼續向左作斜飛勢，則必將出現形而上學的錯誤。

對此，應右臂立肘，承接對方的勁力，化而發之，或使右小臂在滾動中以肘為軸，向下作逆時針轉動，既化除對方勁力，更直出腕臂而擊敵胸。此右側的斜飛勢是太極拳術中的又一種肘法。

中正之偏翼斜飛，腰脊伸縮手足隨。

頭頂用意有轉換，勁力連綿腕骨現。

因敵退避展翅追，橫插腋下擲與推。

右式立肘可進攻，肘轉腕走疾如風。

第15式　海底針

拳術中，將以手指直督向下稱為海底針。

此式上接斜飛勢，敵人握我右腕而前進時，我則左掌自下循弧線向前停留於胸前，同時右掌自前方循弧線向後直督向下，勁力貫於指端（圖1-45）。

海底針中，兩手運行路線均為立圓，是在右手引敵前進過程中，乘其

圖1-45　海底針

力鬆懈而向下點刺。點刺時，重心落於右腿，彎曲坐實，左腿為虛，腳尖立地，準備敵進而踢。此時，身體必須平正不屈，頭部端正而不得低俯。從而能夠鍛鍊脊骨與膝關節的伸縮，使督脈膨凸，氣沉丹田。

此式還有俯之彌深的意思，寓有向下的拿法。左手扶敵肘而勁力向後，右手取敵腕向前，擒拿敵臂，造成對方身體傾斜而受制於我。

> 海底點刺指如針，直督向下俯彌深。
> 頭正頸直不可低，坐身平準脊骨伸。
> 掌行立圓目凝神，勁力貫注指端沉。
> 化卻敵勁復有拿，轉腰肘進側發人。

第16式　扇通背

太極拳套中，將自己的脊背比作扇軸，將兩臂看成扇輻，在腰脊的作用下，兩臂橫側分張，有如摺扇張開，稱為扇通背（圖1-46）。

此處，通背指的是引導脊背的勁力貫通於兩臂。右手

圖1-46　扇通背

在頂上眉際，腕臂須作逆時針滾捲，以化敵進攻上部之力。敵受化勁而身體騰虛時，我腕臂則應再作順時針逆轉，發放敵人。如果我更用腰脊之力推動左掌配合前擊，則必將具有更大的攻擊作用。

扇通背也可作擊法使用。右手持敵右臂，而左掌直奔敵肋，如張弓放箭，一呼即出。其關鍵在於手足勁力

要在腰脊主宰之下，周身完整，突然爆發。

此式步法取騎馬蹲襠式，重心落於兩腳中間，頭領頂勁，下頦內含，沉腰坐胯，呼氣發自丹田。這樣能夠訓練腿力和肩脊的橫勁。

> 兩臂分張如搧開，脊骨內勁通背來。
> 頭虛上頂頦下含，身體舒順神安泰。
> 左手翻轉搌敵腕，轉腰背劍全力摔。
> 右掌橫直猛攻肋，張弓放箭莫徘徊。

第17式　撇身捶

撇身之後，用拳進擊，稱為撇身捶。此式是太極五捶之一，既能擊人，又能發人，具有強烈的擊技作用。

所謂撇身，是以腰為轉折，使臂膊用橫勁作圓弧，肘尖向後下方，上膊夾於肋旁，後腿坐實（圖1-47）。

這樣，以腰脊為樞紐運動手足作擊法，是很明顯的。撇身捶擊人時，後腿要伸直，前腿弓屈，腳趾抓地，用腰勁使右拳一呼即擊。左臂保持掤勁，左掌前伸，既能進擊人胸，又能搬移對方直攻勁力，為右拳進擊創造條件。此外，在右拳出擊的同時，還可以抬左腿前踢；上下同時動作，能夠提高命中率。

撇身捶的應用並不僅限於擊法。在扇通背式中，如對方用手加力於我肘部，我即轉腰坐胯，沉肩墜肘，完成撇身動作，同時用肘尖向後沉滯，可將對方身體掀起，腳根自斷，而我

圖1-47　撇身捶

又蓄勁用左掌進擊。如敵欲退避，我則立即將右拳跟進，將敵放出。這是在太極拳術中肘法的另一種應用。一般地說，在撇身捶中，只要右肘能用沉勁將對方迷住，則能將對方發出。右臂所做的橫圓運動，則是既避敵鋒又採敵臂的動作，其關鍵在腰勁的應用。

長期練習撇身捶，不僅能增強腰臂的橫勁，還可以使身體輕靈活潑，變化自如。

　　　　撇身捶法避敵鋒，扭項回頭用力攻。

　　　　腰作轉折脊為軸，手腿橫勁自輕靈。

　　　　右拳圓轉採敵臂，左掌迎面進如風。

　　　　太極一捶擊與發，因敵動向變化中。

第18式　雲手

兩手在腰脊轉動的帶動下，分別做上下左右的迴旋盤繞，如行雲流水，稱為雲手。此式是全身動作，對於保健和擊技的意義都很大。在太極拳架中，它和攬雀尾一樣，都極考究，也極嚴密。

雲手動作，頭宜正直，虛領頂勁，下頜內含，目光平視前手掌心，精神內斂；沉肩墜肘，胸收脊拔，腹部鬆淨，呼吸深勻；吊襠裹臀，兩腿微屈，腳力上提；兩手分別作左右上下的盤旋，小臂自內向外滾捲，配合腰為主軸的轉動，並與腹式深呼吸緊密協調，上下相隨，內外結合，輕慢圓勻，左右迴繞，八面支撐，八面轉換。

雲手中，在腰脊的轉動下，右手從左端運行到右端，小臂向右外滾捲到頭，手掌舒張，五指伸直，重心自左腿移至右腿，呼盡腹氣（圖 1-48）。右手在右端盡處應稍有

圖 1-48　雲手（一）　　圖 1-49　雲手（二）　　圖 1-50　雲手（三）

　　停頓，掌心吐力，而此時左手自下移至面前，掌心向內，貫徹似停非停的原則。左掌自右向左運行，和右手一樣，完全是在腰脊的轉動下進行的（圖 1-49）。在腰脊平轉快要結束時，左臂和右臂同時開始動作，左臂、腕、掌向外轉動，右手橫過膝前，重心自右腿轉移到左腿（圖 1-50）。此處腰的左旋右轉，達到 180°即合乎要求，但是，為增加腰部旋轉的幅度，也可以轉動 225°或 270°。

　　在雲手動作中，除定步雲手之外，還有步法的變換移動。一般地說，可以在左手運行到盡頭時並右腳，右手運行到盡頭時開左步。但也可以隨左手的開始運行變左步，隨右手的開始運行變右步。不論採取哪一種方案，都必須使動作上下左右協調，並與呼吸緊密配合。

　　雲手對於身體的鍛鍊是全面的。在運動中，取意於靜，意念集中，思想恬靜，精神內斂，神態悠然舒展，使大腦皮層的興奮和抑制得到適當的調節，是對中樞神經系統極好的鍛鍊。在意識的引導下，動作和行氣相結合，呼

吸深長緩細而有節奏地鼓盪腹部，有助於增大肺活量，為肌體提供充分的氧氣，又使橫膈膜對臟腑做輕微的按摩。

全部動作中，上起百會，下至會陰，自然正直，使督脈暢通；腰脊為主軸所做的平圓運動，左旋右轉，既能增強脊椎的活動，又有益於中樞神經，更能促進腸胃的功能。上肢所作橫立橢圓，使肌肉群圓活盤繞，血脈通暢；下肢隨重心的平移，可以加強腿力。

雲手雖然舒緩圓靜，卻也具有強烈的擊技能力，而且對擊人、拿人和發人都有所訓練。兩手輪流橫過面前，又橫過兩膝，上部的手有左右砍撥的作用，下部的手是橫截敵腿，而進步即成斜飛勢。這都屬於擊人法。敵攻我右肩，我右手自左下向上橫過面前，即能擒取敵臂，將人拿住。敵如不捨其臂，順勢前進，我又能立肘攻肋。

但是，雲手動作更重要的是對掤、捋、擠、按、採、挒、肘、靠的訓練。手臂無論上行或下行，都不得失去掤勁。上臂保持一定的弧度，隱含肘法，轉腰為捋，提下手前進為擠，雙手放平為按；橫下作採，伸掌上擊成挒，進步用肩為靠。

只要稍做變化，雲手就能自然地表現出各種太極手法，而且變化十分豐富。因此，「進在雲手」，太極拳術中將雲手作為進擊的主要招法。

應該指出，雲手中，手臂的滾捲與腰脊的轉動必須緊密配合，互相協調，使身體順整靈動，遇勁即化，化即能發，虛實開合，自然而順遂。

雙手運行雲盤旋，虛領頂勁胸內含。

目視掌心神凝聚，腰脊輕旋身平轉。

左砍右撥採挒肘，大圈小圈掤挒按。

太極此式極重要，虛實開合任變換。

第19式　高探馬

　　將身體高聳，向前探出，有如乘馬探身向前，稱為高探馬。此式要求上下相隨，手足動作一致，含胸鬆肩，用腰脊之力探向斜前方。高探馬有左右二式，此處僅談其右式，因動作對稱而相同，完全可作類推。

　　在太極拳架中，高探馬承接單鞭。單鞭時，身體正前方有空當。敵人用拳直擊我胸部時，我則用高探馬以對。先退前步，腳尖點地為虛，重心移於後腿為實；含胸拔背以緩其攻勢，並使身體略向左轉，用右臂沾取敵肘腕，而用左手護右肘（圖 1-51）；一經接觸敵肘，立即上步使重心前移，身法高聳，向前探出，而右手以肘為軸，自下沿弧線向上，用掌直奔對方面部，稱為撲面掌或挒掌（圖 1-52）。如果此時伸五指或用虎口徑對對方咽喉奔去，也稱為鎖喉掌或白蛇吐信。

圖1-51　高探馬（一）　　圖1-52　高探馬（二）　　圖1-53　高探馬（三）

　　無論是撲面掌，還是鎖喉掌，都具有強烈的擊技作用。敵如順勢昂首欲退，撲面掌下按，鎖喉掌翻腕，都能在對方胸部發勁放敵，更可用肘直攻。但必須用腰襠勁配合方始有力。但是，如果對方用左手捉我右肘而進攻，我則應順勢坐胯，用左手扶敵手背，迅速翻滾右臂，掌腕劃圓，在挒式中用手採擒敵肘（圖1-53）。

　　此時，敵方肘部為我擒拿而受制，如果仍頑強抗爭，我則與下式右分腳結合，用右腳直蹬敵胯。由此可見，高探馬對腰脊的伸縮、手足的協同動作，有極緊密的訓練，而且具有十分強烈的擊技性質。

　　　　乘馬探身高前聳，含胸鬆肩手足動。

　　　　腰脊用力目視敵，運用純熟向胯蹬。

　　　　破敵擒拿取敵肘，撲面掌法可鎖喉。

　　　　按捌力發腰襠勁，進肘直攻莫停留。

第20式　分腿

　　用腳向左右分踢，稱為分腿，或起腳。既是左右分踢，則有左右二式，分別都與高探馬相接。

　　左分腿或右分腿，全身重量都要集中於微屈的後腿（圖1-54、圖1-55），兩臂左右分張，一手

圖1-54　分腿（一）

圖1-55　分腿（二）

護腳，一手輔助平衡。分腿時，必須虛領頂勁，上身放鬆，隨手足的伸張而將丹田之氣呼出，目光要由分踢之腳與護腳之手而前視。踢出的勁力要發自腰脊，達於腳跟。在有些太極拳架中，分腿時用點踢，使勁力貫注於腳尖腳背。

在太極拳架中，重點不在踢人而在發放，要求使勁力貫注於腳跟。敵人以左手擊我，我用右手向右後方作将，敵因受将而抽臂撤身，我則順其勢右分腿，以右手外拋其力，用右腳前蹬其身，將敵放出。左式與右式對稱而相同。

> 左右分腿用腳踢，勁力起源自腰脊。
> 腳跟直蹬尖作點，兩臂水平重心低。
> 敵以一拳向前擊，因勢順手将小臂。
> 緣隨後撤拋與将，同時分腿可破敵。

第 21 式　轉身蹬腳

左分腳踢出之後，身體隨腳跟後撤而轉動，立穩後再用腳跟前蹬，稱為轉身蹬腳。此式練習，單腿站立迴旋，要求身體平衡中正，必須保持頂頭懸，切忌前俯後傾、左歪右斜。轉動時要吸氣而使身體收縮，略微含胸拔背，並使腰脊勁力，以右腳跟為軸向左轉動 90°；轉身後，右腳掌要平鋪於地，五趾用力抓地，使身體立如平準（圖 1-56）；再順勢蹬出，勁力由腰脊而達腳跟。此

圖 1-56　轉身蹬腳

式動作取意於敵自身後擊我，我即轉身迎敵。轉身時身法架式不能散亂，先以左手進擊敵人面部，同時將全身勁力貫注於左腳跟，用力蹬出，上驚下取，必使敵撲倒。

> 轉身蹬腳用足跟，單腿迴旋站立穩。
>
> 軀體正直頂頭懸，含胸提膝有精神。
>
> 敵自身後來襲擊，右足平轉力內蓄。
>
> 左手向前取敵面，腰脊發勁腳跟現。

第22式　進步栽捶

進步向前，同時握拳由上下擊，如栽植作物狀，稱為進步栽捶。此式為太極五捶之一。

栽擊所用之拳，拳眼可向後，亦可向前。拳眼向後直擊敵胯，可使敵倒於腳前；拳眼向前直擊敵腹，將使敵受斜下方的勁力而跌出。栽擊時，右拳路線由上而下，使腰脊勁力貫注於拳，迅速發出。

此時，必須保持百會至會陰一氣貫通，最忌頭頂下垂，超過足尖，影響身體平衡，失去八面支撐。全部動作都必須與呼吸配合協調，栽擊右拳時應呼氣鼓腹，五趾抓地（圖1-57）。

進步栽捶是設想敵人用右手摟開我左腿，而我落左腿取得身體的穩定平衡，並用左手摟開敵手，用右手進擊敵人面部。敵人如以左手下摟我右手，我即順其力而握拳，栽擊其腹胯。

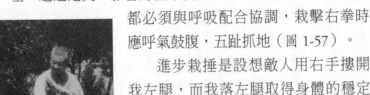

圖1-57　進步栽捶

左腿向前右拳擊，發勁須用脊背力。

由上向下如栽植，頭過足尖最諱忌。

左摟敵手右擊面，遭遇掤按宜握拳。

拳眼前後皆有用，太極捶法順力行。

第23式　打虎式

一手握拳上舉，拳眼向下；一手握拳下壓，拳眼向內；兩腿開襠如門，扭項轉頭，目光視敵，氣象凶猛，如同打虎，稱為打虎式。此式有左右二式，相反而相同。

打虎式中，雙掌在腰勁的帶動下，分別作螺旋弧線運動；兩腿向後分開，重心移向後腿，氣沉丹田。雙手繼續在腰勁的帶動下握拳，拳根用力，一上一下，形成定式（圖1-58、圖1-59）。

在此動作中，雙手劃半徑不等的圓弧，由大到小；腰部做平圓運動，肘、肩、胯、膝各關節也都協調地做圓運動，身體搖曳而有節奏，但必須始終保持虛領頂勁，身法中正，腰肩鬆活，使胸、背、腰、脊、胯以及上下肢的關節和肌肉都在腰脊的主宰下，按螺旋弧線運動。運動必須與呼吸和意念結合，使脊椎神經與內臟都受到柔韌的鍛鍊。

打虎式威武凶猛，圓活剛勁，具

圖1-58　打虎式（一）　　圖1-59　打虎式（二）

有強烈的擊技作用。雙掌和腰部的螺旋回線，有曲直橫豎
的變化。敵人如用直拳來進攻，我可用橫拳截制其腕，壓
其鋒芒，並順勢向其頂後或面部進擊。敵方如用左手擊
我，我又可以用右手作捋式，使其傾跌。打虎式中一腿後
移，雙手向後，也就是四隅推手中撤步時所做的捋手，是
專門用來對付大力凶猛的攻擊的。

　　此時如敵人抗拒並後撤其臂，我則以迂為直，將回線
轉化為直線，乘其勢而發擲，並改變虛實，進身抬腿，用
腳直踢敵腹。

　　　　打虎式氣象凶狠，龍門步開襠如門。

　　　　氣沉丹田凝神視，兩足虛實穩與準。

　　　　橫拳截腕破直攻，沾黏捋化壓其鋒。

　　　　蓄勁充盈迅雷擊，因敵拋擲加腳踢。

第24式　披身踢腳

　　身體向後傾斜作斜披姿勢，起腳前踢，稱為披身踢
腳。披身時，必須以腰為樞紐而不失頂勁，否則就不能保
持平衡而獲得進退咸宜的有利形勢（圖 1-60、圖 1-61）。

　　此式的應用在於敵人以右手擊我，我即用左手作捋。

　　敵人受捋雖

圖1-60　披身踢腳（一）　圖1-61　披身踢腳（二）

回撤，而又反擊我頭部。在此情況下，我必須立即用手外擲其臂，身體斜披，並乘其身體後傾，提右足踢其左肋。因此，披身踢腳是退中寓攻的招法，既能擊敵，又能將敵人發出。

　　　　身體後傾作斜披，提膝起腳向前踢。

　　　　披身須以腰為軸，進退咸宜可待敵。

　　　　尖點跟蹬目凝神，勁力雄渾泰山穩。

　　　　敵進須用腳尖點，敵退發放用腳跟。

第 25 式　雙風貫耳

　　兩拳由兩側取外線對擊敵人兩耳，其迅速有如風行，稱為雙風貫耳。

　　在此式中，兩拳和兩臂的運行路線各為半個圓弧，自下而上合成一個整圓。運動時，要求保持頂勁，而胸背含拔、腰襠撐扣，應與小臂的滾捲和兩拳的運行協調一致；上肢不得僵硬，肩胛鬆開，以破敵方用雙手直擊我前胸，而我能用一雙拳進擊敵人耳門。

　　為此，在雙風貫耳式中，常加一揮膝動作，用兩手背向下在前腿膝部揮動作響，以分散敵方的注意力，下擾上取，然後急奔對方耳門（圖 1-62）。

　　應該指出，耳門是人體的要害部位之一，受擊後容易發生暈倒現象。因此，此式往往被認為屬黑手，在友誼比賽中，無論如何不能使用。太極起勢可破雙風貫耳。

圖 1-62　雙風貫耳

拳行外線取耳門，敏捷如風使人昏。

身腿一致臂作圓，頭正胸含目有神。

揮膝撥開直攻手，分散注意翻腕擊。

遇緊防下皆適宜，但需受敵情況急。

第26式　二起腳

屈腿下蹲，使全身含蓄（圖 1-63），然後伸長身形蹬出左腳（圖 1-64），隨左腳下落而轉身 360°，左腳落於

圖 1-63　二起腳（一）　　　　圖 1-64　二起腳（二）

圖 1-65　二起腳（三）　　圖 1-66　二起腳（四）　　圖 1-67　二起腳（五）

左前方（圖 1-65、圖 1-66），然後再起右腳前蹬（圖 1-67），稱為二起腳。由於左右兩腳連續蹬踢，一環緊扣一環，所以也稱為鴛鴦腳。

此式身體含蓄下蹲，含胸撥背，雙肘直立，握拳而拳眼向外，目光視敵。將左腳踢出，勁貫腳跟，全身舒展、轉身時，仍須保持頂勁虛懸，身法中正。轉身動作即蓄勁過程，勁力發自脊背，隨右腿蹬出，再貫注於腳跟，抖丹田氣，一呼即出。

兩腿起落應迅速俐落，亦可做敏捷的縱跳。但必須使氣下沉而不上浮，身體正直而又穩固，輕靈活潑。此式雖要轉身，但目光卻應始終注視敵人。

敵人以左手擊我，我則以右手向側後方作捋，敵如後撤其身，我則順其勁力以左腳蹬踢，即一起腳；敵如以左手摟我左腿，我則將左腿下落，用右手向左前方拋開敵臂，並迅速轉體，而以右足平蹬其肋，使敵撲倒，完成二起腳。

> 擰腰抬腿向前踢，丹田勁力貫腳底。
> 右腿微屈頂脊正，轉身蓄勢腳再起。
> 鴛鴦腿法二起腳，順勢轉身靈意巧。
> 手腳齊動目有神，沾隨招勁可發人。

第 27 式　野馬分鬃

身體舒展，兩手左右，一上一下，氣勢矯健，有如奔馬疾馳，頭鬃分張，稱為野馬分鬃，並有左右二式。

此式動作的關鍵在於腰胯。右野馬分鬃，擰身扣合，含胸拔背，沉腰坐胯，可成懷抱琵琶；進腰則開，兩臂斜

勁分張，一呼即有，可將人發出，或致旋轉，但手步開合必須與腰胯撐扣協調一致、完整一氣（圖 1-68～圖1-71）。左野馬分鬃的動作與右式相同而方向相反。

此式要求虛領頂勁，全身在腰胯作用下，舒展矯健，自然活潑，對於腰脊鍛鍊、肩臂活動，都有很大好處；結合腹式深呼吸和意識引導，極有益於神經系統和臟腑。

野馬分鬃經常在打手中應用，因為它包含有多種拿人與發人之法，極為靈動。敵用手擊我，我用懷抱琵琶

橫採其臂。敵如後抽其臂，以避免撲倒，我則順其勢而擒取其臂，用小臂上挑，使其腳跟離地，身體騰虛，遂即滾捲小臂，用腰脊勁力將敵放出。或者，在擒取敵臂、小臂上挑之時，沉腰坐胯，以脊椎為軸，用腰作橫勁，則可致敵旋轉。如果在小臂上挑的同時，將後腿跟上一步，則將增加這種旋轉的猛烈程度。

圖1-68　野馬分鬃（一）

圖1-69　野馬分鬃（二）　　圖1-70　野馬分鬃（三）　　圖1-71　野馬分鬃（四）

在這幾種野馬分鬃的擊技方法中，要求身體正直放鬆，自然而不僵硬。如果敵臂受擒而我小臂已插入敵腋下，敵人則鬆肩俯身，壓取我臂，防止其身體旋轉，我就應橫肘進攻其肋，否則肘即將遭受擒拿。

野馬奔騰疾如風，頭鬃分披矯若龍。

腰作樞紐胯為輔，擠進開合須放鬆。

頭用頂勁勿偏側，全身舒展透玲瓏。

臂取敵腋橫肘攻，後腿進步旋轉中。

第 28 式　玉女穿梭

周行四隅，連續不斷，纖巧靈動，有如織錦穿梭，稱為玉女穿梭，其出擊方向為四個斜角。

圖1-72　玉女穿梭（一）

此式在拳架中承接野馬分鬃，敵人擒取我右臂，我即含胸拔背，鬆腰坐胯，用另一手自臂下穿出（圖1-72），置於敵手所在之處，隨即擰腰轉胯，折住敵腕，左手沿右臂外緣前移，對方如堅持不鬆手，我腰襠用勁，即可發放。這是解臂受拿之法，也是擒腕之法。

敵如鬆手後撤，我則隨其勢將臂下手向前作圓，在腰脊旋轉中移至正前方（圖 1-73），用腕掌自外向內滾捲，達到眉間額際，轉移對方自上而下砍擊之力，使其泰山壓頂式落空，身體騰虛，腳跟離地（圖 1-74）。此時，我被擒之手由臂到胸作圓後，直向對方胸部擊出（圖 1-75）。

圖 1-73　玉女穿梭（二）　　圖 1-74　玉女穿梭（三）　　圖 1-75　玉女穿梭（四）

　　或者將滾捲的腕掌作逆向滾轉，另掌輔助，先坐胯後進身，在腰襠扣合的勁力作用下，可將敵放出。這樣，完成第一個玉女穿梭，其方向為西南斜角。再轉身移步，將右手放於左臂下，依上述對稱的方位進行第二個玉女穿梭（圖 1-76～圖 1-80），其方向為東南斜角。

　　同樣，第三個、第四個玉女穿梭分別為東北、西北方向。在走架中，經常將第二個和第三個玉女穿梭之間增加一個野馬分鬃。而在第四個玉女穿梭之後，增加一個拿敵

圖 1-76　玉女穿梭（五）　　圖 1-77　玉女穿梭（六）　　圖 1-78　玉女穿梭（七）

臂踩敵腿的動作（圖1-81），也稱抓踩，以與攬雀尾或單鞭相銜接。抓踩具有強烈的擊技作用，從前大多將它看成基本功的訓練內容之一，作單獨的練習。

玉女穿梭忽隱忽現，連綿不斷，並將拿人、擊人和發人之法融貫於其中，要求不失頂勁，呼吸有致，手足動作協調而有節奏。其中擰身、回身和轉身動作都必須以腰為主軸，先動腳再動身，鬆活圓整，而腰肘的鬆活與旋滾則起重要作用。

經常練習玉女穿梭多可使胸背腰脊、兩腿兩手的各個關節都在圓弧動作中得到鍛鍊，步法靈活，身形轉動俐落。在虛領頂勁和意念恬靜之中，結合呼吸吐納，使神經系統和腹腔各種器官都得到運動。因此，玉女穿梭也是一個全面的有益於身體健康的拳式。

　　　玉女穿梭四隅行，連綿不斷穿梭靈。

　　　擰身回轉腰主宰，手步相隨體正中。

　　　臂受敵擒腰肩鬆，拿取敵腕腰肘攻。

　　　捲掌巧卸壓頂力，盤旋蓄勁直擊胸。

圖1-79　玉女穿梭（八）　　圖1-80　玉女穿梭（九）　　圖1-81　玉女穿梭（十）

第29式 下勢

圖1-82 下勢

身體下降以避敵擊的姿勢，稱為下勢。

此式承接單鞭，在敵鋒強勁凶猛的攻擊中，我退後步，前腿伸直，後腿坐實，將身體下降，避開敵人的鋒芒，靜觀敵變。此時，兩手可下按，相抱有如琵琶式，以接金雞獨立或上步七星（圖 1-82）；也可以前手下按，而後手仍保持單鞭中的垂勾，準備再還原單鞭式。

這兩者都必須根據敵人動態的變化而做相應的處理。因為身體下伏，有俯之彌深的意思，要完全跟隨敵人進攻的勁勢來安排，對方如能繼續前進，我則能繼續下伏，而且有稍微大於對方勁勢的程度。

但是，下勢並非完全被動挨打，也不是消極防禦，相反，在下伏過程中，可作拿法如琵琶式，並儲蓄勁力，隨時準備反攻。因此，下勢要求腿臂屈伸與身體的起落協調一致。定式時，兩足要平著地面，重心落於後腿，身法保持中正安舒，八面支撐。下勢的升起，應兩腿用力，使脊椎逐節向前推移，重心由後腿移至前腿，而後站立身形。這樣的要求，對於脊骨的伸縮有切實的鍛鍊，其保健的作用是明顯的。

下勢避敵俯彌深，腿臂相隨做屈伸。

脊骨直立不前傾，兩足平鋪氣下沉。

雙手下按抱琵琶，拿取敵臂化七星。

前掌後勾寓單鞭，靜觀待變蓄精神。

第30式　金雞獨立

一足立地，一足提起；一手上揚，一手下按，有如雄雞展翅站立，稱為金雞獨立。此式有左右二式。

在太極拳架中，根據金雞獨立的含義與要求，在單足站立、一足上提、兩手分別上揚下按的前提下，可以有多種姿勢：一種是腕根著力，臂含掤勁，胸前臂腿之間如抱圓球，既能外掤，又能蹬踢；一種是腳尖下垂，用手及小臂護耳（圖 1-83），臂有先化後攻的意圖，足有點踢的準備。或此或彼都能保持三尖相對，又都有金雞獨立的形象，從而也都可以採用。

金雞獨立式中，全身重量集中於一條腿上，必須立身中正安舒，不得偏頗，其關鍵在於虛領頂勁和五趾抓地；而手足的起落，在連接動作（圖 1-84、圖 1-85）中必須協調一致，其樞紐在於腰為主宰。

圖 1-83　金雞獨立（一）　圖 1-84　金雞獨立（二）　圖 1-85　金雞獨立（三）

　　敵人如以右手擊我，我以左手作拵；敵如用力上挑，我則因其力而用右手上拋其臂，同時用右膝進擊其小腹，更以左手乘勢直擊其胸。左式可做與此對稱的應用。

　　　　金雞揚翅單足立，項鬆頂懸趾抓地。

　　　　穩妥正直不動搖，三尖相對守中意。

　　　　揚臂護耳向外掤，提膝復有點踢蹬。

　　　　手足相隨靜待變，上虛下輕卸亦攻。

第31式　白蛇吐信

　　進身並將手掌向正前方伸進，有如蛇信伸出，稱為白蛇吐信，或鎖喉掌。

　　此式前伸的掌指徑對敵人的喉嚨，取一擊必中，中敵後即轉身對待身後之敵的意思。因此，應將勁力貫注手指，奔向對方面部或眼、頰、喉，給對方以重創；敵人稍向後避，勢必挺胸而氣上浮，我則翻掌下按，將敵放出。

　　在拳架中，白蛇吐信承接單鞭。對方正面向我胸部進攻，我應迅速含胸拔背，收前腿而坐右腿，用右臂沾取敵腕，用肘進攻，而左手又對右肘作防護（圖1-86），對方撒手而避免擒拿或打擊，我則將左手繞過右小臂，自內向斜前方直線奔去（圖1-87）。由於此動作命中率較高，所以，隨後即乘勢轉體180°，一手在上，一手在下，目光回視身後襲來之敵，靜以待變（圖1-88）。

　　轉身須用腰勁，前腳跟轉動180°，提起後腳，身體即自然完成180°的轉動。放人須全身完整，全式始終保持頂頭懸。

　　白蛇吐信是極為銳利的招法，不在緊急關頭，不應隨

圖1-86　白蛇吐信（一）　　圖1-87　白蛇吐信（二）　　圖1-88　白蛇吐信（三）

便使用，更不能在友誼比賽中使用。

　　　　白蛇吐信鎖喉掌，直取下頜莫徬徨。

　　　　勁力貫注五指梢，翻手前按整身放。

　　　　正面受攻宜含胸，進步穿掌吐利鋒。

　　　　背後有敵須轉身，蛇信變化守與攻。

第32式　十字擺蓮

　　拳法中將兩手交叉左右橫分狀如十字，並用腳面橫勁旁踢，疾似風擺荷葉，稱為十字擺蓮。

　　此式上承白蛇吐信。敵自身後擊來，我轉身待敵，以手撥開敵鋒，復乘勢用足旁踢（圖 1-89、圖 1-90），雙手移動成十字交叉。側踢時，左足立地，右足跟用勁，自左至右形成一立圓，開而復合。轉身與橫踢須頂勁

圖1-89　十字擺蓮（一）

圖1-90　十字擺蓮（二）

上領，身體中正，目光視敵，輕鬆自然，毫不僵滯，然後才能發揮巨大的威力，化破敵攻，並作反擊。

> 順臂拗腿踢橫旁，
> 疾風速掃蓮葉盪。
> 左足立點右足圓，
> 雙手十字開合現。
> 手撥敵鋒凝精神，
> 乘勢橫踢勁力真。
> 蛇信擊前擺蓮後，
> 懸頂柔腰撒開手。

第33式　指襠捶

在摟膝拗步之後，乘勢用拳進擊，直指敵襠，稱為指襠捶。指襠捶是太極五捶之一。

此式在用拳進擊敵襠時，後腿要用勁蹬直，擰腰合胯，運背脊之力於右掌，向前下方發出，直奔敵襠（圖

圖1-91　指襠捶（一）

圖1-92　指襠捶（二）

圖1-93　指襠捶（三）

1-91～圖 1-93）。

發勁擊拳時，頭應上頂而不前俯，肩臂關節鬆開，氣沉丹田，運用腰脊動力，一呼即出。敵以右拳擊我，我左手橫過膝蓋，摟開敵手，並乘勢用右拳直擊敵襠，而左手置於右臂內側以作護持。

指襠捶是很重要的擊法，只要能摟開敵手，一般都能擊中；但對於太極拳術來說，它同時也是發人法，關鍵在於順敵勢而腰胯發勁，可以放敵致倒。指襠捶對腰脊是極好的訓練法。

> 摟膝進步指襠捶，後腿蹬直正腰椎。
>
> 右肩鬆開身前探，頂勁不俯有神威。
>
> 搬開敵手乘勢追，勁起脊背貫右捶。
>
> 向前斜下徑直襠，太極此捶非尋常。

第 34 式　上步七星

拳術中將兩臂交叉、兩掌斜對、狀如北斗稱為七星式。上步則指全身重量集中於左腿，微屈坐實，而右足尖或足跟虛點地面（圖 1-94）。

此式雙掌合抱，高過眉際，含胸拔背，鬆肩吸氣，虛實分明。但此式並非防守的招法，上步進步可作挑打，左掌向後，右掌直擊敵面；雙掌下落可化為撇身捶，擰腰合胯，用肘膊夾取敵臂，而左掌直攻敵胸。上步七星還隱含膝頂足踹—— 近身用膝頂、梢遠用腳踹——之變化。

圖 1-94　上步七星

由此可見，上步七星在形式上是攔架敵拳的防禦架式，但稍加變化就能成為犀利的進攻動作。

上步七星克敵攻，雙臂相挽宜含胸。

兩掌斜對如北斗，上步寓重右足中。

掌進直向迎面劈，掌落撇捶當胸擊。

右腳虛點頭正懸，膝頂足踹因機變。

第35式 退步跨虎

拳式中將兩臂分張，兩手分作勾掌，身體下踞，雙腿蹲屈，一足平鋪立地，一足提起，足尖點地，狀如伏虎，稱為跨虎式。退步則指全身重量集中於右足。

拳架中將上步七星演化為退步跨虎，是有進有退、進退自如的訓練。在上步七星的定式中，敵人以右腳直踢我襠，我則先撤右步落實，回頭視敵，左手外搬敵腿，側轉身向後作勾，提右腳屈膝，足尖點地，以作防護和退讓，同時乘勢用右掌進擊敵肋，完成退步跨虎（圖1-95）。

在許多練法中，退步跨虎的定式之後，右腿須直立，並抬左腿，繃腳面，兩臂分張，右手作掌，五指伸展；左手撮勾旋扭向上。因此，無論起落，退步跨虎都要求虛領頂勁，並使脊背的勁力在身體撐合之中通達於兩臂的勾掌，以保持平衡。

退步跨虎脊背力，

手作勾掌分兩臂。

身體下踞稱伏虎，

圖1-95 退步跨虎

右實左虛趾點地。

左手摟敵取鉤意，

右掌進擊左足踢。

凝神注目回頭看，

變化緒端身上起。

第36式　轉身擺蓮

轉身蓄勢，雙手自右向左平移，右腳擺蓮橫踢，狀如旋風，稱為轉身擺蓮，或雙擺蓮。

此式承接白蛇吐信，轉體後重心移於左腿，兩手握拳，兩臂各含掤勁，掌根著力，一上一下相互對峙，然後將雙拳移至身體左側，再沿弧線移至體後，此時腳跟用力，抬右腿自左向右，由下向上，劃一斜圓，橫勁踢掃，落於原地。在右足運行至正前方時，雙拳已化為掌，自右向左移至正前方，雙掌拍擊右腳外側面（圖1-96）。

轉身擺蓮在走架中宜慢不宜快，身體中正，運用腰腿勁力；擊技時宜快不宜慢，橫掃身後來襲之敵，有如秋風掃敗葉。

身體回轉作平圓，

雙手起舞如風旋。

含胸正頭不偏斜，

起腳旁踢雙擺蓮。

轉身動作避敵鋒，

撥開敵手橫腳攻。

擺蓮勁力貫小腿，

風掃落葉搖曳中。

圖1-96　轉身擺蓮

圖 1-97　彎弓射虎

第 37 式　彎弓射虎

雙拳自右向左，自上而下，在腰勁的作用下，循螺旋弧線擊人，狀如獵人騎在馬上張弓向下射虎，稱為彎弓射虎。

此式運動的樞紐在於腰。在腰的圓轉運動中，將內勁貫注於雙拳，使其螺旋前進（圖 1-97）。

擊發人時，兩肩要鬆開，身體探出，弓右腿，蹬左腿，而保持頂頭懸。敵人用左手擊我，我用右手作捋，敵撤其臂向後，我即順力作彎弓射虎，用螺旋勁力，擰腰合胯，腳趾抓地，可將敵人放出。因此，彎弓射虎是進攻發人之法。

在拳架中，彎弓射虎承接雙擺蓮。雙擺蓮中，雙手自右移左，右足自左至右落於原地，從而，彎弓射虎須用腰脊轉動的勁力，含胸拔背，使雙掌沿傾斜的圓弧移至右方，並在右額上方握成雙拳，同時向左下方擊出。由於拳擊為螺旋弧線的動作，可以接榫無跡，圓活自然，呼吸順遂。

此式是腰脊胸背以及兩臂兩腿的螺旋運動，結合呼吸進行開合，對於脊椎臟腑是極好的鍛鍊。

騎馬張弓下射虎，腰為樞紐掌成弧。

兩臂運行腰身隨，雙拳前擊螺旋推。

螺旋傾斜須向下，因敵後退勁力大。

身體前探守中定，合力來自四邊形。

合太極收勢

太極拳架結束，應使動作還原到起始狀態，因此稱為合太極，並要求恰好回到太極起勢的地點。

合太極要求虛領頂勁，身體中正，兩掌舒展平緩，慢慢後撤並隨身形一起下降，呼吸順遂，氣沉丹田，雙腿隨雙掌下沉略微屈膝（圖 1-98）。然後，雙膝緩慢伸直，身體上升至正常狀態（圖 1-99）。最後，兩手逐漸去掉按勁，回到太極起勢的開始狀態（圖 1-100）。合太極神態端莊穩重，自然鬆靜，圓滿大方。

從彎弓射虎到合太極之間，往往添加一些其他動作，如攬雀尾、高探馬或如封似閉等，以求聯貫完整，並回到太極起勢的位置。而這些用以連接的動作可因人而異，不必拘泥於成法。

合太極結束後，應稍作散步，深呼吸片刻，以調節神經系統的興奮與抑制。

滔滔長拳至此畢，端莊穩重合太極。

圖 1-98　合太極（一）　　圖 1-99　合太極（二）　　圖 1-100　合太極（三）

神態自然頂頭懸，氣息平和歸丹田。

式式聯貫並完整，到此不得露緒端。

雙臂輕鬆氣下沉，起止動靜精氣神。

　　太極拳術十分重視行功走架，認為這是提高功力造詣的基礎，也是獲得健康的源泉。根據上述基本拳式，按照圖表給出的吳式太極拳的趨路，適當地採用一些聯結動作，就可以將此 108 式的太極拳貫串下來。

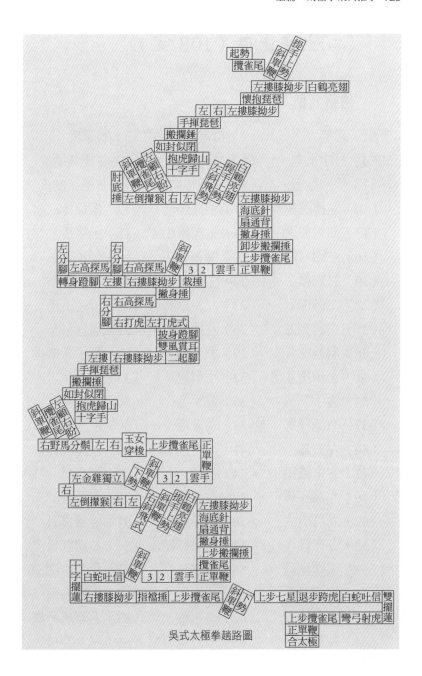

吳式太極拳趟路圖

(二)太極走架（108 式）

趟路名稱

（1）起勢　　　　　（2）攬雀尾　　　　（3）斜單鞭

（4）提手上勢　　　（5）白鶴亮翅　　　（6）左摟膝拗步

（7）懷抱琵琶　　　（8）左摟膝拗步　　（9）右摟膝拗步

（10）左摟膝拗步　（11）手揮琵琶　　　（12）搬攔捶

（13）如封似閉　　（14）抱虎歸山　　　（15）十字手

（16）左顧右盼　　（17）攬雀尾　　　　（18）斜單鞭

（19）肘底捶　　　（20）左倒攆猴　　　（21）右倒攆猴

（22）左倒攆猴　　（23）左斜飛勢　　　（24）提手上勢

（25）白鶴亮翅　　（26）左摟膝拗步　（27）海底針

（28）扇通背　　　（29）撇身捶　　　　（30）卸步搬攔捶

（31）上步攬雀尾　（32）正單鞭　　　　（33）雲手

（34）雲手　　　　（35）雲手　　　　　（36）斜單鞭

（37）右高探馬　　（38）右分腳　　　　（39）左高探馬

（40）左分腳　　　（41）轉身蹬腳　　　（42）左摟膝拗步

（43）右摟膝拗步　（44）栽捶　　　　　（45）撇身捶

（46）左高探馬　　（47）右分腳　　　　（48）右打虎式

（49）右打虎式　　（50）披身蹬腳　　　（51）雙風貫耳

（52）二起腳　　　（53）右摟膝拗步　（54）左摟膝拗步

（55）手揮琵琶　　（56）搬攔捶　　　　（57）如封似閉

（58）抱虎歸山　　（59）十字手　　　　（60）左顧右盼

（61）攬雀尾　　　（62）斜單鞭　　　　（63）右野馬分鬃

（64）左野馬分鬃　（65）右野馬分鬃　（66）玉女穿梭

（67）上步攬雀尾　（68）正單鞭　　（69）雲手

（70）雲手　　　　（71）雲手　　　（72）斜單鞭

（73）下勢　　　　（74）左金雞獨立（75）右金雞獨立

（76）左倒攆猴　　（77）右倒攆猴　（78）左倒攆猴

（79）右斜飛式　　（80）斜單鞭　　（81）提手上勢

（82）白鶴亮翅　　（83）左摟膝拗步（84）海底針

（85）扇通背　　　（86）撇身捶　　（87）上步搬攔捶

（88）攬雀尾　　　（89）正單鞭　　（90）雲手

（91）雲手　　　　（92）雲手　　　（93）斜單鞭

（94）白蛇吐信　　（95）十字擺蓮　（96）右摟膝拗步

（97）指襠捶　　　（98）上步攬雀尾（99）斜單鞭

（100）下勢　　　（101）上步七星　（102）退步跨虎

（103）白蛇吐信　（104）雙擺蓮　　（105）彎弓射虎

（106）上步攬雀尾（107）正單鞭　　（108）合太極

劉晚蒼拳照

　　劉晚蒼的全套太極拳架照，拍攝於20世紀70年代末，是劉光鼎為所著《太極拳架與推手》一書配圖而拍。對照原書，可知目前所存者，尚有所缺，有的拳式無法完整展現。

　　此處謹以現存劉晚蒼拳照，對照其所傳太極拳架108式，串成一整套相對完整的動作，供讀者藉以一睹風貌。

　　由於當時拍攝者經驗尚有不足，拍攝角度未能固定，時常有所變換，使讀者不易把握方向，在這裡特對照片略作標註，加以說明。

　　其中，標註「反」者，一般是為取身軀或面部的正

面，而以趟路中實際方向反轉 180°
（即反面）拍攝；「正」者，一般
是指為取身軀或面部的正面，而轉
至趟路正常方位的 90°所拍攝；
「側」者，一般是指為取身軀側
面，而轉至趟路正常方位的 90°所拍
攝。

圖 2-1　起勢（一）

圖 2-2　起勢（二，側）

圖 2-3　起勢（三）

圖 2-4　攬雀尾（一）

圖 2-5　攬雀尾（二）

圖 2-6　攬雀尾（三）

圖 2-7　攬雀尾（四）

圖 2-8　攬雀尾（五）　　圖 2-9　攬雀尾（六）　　圖 2-10　攬雀尾（七）

圖 2-11　斜單鞭　　圖 2-12　提手上勢（一）　　圖 2-13　提手上勢（二）

圖 2-14　提手上勢（三）　　圖 2-15　白鶴亮翅（一）　　圖 2-16　白鶴亮翅（二）

圖 2-17　白鶴亮翅（三）

圖 2-18　白鶴亮翅（四）

圖 2-19　左摟膝拗步（一）

圖 2-20　左摟膝拗步（二）

圖 2-21　懷抱琵琶

圖 2-22　左摟膝拗步

圖 2-23　右摟膝拗步

圖 2-24　左摟膝拗步

圖 2-25　手揮琵琶（一）

圖 2-26　手揮琵琶（二）　　圖 2-27　手揮琵琶（三）　　圖 2-28　搬攔捶（一）

圖 2-29　搬攔捶（二）　　圖 2-30　搬攔捶（三）　　圖 2-31　如封似閉（一）

圖 2-32　如封似閉（二）　　圖 2-33　十字手（一）　　圖 2-34　十字手（二）

圖 2-35　左顧右盼（一）　圖 2-36　左顧右盼（二）　圖 2-37　左顧右盼（三）

圖 2-38　攬雀尾（一）　圖 2-39　攬雀尾（二）　圖 2-40　攬雀尾（三）

圖 2-41　攬雀尾（四）　圖 2-42　攬雀尾（五）　圖 2-43　攬雀尾（六）

圖 2-44　正單鞭　　　圖 2-45　肘底捶（一）　　圖 2-46　肘底捶（二）

圖 2-47　倒攆猴（一）　圖 2-48　倒攆猴（二）　圖 2-49　倒攆猴（三）

圖 2-50　倒攆猴（四）　圖 2-51　斜飛勢（一，反）　圖 2-52　斜飛勢（二，側）

圖 2-53　提手上勢（一）　圖 2-54　提手上勢（二）　圖 2-55　提手上勢（三）

圖 2-56　白鶴亮翅（一）　圖 2-57　白鶴亮翅（二）　圖 2-58　白鶴亮翅（三）

圖 2-59　白鶴亮翅（四）　圖 2-60　左摟膝拗步（一）　圖 2-61　左摟膝拗步（二）

圖 2-62　海底針（正）　　圖 2-63　扇通背　　圖 2-64　撇身捶

圖 2-65　攬雀尾（一）　　圖 2-66　攬雀尾（二）　　圖 2-67　攬雀尾（三）

圖 2-68　攬雀尾（四）　　圖 2-69　攬雀尾（五）　　圖 2-70　攬雀尾（六）

圖 2-71　正單鞭　　　圖 2-72　雲手（一）　　　圖 2-73　雲手（二）

圖 2-74　雲手（三）　　圖 2-75　雲手（四）　　　圖 2-76　雲手（五）

圖 2-77　雲手（六）　　圖 2-78　雲手（七）　　　圖 2-79　雲手（八）

圖 2-80　雲手（九）　　圖 2-81　斜單鞭　　圖 2-82　右高探馬（一，反）

圖 2-83　右分腳　　圖 2-84　左高探馬（一，反）　　圖 2-85　左分腳（一，反）

圖 2-86　左分腳（二，反）　　圖 2-87　轉身蹬腳　　圖 2-88　左摟膝拗步

圖 2-89　右摟膝拗步　　圖 2-90　栽捶（正）　　圖 2-91　撇身捶

圖 2-92　右高探馬（一，反）　圖 2-93　右分腳　　圖 2-94　右打虎勢

圖 2-95　左打虎勢（正）　圖 2-96　披身蹬腳（一，正）　圖 2-97　披身蹬腳（二，正）

圖 2-98　雙風貫耳　　圖 2-99　二起腳（一）　　圖 2-100　二起腳（二）

圖 2-101　二起腳（三）　　圖 2-102　二起腳（四）　　圖 2-103　二起腳（五）

圖 2-104　右摟膝拗步　　圖 2-105　左摟膝拗步　　圖 2-106　右摟膝拗步

圖 2-107　左摟膝拗步

圖 2-108　手揮琵琶（一）

圖 2-109　手揮琵琶（二）

圖 2-110　手揮琵琶（三）

圖 2-111　搬攔捶（一）

圖 2-112　搬攔捶（二）

圖 2-113　搬攔捶（三）

圖 2-114　如封似閉（一）

圖 2-115　如封似閉（二）

圖 2-116　十字手（一）　　圖 2-117　十字手（二）　　圖 2-118　左顧右盼（一）

圖 2-119　左顧右盼（二）　　圖 2-120　左顧右盼（三）　　圖 2-121　攬雀尾（一）

圖 2-122　攬雀尾（二）　　圖 2-123　攬雀尾（三）　　圖 2-124　攬雀尾（四）

圖 2-125　攬雀尾（五）　圖 2-126　攬雀尾（六）　圖 2-127　正單鞭

圖 2-128　右野馬分鬃（一）　圖 2-129　右野馬分鬃（二）　圖 2-130　右野馬分鬃（三）

圖 2-131　右野馬分鬃（三，正）　圖 2-132　右玉女穿梭（一，反）　圖 2-133　右玉女穿梭（二，反）

圖 2-134　右玉女穿梭（三，反）　圖 2-135　右玉女穿梭（四，正）　圖 2-136　左玉女穿梭（一）

圖 2-137　左玉女穿梭（二）　圖 2-138　左玉女穿梭（三，反）　圖 2-139　左玉女穿梭（四，反）

圖 2-140　左玉女穿梭（五，正）　圖 2-141　右玉女穿梭（一）　圖 2-142　右玉女穿梭（二）

圖 2-143　右玉女穿梭（三，正）　圖 2-144　左玉女穿梭（一）　圖 2-145　左玉女穿梭（二）

圖 2-146　左玉女穿梭（三，正）　圖 2-147　扁踩小琵琶（正）　圖 2-148　攬雀尾（一）

圖 2-149　攬雀尾（二）　圖 2-150　攬雀尾（三）　圖 2-151　攬雀尾（四）

圖 2-152　攬雀尾（五）　　圖 2-153　攬雀尾（六）　　圖 2-154　單鞭

圖 2-155　雲手（一）　　圖 2-156　雲手（二）　　圖 2-157　雲手（三）

圖 2-158　雲手（四）　　圖 2-159　雲手（五）　　圖 2-160　雲手（六）

圖 2-161　雲手（七）　　圖 2-162　雲手（八）　　圖 2-163　雲手（九）

圖 2-164　斜單鞭　　　圖 2-165　下勢　　　圖 2-166　左金雞獨立（正）

圖 2-167　右金雞獨立（一，正）　圖 2-168　右金雞獨立（二，正）　圖 2-169　倒攆猴（一）

圖 2-170　倒攆猴（二）　　圖 2-171　倒攆猴（三）　　圖 2-172　倒攆猴（四）

圖 2-173　斜單鞭　　圖 2-174　提手上勢（一）　　圖 2-175　提手上勢（二）

圖 2-176　提手上勢（三）　　圖 2-177　白鶴亮翅（一）　　圖 2-178　白鶴亮翅（二）

圖 2-179　白鶴亮翅（三）

圖 2-180　白鶴亮翅（四）

圖 2-181　左摟膝拗步（一）

圖 2-182　左摟膝拗步（二）

圖 2-183　海底針（正）

圖 2-184　扇通背

圖 2-185　撇身捶

圖 2-186　攬雀尾（一）

圖 2-187　攬雀尾（二）

圖 2-188　攬雀尾（三）　　圖 2-189　攬雀尾（四）　　圖 2-190　攬雀尾（五）

圖 2-191　攬雀尾（六）　　圖 2-192　單鞭　　　　圖 2-193　雲手（一）

圖 2-194　雲手（二）　　圖 2-195　雲手（三）　　圖 2-196　雲手（四）

圖 2-197　雲手（五）　　圖 2-198　雲手（六）　　圖 2-199　雲手（七）

圖 2-200　雲手（八）　　圖 2-201　雲手（九）　　圖 2-202　斜單鞭

圖 2-203　白蛇吐信（一）　圖 2-204　白蛇吐信（二）　圖 2-205　白蛇吐信（二，側）

圖 2-206　白蛇吐信（三，正）　圖 2-207　十字擺蓮（反）　圖 2-208　十字擺蓮（正）

圖 2-209　指襠捶（一，反）　圖 2-210　指襠捶（二，正）　圖 2-211　指襠捶（三）

圖 2-212　攬雀尾（四）　圖 2-213　攬雀尾（五）　圖 2-214　攬雀尾（六）

圖 2-215　斜單鞭

圖 2-216　下勢

圖 2-217　上步七星（正）

圖 2-218　退步跨虎（側）

圖 2-219　雙擺蓮（正）

圖 2-220　彎弓射虎（反）

圖 2-221　攬雀尾（一）

圖 2-222　攬雀尾（二）

圖 2-223　攬雀尾（三）

圖 2-224　攬雀尾（四）

圖 2-225　攬雀尾（五）

圖 2-226　攬雀尾（六）

圖 2-227　單鞭

圖 2-228　合太極（一）

圖 2-229　合太極（二）

圖 2-230　合太極（三）

走架解說

第1式　起勢

起勢—十字手

　　太極拳從預備到開始運動的姿勢稱為起勢。面向正南、兩腳分開與肩同寬成平行步。頭容正直，虛靈頂勁，下頦微收，兩眼平視，含胸拔背，兩臂自然下垂，指尖向下，掌心向後，全身放鬆，平靜端莊（圖 3-1、圖 3-2）。

　　精神集中，在意念的支配下開始運動，兩臂慢慢抬起，手心向下，高與肩平（圖 3-3）。然後兩掌心微微吐力，兩腿下蹲，隨後轉腰鬆胯，左虛右實，左腳尖點地，重心轉移到右腿上（圖 3-4）。

　　【要點】一舉動周身俱要輕靈，兩臂抬起的速度決定整個拳架的速度，兩腿下蹲決定整個拳架的

圖 3-1　起勢（一）

圖 3-2　起勢（二）

圖 3-3　起勢（三）

圖 3-4　起勢（四）

高低。尾閭中正，不偏不倚，兩腿下蹲時膝蓋不得超過腳尖。

【**用法**】預備式是太極樁功──無極樁。習練日久自能產生太極內勁。

由預備到起勢是由靜而動，兩臂含掤勁，上可掤架對手，下可採挒。也可以運用按勁，在腰胯的作用下，虛實變換，審機得勢，可發可化。

第2式　攬雀尾

承接前式，重心移於右腿，左臂圓撐，不失掤勁，以腰為軸右轉，右手扶於左腕成掤式，左腳邁出成左弓步（圖 3-5）。

右腳跟步，腳尖點地，左腿微蹲，支撐全身重量。左手內翻右腿向右側方向邁出，右手從左掌根穿出，手心向上，左手心向下（圖 3-6、圖 3-7）。

在腰胯的轉動下，雙掌翻轉滾捲向後劃圓。沉肩墜肘作挒式（圖 3-8）。重心轉移至左腿，右腳尖抬起，腳跟

圖 3-5　攬雀尾（一）　　圖 3-6　攬雀尾（二）　　圖 3-7　攬雀尾（三）

圖 3-8　攬雀尾（四）

圖 3-9　攬雀尾（五）

圖 3-10　攬雀尾（六）

圖 3-11　攬雀尾（七）

圖 3-12　攬雀尾（八）

著地（圖 3-9）。轉腰胯翻轉雙掌成右弓步，做擠式（圖 3-10）。

在腰的作用下，右臂立肘，右掌外翻，劃一圓圈。同時重心轉移左腿，右腳跟著地（圖 3-11）。右掌下按變撮勾（圖 3-12）。

【要點】此式是太極拳的主要手法。在兩個圓圈的變化中，方圓相生，掤捋擠按、採挒肘靠貫串其中，腰動手隨，步隨身換，動急則急應，動緩則緩隨，神舒體靜，氣沉丹田。

【用法】沾有掤勁，化有捋勁，進有擠勁，發有按勁，暗藏肘勁，左右琵琶，隨機應變。彼向我施力我節節鬆開，我向彼發力則沉肩坐腰，節節貫串。

掤勁的用法：

將向上向外之勁力稱掤。掤是沾住對方，不是與之相對抗，沾黏對方手肘腕關節，使其不能運化，即將其掤起。

捋勁的用法：

向旁側的勁力稱捋。破掤勁之法，順其前進之勢用腰轉化至兩側方，順其勁力而動，微微改變其方向，須黏貼對方腕肘，轉腰鬆胯，不得僵滯。

擠勁的用法：

擠是壓迫向外之意。擠住對方，黏住對方身體使其失去平衡。彼捋我臂，我用臂橫彼胸部，另一掌推至前手腕根處，使對方立仆。勁力來自腰腿，腳趾抓地，腰部發力，直擊對方重心，無堅不摧。

按勁的用法：

勁力向外向下稱按。破擠之手，如對方用擠手擊我，我用雙手輕輕封住其手肘，沾黏住不即不離。我含胸拔背，沉肩墜肘，五趾抓地，即可發放，但忌身體前撲。

採勁的用法：

擠是雙合，採是雙分，破肘之法。一鬆一緊，一落一拔，即黏貼其手臂向下沉採，坐腰鬆胯即發。

挒勁的用法：

分勁為挒。轉移對方的勁力還制其身稱挒。先從人，後由己，順對方的勁力改變其方向，彼進擊，我反抓其手臂擰發為挒。但運用時手腳要協調一致。

肘勁的用法：

肘法為斷勁，即冷勁，化捋之後，用肘尖沾沉對方，

轉化而用肘擊，命中率極強。

靠勁的用法：

肩背胯的外側以抖發之震彈力擊人為靠。肩擊胯打，黏貼對方身體，得機得勢，步略跟進，發勁要脆。肩肘胯背胯膝均可靠擊對方，迅猛無比，八面威風。

第3式　斜單鞭

圖 3-13　斜單鞭

承接前式，右手五指撮勾下垂，重心轉移右腿，眼視左掌心，在腰襠勁的作用下，左腿向左側東北斜方向邁出，取馬步中定姿勢，十趾抓地，上下左右均衡，眼視撮勾（圖3-13）。

【要點】單鞭是重複最多的一式。要求尾閭中正，氣沉丹田，支撐八面，訓練腰襠勁力。

【用法】單鞭雙手可用左右分擊，撮勾可隨時鈎掛對方，進擊之臂肘，可近身用肘擊人，可進步插襠，套封彼身，使對手無還手之力。

第4式　提手上勢

承接前式，提為合，上勢為開，由單鞭重心移至左腿，右腿腳跟著地，左掌上右掌下，寓意合力，上勢身形伸長，提高腰脊伸縮力，右臂掤圓，左手鬆沉，扶於右腕關節處（圖 3-14、圖 3-15）。

【要點】提手上勢主要訓練腰脊伸縮，轉腰鬆胯，沉

圖 3-14　斜單鞭　　　　圖 3-15　斜單鞭
提手上勢（一）　　　　提手上勢（二）

氣坐身，雙肩鬆開，手臂滾捲敏捷。

【用法】彼向我正面攻擊，我則含胸拔背，鬆腰胯，
拿取彼腕和肘稱琵琶手。彼退我長身形做擠，使對方騰
虛，腳跟離地，我翻動雙臂即可發放。

第 5 式　白鶴亮翅

承接前式，右手捲動外翻，兩手一上一下，左腳上步
與右腳平行步站立。左手掌心向下停留在左腹前，右手掌
心向前，臂圓撐停留在右額上方（圖 3-16）。彎腰前弓，
兩掌在腰的作用下，緩緩下按至地面（圖 3-17）。

腰左轉，左手翻轉，隨身法轉到身後方。左臂伸直，
如將重物托起狀，以腰脊的轉動和手臂的伸縮，行氣運勁
如抽絲，吐納徐舒而深長（圖 3-18）。兩臂運行中在左前
方相遇，右轉至身前方定位（圖 3-19、圖 3-20）。

兩臂圓撐，十指相對掌心向外，隨後兩掌內翻，掌心
向內，兩肘鬆沉，手勢隨身形下落。屈膝半蹲，目視兩掌

圖3-16　白鶴亮翅（一）　圖3-17　白鶴亮翅（二）　圖3-18　白鶴亮翅（三）

心（圖 3-21）。

【要點】此式以腰背為樞紐，帶動手臂運動，訓練肋胛扣合之力。腰動手隨，呼吸自然，內勁通達四梢八節，氣血循環，無處不至。運動時兩臂不失掤勁，托採敵臂，轉腰化勢，占居中定。

【用法】彼從左側擊我，我即左轉身以右手沾黏其臂，內旋上托，左手黏其肘下沉，運用腰胯勁產生沉採之力，托採其臂，使彼斜我正。

圖3-19　白鶴亮翅（四）　圖3-20　白鶴亮翅（五）　圖3-21　白鶴亮翅（六）

圖 3-22　左摟膝拗步（一）　　圖 3-23　左摟膝拗步（二）　　圖 3-24　左摟膝拗步（三）

第6式　左摟膝拗步

　　此式為太極拳重要技法之一，承接上式，腰向左轉，重心移至右腿，左腳呈虛步，同時兩小臂向內翻轉下按，提左腳，左掌摟膝站實，右掌從耳後弧形向右前方推出。定式時，腕肘下沉，眼視右手中指，左弓右蹬。

　　進左步出右手或進右步出左手稱為拗步（圖 3-22～圖 3-24）。

　　【要點】摟膝拗步分左右二式，動作相同。寓意於進攻八面轉換，立身中正，五趾抓地，虛實分明，邁步如貓行，腰襠扣合，鬆淨無滯，全神貫注，協調勻稱。

　　【用法】左手摟膝，拿取敵腿或彼身。轉移對方的進攻，腕肘下沉有按勁，亦可用前進之腳鉤取彼腿，或按或擊，靈活運用，隨機應變。

第7式　懷抱琵琶

　　承接前式，重心轉移變為右實左虛，左腳跟著地，同

圖 3-25　懷抱琵琶

時左手臂向上內翻，右掌隨移至左小臂上部，下按至左肘下，左手上仰，右掌心向下，如抱琵琶，右手如撫弦，稱之為懷抱琵琶（圖 3-25）。

【要點】此式運動要含胸拔背，運用腰脊發力，上鬆下實，五趾抓地，關鍵在於動腰，轉化在腰，發放亦在腰，「命意源頭在腰際」，在圓形動作中做到周身一家，毋使有斷續處。

【用法】彼用拳擊我胸部，我以右手沾黏其腕臂，左手黏托其肘部，兩手隨按隨掤，一上一下，加大合力，即可發放。

第 8 式　左摟膝拗步

與第 6 式左摟膝拗步相同（圖 3-26、圖 3-27）。

圖 3-26　左摟膝拗步（一）

圖 3-27　左摟膝拗步（二）

第9式　右摟膝拗步

與第6式左摟膝拗步左右互換（圖3-28、圖3-29）。

圖3-28　右摟膝拗步（一）

圖3-29　右摟膝拗步（二）

第10式　左摟膝拗步

與第6式左摟膝拗步相同（圖3-30、圖3-31）。

圖3-30　左摟膝拗步（一）

圖3-31　左摟膝拗步（二）

第 11 式　手揮琵琶

與第 7 式懷抱琵琶相同（圖 3-32）。承接前式，兩掌
一前一後向斜前方推出，稱為手揮琵琶（圖 3-33）。

圖 3-32　手揮琵琶（一）　　圖 3-33　手揮琵琶（二）

第 12 式　搬攔捶

承接前式，腰左轉，雙掌在左前方翻滾，搬採彼力，
向後緩緩移動，重心在兩腿上，前弓後蹬成弓步，步法不
動（圖 3-34）。

攔是攔截，在腰襠勁的作用下轉換重心，左虛右實，
目視前手中指。（圖 3-35）。然後左手內翻微微往下鬆
沉，右手變拳直線向前進擊（圖 3-36)。

【要點】搬是搬攔彼力以拳進擊，此是先化後打，太
極五捶之一，是強烈的技擊招法，須沉肩墜肘，氣沉丹
田，忌身體前傾失重心，拳與腰配合，勁力貫於拳頂，加
重捶法進擊的力量。

【用法】搬勁是橫勁，雙手鬆沉，在腰的作用下變為

圖 3-34　搬攔捶（一）　　圖 3-35　搬攔捶（二）　　圖 3-36　搬攔捶（三）

小琵琶手，攔勁暗藏捋勁，同時也是拿法，可擒取彼臂，蓄腰脊勁力，一呼即出，重捶出擊。

第13式　如封似閉

　　承接前式搬攔捶擊出之後，對方握我小臂，我即將左手自右膊下向前穿出，鬆腰胯擒拿對方手腕，此式為封；再進雙臂滾捲，雙肘沉採化彼力，使之騰虛，順勢發放，雙掌推出，此為閉（圖 3-37～圖 3-39）。

圖 3-37　如封似閉（一）　　圖 3-38　如封似閉（二）　　圖 3-39　如封似閉（三）

【要點】發勁，腰腿腳須完整一氣，在腰胯的轉動下，封是開閉是合，一開一合先蓄後發，化彼勁力使之落空，即打手。

【用法】封是鎖，閉是進。要含胸向內化彼攻勢，同時以腰腿整勁反攻，沉肩墜肘，氣勢收斂，第一封拿彼手腕臂，聽勁查其動向，以周身整力順其勢直擊之。

第14式　抱虎歸山

承接前式，右腿向後撤步，右掌外翻向右側方伸出，成右弓步，在腰襠的作用下呈托抱式，稱為抱虎歸山（圖3-40、圖3-41）。隨之兩掌內翻，左腳同時收半步，兩腿馬步中定站立，兩掌貫以沉採內勁，緩緩如抽絲，落在兩膝旁側方（圖3-42）。

【要點】撤步要輕靈，兩手托抱要支撐八面，精神內固，沉採要騎馬蹲襠，守我之靜，待機而動。

【用法】彼向我擊來，我用左臂滾化對手右臂，後撤右步，用右臂肘進擊對方腰部，彼要擒拿我臂，我雙掌沉

圖3-40　抱虎歸山（一）　　圖3-41　抱虎歸山（二）　　圖3-42　抱虎歸山（三）

採翻轉坐腰鬆胯，或採或捋，使彼失去重心。

第 15 式　十字手

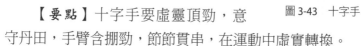

承接前式，身體直立，收左腿，兩腳與肩同寬，兩手同時往上方劃弧，停在前額上方，十指相對。兩掌繼續交叉內翻，狀若十字（圖 3-43）。

圖 3-43　十字手

【要點】十字手要虛靈頂勁，意守丹田，手臂含掤勁，節節貫串，在運動中虛實轉換。

【用法】彼向我擊來，我兩手交叉十字以掤住對方，轉腰以虛化實發將彼擊出。

第 16 式　左顧右盼

承接前式，兩手臂隨身體下蹲內翻，左掌摟膝，右掌向斜前方推出定位後坐腕，左腿向左斜前方邁步，前弓後蹬（圖 3-44、圖 3-45）。

左顧右盼
一斜單鞭

隨後提左腿，右轉身，右手摟膝停在右胯側，掌心向下，同時邁左腿，向右斜前方落步，左手隨之向右斜前方推出坐腕（圖 3-46、圖 3-47）。

【要點】兩臂運行要與身法步法協調一致，以腰為軸轉動，靈活乾淨俐落，神態敏捷。

圖 3-44　左顧右盼（一）

圖3-45　左顧右盼（二）　　圖3-46　左顧右盼（三）　　圖3-47　左顧右盼（四）

【**用法**】兩臂內翻要含沉採力，用腰滾動化解對方之力使之落空，我用左或右手摟彼腿或腰，左或右手直取對方重心。

第17式　攬雀尾

承接前式，右手順左手背穿掌前外（圖 3-48）。隨後雙掌翻轉變捋，與第 2 式攬雀尾相同。

第18式　斜單鞭

與第 3 式斜單鞭相同，唯正身朝向西南方（圖 3-49）。

第19式　肘底捶

承接斜單鞭，身體左轉 90°，面向正東，呈左弓步，兩臂不變仍為單鞭（圖 3-50）。然後跟右步，右掌從胸前內翻下落。左掌從右手腕

圖 3-48　攬雀尾

圖 3-49　斜單鞭　　　　圖 3-50　肘底捶　　　　圖 3-51　肘底捶

背向上穿出後立肘，右掌停留在左肘下方，左腳跟著地，重心移至右腿（圖 3-51）。

【要點】此式是太極五捶之一，注意肘底隱藏捶法，運用三角步法，翻捲滾轉，節節貫串，用意念守我之靜。

【用法】上穿手或拿或發，下藏捶，用腰襠勁，可進擊彼身。

第 20 式　左倒攆猴

承接前式，左手劃弧上提，右手向下沉採，同時抬左腿，用腰胯勁向後移動，定式後變弓步，退左步出左手，或退右步出右手，眼視前手中指，右手移於右腰胯旁側，掌心向下（圖 3-52、圖 3-53）。

【要點】前進後退要合度，虛靈頂勁，身體正中不偏不倚，支撐八面，不前傾不歪斜，轉動如猴，輕靈如貓。

【用法】彼上手下腿向我進擊，我一手拿彼腿，一手拿彼臂，以退為進，以腰胯向後移攆勁，使其前撲，我擊其頭部、膀背、腋部，按掌而出。

圖3-52　左倒攆猴（一）　圖3-53　左倒攆猴（二）　圖3-54　右倒攆猴

第21式　右倒攆猴

同第20式左倒攆猴，唯左右互換（圖3-54）。

第22式　左倒攆猴

與第20式左倒攆猴相同。

第23式　左斜飛勢

兩臂斜展，先合後分，呈斜撲飛翔之勢，故稱斜飛勢。

承接前式倒攆猴，我左臂在腰後轉帶動下向左後方轉移，兩腿隨之變為左弓右蹬，右掌在左肋下方（圖3-55）。

接著變為右弓步，兩掌由分而合，合抱於身前方，重心轉移至右腿（圖3-56）。然後左腿向左前斜方邁出成左弓步，兩手分張一上一下、一左一右，完成斜飛勢動作，眼視右掌（圖3-57）。

圖 3-55　左斜飛勢（一）　　圖 3-56　左斜飛勢（二）　　圖 3-57　左斜飛勢（三）

【要點】兩臂斜展，練肩肘靠勁，用腰勁進左步，發揮肩肘的威力。

【用法】彼右拳擊我，我在腰勁的作用下先捌後捋，彼動我趁勢鎖腿長身，將彼斜靠出。

第 24 式　提手上勢

與第 4 式提手上勢相同。

第 25 式　白鶴亮翅

與第 5 式白鶴亮翅相同。

第 26 式　左摟膝拗步

與第 6 式左摟膝拗步相同。

第 27 式　海底針

承接前式。徐徐抽回右掌，左掌隨之上提從右手背處穿下翻轉，上提劃圓，抬起變立掌。

右掌劃立圓下點，掌心向左側，同時重心移於右腿，左腳腳尖點地（圖 3-58、圖 3-59）。

【要點】此式為俯之彌深動作，向下點刺，重心穩固，頭容正直，勁力沉穩，氣沉丹田。

【用法】如我右手被對方拿住，我即右臂放鬆滾捲，左掌同時順右手背部外翻，與右掌合力以解對手拿法，同時將對方拿住，收左腿變虛，我隨機用右手點擊對方小腹部，右腿守我重心。

第28式　扇通背

承接前式，右掌向前向上提起，左掌貼於右臂腕部，同時左腿向前邁一步，右掌掌心向外徐徐抽回停於額右方成半圓形，左掌向上向前推出，掌心向左前方，兩腳尖旋轉成騎馬式，重心在兩腿上，眼看左掌（圖 3-60）。

【要點】在運動中以腰脊為軸，兩臂分張，勁力貫於兩臂，如張弓發箭一呼即出，騎馬占中定，手足勁在坐腰鬆胯主宰下，周身一家，突然暴發。

圖 3-58　海底針（一）　　圖 3-59　海底針（二）　　圖 3-60　扇通背

【用法】如對方擊我，我以右掌黏其右臂腕向上擎起彼身，即進左足封住其前腿，以左掌向其肋間擊去，將其放出。

第29式　撇身捶

承接前式，身法提起，右轉翻身，右掌隨之從上方變拳下落，右腿提起，向右側下方下落，轉為右弓步，左掌隨右拳翻轉向下，在右側前方下落並向前推出，眼視左掌，右拳落於右腰側（圖 3-61、圖 3-62）。

【要點】此式為太極五捶之一，技法強烈。轉腰鬆胯，翻轉時用肘尖向下沉採，既避敵鋒又採彼臂，關鍵在腰勁的運用。

【用法】如對方自我身後擊來，我急轉身屈臂以肘尖擊其胸肋。

如其擊我面部，我以右掌扶其右腕翻轉沉採，以左掌扶其肘或肋肩，稍加用力，彼即隨手跌出。

圖 3-61　撇身捶（一）　　　　圖 3-62　撇身捶（二）

圖 3-63　卸步搬攔捶（一）

第30式　卸步搬攔捶

　　承接前式，身體重心後移至左腿，同時右拳變掌與左掌向左側方搬捌，身體後坐稱為卸步，然後兩掌翻捲，抬起右腿向右側方向沉採攔截。定位後右掌變拳落於右腰側，左掌隨之扶於右拳前端，左腳腳跟著地，重心移至右腿，接著跟右腳再進右步出右拳繼續運動（圖 3-63～圖 3-66）。

　　【要點】一個卸步一個進步，手眼身法步要協調一致。身體中正，肩腰胯鬆開，轉動互換敏捷。

　　【用法】對方從正面擊我胸部，我用捋勁沉採卸步使其力落空，並可在運動中應用小琵琶手拿取敵臂，隨之進步用捶擊彼身。

圖 3-64　卸步搬攔捶（二）　　圖 3-65　卸步搬攔捶（三）　　圖 3-66　卸步搬攔捶（四）

第31式　上步攬雀尾

與第 2 式攬雀尾相同，無左掤右擠式，直接進步翻轉變捋式，而後右轉腰向前做右擠式（圖 3-67～圖 3-69）。

圖 3-67　上步攬雀尾（一）　　圖 3-68　上步攬雀尾（二）　　圖 3-69　上步攬雀尾（三）

第32式　正單鞭

與第 3 式斜單鞭相同，唯面南背北，屬於正式（圖 3-70、圖 3-71）。

圖 3-70　正單鞭（一）　　　　圖 3-71　正單鞭（二）

圖 3-72　雲手（一）

第33式　雲手

　　承接前式，兩手在腰轉動下，往來轉換，右掌內旋，目視掌心，然後向右翻轉到右後斜方，向下劃圓，手指下垂至膝前隨身法向左運行。步法在運行時先馬步，後弓步。向左運動時眼視左掌心，左掌沉肘緩緩左行，到盡頭後變馬步，眼視右掌心，並立肘向右運行到盡頭變弓步。左手運行到盡頭並右腳，右手運行到盡頭開左腳（圖 3-72～圖 3-75）。

　　【要點】左右運行時要以腰為軸，坐腰鬆胯，尾閭中正，精神內斂。腹內鬆淨，氣沉丹田，舒緩圓靜，上下相隨。

　　【用法】在太極拳法裡雲手為進攻招法，極其嚴密，拿、化、擊、發都在運行轉換中完成，進可做斜飛勢進擊對手，立肘可擊對方肋部，手臂在運行時不失掤勁，隱含

圖 3-73　雲手（二）

圖 3-74　雲手（三）

圖 3-75　雲手（四）

肘法，轉腰為捋，提手為擠，雙手下沉為按，橫下為採，斜上擊為挒，進步用肩為靠。

第34式　雲手

與第33式雲手相同（圖3-76、圖3-77）。

圖3-76　雲手（一）　　　　圖3-77　雲手（二）

第35式　雲手

與第34式雲手相同。

第36式　斜單鞭

與第3式斜單鞭動作及方向相同。

第37式　右高探馬

承接上式，重心在腰的作用下移至右腿，左腳腳尖點地，同時身體左轉，右臂隨腰動向左下方移動，左掌扶於右肘處，向上與右掌同時內旋向右斜前方掤出，左腿隨之後撤變為右弓步，又稱

右高探馬─十字手

圖 3-78　右高探馬（一）　　圖 3-79　右高探馬（二）

撲面掌（圖 3-78、圖 3-79）。

【要點】撲面掌或鎖喉掌，都必須順勢坐腰鬆胯，在腰襠勁的作用下或拿或發，滾翻爭裹，鬆放自然。

【用法】彼擊我胸，我退前腳轉腰以化解彼力，同時右臂沾取敵肘腕，即上步直取對方面部，稱之為撲面掌，翻掌為捌，奔對方咽喉，稱為鎖喉掌，具有強烈的技擊威力。

圖 3-80　右分腳（一）　　圖 3-81　右分腳（二）

第38式　右分腳

承接前式，雙手翻轉沉採下按，隨之抬右腿，徐徐向右前側方蹬出，同時兩臂隨之左右分張，手心向側，勁力貫注於腳跟（圖3-80、圖3-81）。

【**要點**】蹬腳時必須虛靈頂勁，上身放鬆，勁力自腰脊達於腳跟。

【**用法**】在腰脊的作用下，雙手向後方做採捋，使其後撤，我順勢外拋其力，用右腳蹬其肋，將其放出。

第39式　左高探馬

落右腳踏實成右弓步，然後兩手臂下落，右手扶左肘從左側下方向胸前運行至左前上方，手掌內旋變撲面掌，手心向下，同時左腳跟步，腳尖點地，重心移至右腿，眼看左側前方（圖3-82、圖3-83）。

圖3-82　左高探馬（一）　　圖3-83　左高探馬（二）

第40式　左分腳

與第38式右蹬腳相同，唯方向相反（圖3-84、圖3-85）。

圖3-84　左分腳（一）　　　　圖3-85　左分腳（二）

第41式　轉身蹬腳

　　承接前式，左蹬腳後，身體左轉，左腿提膝成右獨立，兩手變拳圓撐。兩眼目視左前方，兩臂分張，將左腳向左前方蹬出，左右手手心側向，眼看左手（圖3-86、圖

圖3-86　轉身蹬腳（一）　　　　圖3-87　轉身蹬腳（二）

3-87）。

【要點】單腿迴旋獨立，身體保持中正，懸頂，忌左右歪斜，以腳跟為軸，轉體90°，腳趾抓地，立如平準。

【用法】此取意於彼從我身後擊來，我轉身迎敵，勁力貫注於腳跟，上驚下取，使彼撲倒。

第42式　左摟膝拗步

與第6式左摟膝拗步相同。

第43式　右摟膝拗步

與左摟膝拗步相同，唯方向相反。

第44式　栽捶

承接前式，左手摟膝進左步，右手握拳，由上而下向前下方栽擊，拳側向，同時左手扶於右肘處（圖3-88）。

【要點】此乃太極五捶之一，栽捶時腰脊勁力貫注於拳，三尖相對，守住重心，支撐八面。

【用法】彼向我襲來，我用左掌摟開，並直擊其肋，彼用腿踢來，我則用左手捋化，趁勢用右拳栽擊其腹部。

圖3-88　栽捶

第45式　撇身捶

承接前式，右拳上提，外翻左掌扶於右拳上，同時抬

圖 3-89　撇身捶

右腳，身體向右後方向旋轉。右腿落下變右弓步，右拳下落至右腰側，左掌向正前方徐徐推出，目視左手中指，重心在兩腿之間（圖 3-89）。

【要點】變轉在腰，臂肘滾捲做橫勁沉採，黏貼對方手臂做圓弧運動，周身一家，身法正，勁力整。

【用法】對方向我擊來，我急應轉身用肘部沉勁擊其胸脅，其擊我面部，我捯其臂用右腿套封其腿，左手直擊其胸脅，向下沉採，使其隨手跌出。

第46式　右高探馬

與第 37 式右高探馬相同。

第47式　右分腳

與第 38 式右蹬腳相同。

圖 3-90　右打虎式

第48式　右打虎式

承接前式，雙掌在腰勁的運動下，沉採變拳，向右後方運行，左拳運行至右腰側，右拳在右額前上方，同時右腿向右後方落步成右弓步，目視左後方（圖 3-90）。

【要點】以腰為軸肩肘腕胯膝協調一致，身動拳隨，氣沉丹田，在腰

的主宰下，螺旋運行，呼吸和意念相結合。

【用法】打虎式威武凶猛，極柔極剛，有強烈的技擊力量，撤步時可運用挒勁，下沉做採，上架為肘靠，手臂滾翻為掤，將人擊出。

第49式　左打虎式

與右打虎式相同，唯方向相反（圖 3-91）。

第50式　披身蹬腳

承接前式，以腰為樞紐右轉，兩拳不失掤勁，隨腰勁轉到正前方落在腹前，兩拳相對圓撐（圖 3-92）。隨後兩拳上架變掌，兩臂左右分張，抬右腿向正前方蹬出（圖 3-93）。

【要點】身體平衡，以腰為軸，斂氣凝神，勁力集中。

【用法】彼從正面擊我，我用雙拳變掌架封其勢。抬腳點踢彼腹，使其立仆。

圖 3-91　左打虎式　　圖 3-92　披身蹬腳（一）　　圖 3-93　披身蹬腳（二）

第 51 式　雙風貫耳

兩拳取外線擊人耳部，稱為雙風貫耳。

承接前式，兩手內翻向下鬆沉，同時抬右腿，兩手撣膝臂外旋，變拳劃圓在右前方相對，同時右腿在右前方落步成為右弓步（圖 3-94、圖 3-95）。

圖 3-94　雙風貫耳（一）　　圖 3-95　雙風貫耳（二）

【要點】含胸拔背，腰襠撐扣，小臂滾捲，上肢不得僵硬。

【用法】下擾上取，雙拳直貫對方耳門。太極起勢即破解雙風貫耳。

第 52 式　二起腳

兩腿左右連環蹬踢，稱為鴛鴦腿法二起腳。

承接前式，雙拳內翻立肘，腰右轉，雙拳內扣，扭腰坐盤（圖 3-96）。兩拳變掌分張，同時抬左腿蹬出，目視左掌（圖 3-97）。隨後左腿下落裡扣，轉身 360°。左腳

圖 3-96　二起腳（一）　　　圖 3-97　二起腳（二）　　　圖 3-98　二起腳（三）

落在右腳左前方定式，然後抬右腿，將右腳蹬出，目視右掌（圖 3-98）。

【要點】在運行中含胸拔背，腰襠擰扣，小臂滾捲，身手眼步協調一致，蹬左腳勁力貫於腳跟，轉身時中定站立，虛靈頂勁。丹田之氣，一呼即出。全身舒展，兩腿變換敏捷俐落。

【用法】如敵從左側擊我，我以右手捋採其臂，順勢向其肋間蹬踢。彼從右側攻我，我即轉身上掤其臂，用右足蹬其肋部完成二起腳。

第 53 式　右摟膝拗步

與第 9 式右摟膝拗步相同。

第 54 式　左摟膝拗步

與第 6 式左摟膝拗步相同。

第55式　手揮琵琶

與第11式手揮琵琶相同。

第56式　搬攔捶

與第12式搬攔捶相同。

第57式　如封似閉

與第13式如封似閉相同。

第58式　抱虎歸山

與第14式抱虎歸山相同。

第59式　十字手

與第15式十字手相同。

第60式　左顧右盼

與第16式左顧右盼相同。

左顧右盼—
斜單鞭

第61式　攬雀尾

與第17式攬雀尾相同。

第62式　斜單鞭

與第18式斜單鞭相同。

第63式　右野馬分鬃

承接前式，兩手一左一右，一上一下，合抱為懷抱琵琶。左手在胸前，掌心向外，右手在左腰下側插掌，手心向外，在腰襠勁的作用下右手外翻，肘向裡扭，手高於右額前方，外掌外翻停於左胯側旁，同時右腿向右側前方邁出成為右弓步（圖 3-99、圖 3-100）。

【要點】在運行時要求虛靈頂勁，自然靈動，坐腰鬆胯，身法矯健。兩臂斜向分張，一呼即發，或撐步或轉腰，開合變化勢如奔馬。

【用法】彼向我進擊，我即用懷抱琵琶橫採其臂，彼撤我順勢進攻，小臂上挑，使其騰虛，也可立肘攻其肋部，亦可翻掌擊其胸部，另可套插襠進步，靠擊其身，如摧枯拉朽。

第64式　左野馬分鬃

同右野馬分鬃，左手在右腰下側插掌，手心向外，唯

圖 3-99　右野馬分鬃（一）　　圖 3-100　右野馬分鬃（二）

圖 3-101　左野馬分鬃（一）

圖 3-102　左野馬分鬃（二）

左右互換（圖 3-101、圖 3-102）。

第65式　右野馬分鬃

同第 63 式右野馬分鬃。

第66式　玉女穿梭

承接前式，原地做一個野馬分鬃。腰右轉，左手從右臂下穿出，同時右臂滾捲回抽，右手內翻在右額前，重心移至右腿，右掌外翻在右前方，在腰勁的作用下成為左弓步，同時右掌向左前上方緩緩推出，掌心向前，目視右手，左掌運轉至左額上方定式，完成第一個穿梭，方向為西南隅角（圖 3-103～圖 3-105）。隨後提右腿轉身向右後方移步，左腳獨立運轉，用上述方法向東南隅角運行，完成第二個穿梭（圖 3-106、圖 3-107）。然後原地加一個野馬分鬃式（圖 3-108）。而後抬左腿移左步向東北隅角運行，用同樣方法完成第三個穿梭（圖 3-109～圖 3-111）。

圖 3-103　玉女穿梭（一）　圖 3-104　玉女穿梭（二）　圖 3-105　玉女穿梭（三）

圖 3-106　玉女穿梭（四）　圖 3-107　玉女穿梭（五）　圖 3-108　玉女穿梭（六）

圖 3-109　玉女穿梭（七）　圖 3-110　玉女穿梭（八）　圖 3-111　玉女穿梭（九）

圖 3-112　玉女穿梭（十）　　　圖 3-113　玉女穿梭（十一）

　　然後繼續撤步轉身，向西北隅角運行完成第四個穿梭
（圖 3-112、圖 3-113）。

　　【要點】玉女穿梭，運行八方，掌穿四隅，翻捲撐
裹，如玉女之柔和，敏捷靈巧，進退轉換，連綿不斷。進
則上下相隨，退則節節鬆開，以腰為軸，步動身隨，輕柔
靈動，忽隱忽現，極柔軟而內裡極堅剛。

　　【用法】彼擒拿我右臂，我即鬆腰胯抬左掌從右臂下
穿出，以截其腕臂，如彼後撤，我即臂腕滾動，在腰襠的
作用下避實擊虛以卸其力，然後兩臂分張斜勁而出，或肩
靠或膝打或肘擊或翻掌，均可一呼即發，打上封下，運用
自如。

第 67 式　上步攬雀尾

　　承接玉女穿梭，在走架中加一個拿敵臂、踩敵腿的抓
踩動作，進步一個小琵琶（圖 3-114～圖 3-117）。然後再
上步攬雀尾，與第 17 式攬雀尾相同（圖 3-118）。

圖 3-114　上步攬雀尾（一）　　　圖 3-115　上步攬雀尾（二）

圖 3-116　上步攬雀尾（三）　圖 3-117　上步攬雀尾（四）　圖 3-118　上步攬雀尾（五）

第 68 式　正單鞭

與第 32 式正單鞭相同。

第 69 式　雲手

與第 33 式雲手相同。

第70式 雲手

與第34式雲手相同。

第71式 雲手

與第35式雲手相同。

第72式 斜單鞭

與第36式斜單鞭相同。

下勢—
斜單鞭

第73式 下勢

身體下降以避敵鋒稱為下勢，承接斜單鞭，雙手向左斜前方上架，左掌從右掌腕上向前外翻轉穿出，然後雙掌沉採，在腰勁的作用下向下做挒，仆步下按，右腿屈膝下蹲坐，左腿撲地，兩掌定位後，作小琵琶手，以靜待動（圖3-119、圖3-120）。

圖3-119 下勢（一）

圖3-120 下勢（二）

【要點】身法起落協調一致，仆步時身法中正，虛靈頂勁。支撐八面，鬆腰沉胯，十指抓地。

【用法】如彼攻我，我俯之彌深以避其鋒，隨做小琵琶以蓄勁力。

第74式　左金雞獨立

承接前式，緩緩提右腿獨立。重心移至左腿，同時右掌提起至右側前方，立掌沉肘，左掌下按至右腿膝側（圖 3-121）。

【要點】單腿獨立，重心移至一腿，必須立身中正，不偏不倚，上則虛靈頂勁，下則五趾抓地。手足起落主宰於腰。

圖 3-121　左金雞獨立

【用法】獨立時臂含掤勁，上手臂可護耳，腳尖下垂有點踢之意，保持三尖相對，如雄雞展翅之勢。彼攻我，我可做捋，又可上挑其臂，膝攻其腹，肘攻其胸，左右交換應用。

第75式　右金雞獨立

與左金雞獨立相同，唯左右交換（圖 3-122）。

第76式　左倒攆猴

與第 20 式左倒攆猴相同。

圖 3-122　右金雞獨立

第 77 式　右倒攆猴

與第 21 式右倒攆猴相同。

第 78 式　左倒攆猴

與第 22 式左倒攆猴相同。

第 79 式　右斜飛式

與第 23 式左斜飛勢相同，唯左右互換。

第 80 式　斜單鞭

承接前式，左掌向左側下方做捋式，重心移左腿，同時右轉身，右手臂搬採，左手隨之抄左腿，提手向左側斜方伸展，右掌變撮勾以接單鞭（圖 3-123～圖 3-125）。

第 81 式　提手上勢

與第 4 式提手上勢同。

圖 3-123　斜單鞭（一）　　圖 3-124　斜單鞭（二）　　圖 3-125　斜單鞭（三）

第82式　白鶴亮翅

與第25式白鶴亮翅相同。

第83式　左摟膝拗步

與第26式左摟膝拗步相同。

第84式　海底針

與第27式海底針相同。

圖3-126　上步搬攔捶（一）

第85式　扇通背

與第28式扇通背相同。

第86式　撇身捶

與第29式撇身捶相同。

第87式　上步搬攔捶

與第30式卸步搬攔捶相同，唯變
退步為進步（圖3-126～圖3-130）。

圖3-127　上步搬攔捶（二）

第88式　攬雀尾

與第17式攬雀尾相同。

第89式　正單鞭

與第32式正單鞭相同。

圖3-128　上步搬攔捶（三）　　圖3-129　上步搬攔捶（四）　　圖3-130　上步搬攔捶（五）

第90式　雲手

與第33式雲手相同。

第91式　雲手

與第34式雲手相同。

第92式　雲手

與第35式雲手相同。

第93式　斜單鞭

與第3式斜單鞭相同。

第94式　白蛇吐信

白蛇吐信－
合太極

　　承接斜單鞭，右手臂下落收回且隨身法左轉，左手扶於右臂肘處，同時重心移至右腿，左腳腳尖點地，右掌內翻轉，左掌在右腕處纏

圖 3-131　白蛇吐信（一）　圖 3-132　白蛇吐信（二）　圖 3-133　白蛇吐信（三）

繞並斜向右上方穿去，手心向上，身法為右轉，左腳隨之
向右前方上步成左弓步，右掌落於左腋下方，掌心向下，
目視左手中指（圖 3-131～圖 3-133）。

【要點】在運動中，勁力貫於手指，轉身 180°，兩掌
在運轉時翻捲沉沾，與身法、步法上下相隨，周身一家，
精神集中，貫於頭頂。

【用法】我用腰轉化彼進擊之手臂，用蛇信掌或迎面
掌直穿而上，或封或鎖，稍做變化，即使彼跌出。

第 95 式　十字擺蓮

兩手交叉橫分如十字，用腳面橫勁旁踢稱為十字擺
蓮。承接白蛇吐信，身形右轉，兩臂隨身形轉向正面胸前
交叉，抬右腿向左上前方擺踢，同時左手拍擊右腳面（圖
3-134、圖 3-135）。

【要點】身法輕靈，左足抓地支撐重心，尾閭中正，
神貫於頂，左手擊拍和右腳擺踢要協調一致。

【用法】彼自身後襲來，我轉身用掌採彼擊來的拳或

圖 3-134　十字擺蓮（一）　圖 3-135　十字擺蓮（二）　　圖 3-136　指襠捶

手，同時用腳橫踢其身，彼用腿踢來，我則用摟膝步，下
摟上應以掌擊之。

第96式　右摟膝拗步

與第9式右摟膝拗步相同。

第97式　指襠捶

承前式左摟膝拗步變左弓步，右掌變拳直插敵襠，運
用腰脊之力，一呼即出（圖 3-136）。

【要點】頭要頂，不要前俯。肩臂關節自然鬆開。步
法輕靈，後發先至。

【用法】指襠捶是五捶擊法之一，先摟後擊，一發必
中。關鍵在腰胯發勁，完整合一。

第98式　上步攬雀尾

與第17式攬雀尾相同。

第99式 斜單鞭

與第3式斜單鞭相同。

第100式 下勢

與第73式下勢相同。

第101式 上步七星

承接前式,左右手交叉斜向上架擊,進右步為虛腳,腳尖點地,重心移至左腿(圖3-137)。

【要點】此式虛實分明,含胸拔背,左腿微屈坐實。

【用法】上手可架擊挑打,兩掌下落可變為下按彼身,或摟採彼腿,膝頂足蹴皆為用。

圖3-137 上步七星

第102式 退步跨虎

一勾一掌,兩臂分張,一足提起,一足點地,狀如伏虎。承接前式,右足向右後方退步,定位後五趾抓地。左足同時收回腳尖點地。兩掌左右沉採,右掌在右前方定位。左掌變勾在左側下方定位,右腿半蹲目視左後方(圖3-138)。

【要點】進前退後,變轉自如。

圖3-138 退步跨虎

雙手後撤，含分勁和沉採力，身體撐合，保持平衡。

【用法】彼向我進攻，我則用掌沉採其來勢，用腳鉤掛其前足使其跌倒。彼用掌擊我，同時用腳踢我，我即用勾手將其腳腕黏住，並用另一手採其拳臂，隨之進掌直逼其側面使其倒地。

第 103 式　白蛇吐信

圖 3-139　白蛇吐信

承接前式，身體右轉上左步，左手向前方穿出，手心向上。目視左手，右手移於左肘下，手心向下（圖3-139）。

【要點】轉體，同時左手從右手臂上穿出，步法為左弓步。

【用法】彼向我進攻，我用右手沉採，左手直奔對手咽喉，或撲面或鎖喉或肘靠擊之。

第 104 式　雙擺蓮

承接上式，兩手變拳，兩臂翻轉上舉至右前方下落，同時抬右腿橫擺踢，雙掌隨之拍擊腳側，完成雙擺蓮動作（圖 3-140、圖 3-141）。

【要點】此為獨立架式，左腿支撐重心，腰鬆胯實。在運行中雙拳化掌，狀如旋風，如秋風掃落葉。

【用法】彼用右拳向我胸部擊來，我左手拿其腕，右手拿其肘，滾捲下壓使其撲地。同時擺腳擊其腿腰脊背，兩掌撲擊其面部。

圖 3-140　雙擺蓮（一）　　圖 3-141　雙擺蓮（二）　　圖 3-142　彎弓射虎

第 105 式　彎弓射虎

承接上式，雙掌自左劃弧向右移動，右足自左向右落於原地，在運行中雙手變拳由裡向外螺旋迂迴，在右前方向左側擊出，重心移至右腿，彎曲下蹲（圖 3-142）。

【要點】走架時內勁貫於雙拳，身體探出蹬左腿，擰腰合胯，螺旋發力。

【用法】彼向我擊來，我右手捋勁，彼撤，我順勢發人做彎弓射虎。

第 106 式　上步攬雀尾

與第 17 式攬雀尾相同。

第 107 式　正單鞭

與第 32 式正單鞭相同。

第108式　合太極

太極拳走架結束，還原到開始狀態稱為合太極。恰好運行到起勢位置，身法端莊，兩手平緩徐舒，隨身形一起在體前下降，雙手微含沉勁，同時收右腳，腳尖點地。兩腿微蹲，然後慢慢立起，重心還原於兩腿之間，兩腳距離與肩同寬，兩手落於身體兩側，手心向後，目視前方，意境還須回歸到起勢狀態（圖3-143～圖3-145）。

【要點】動作鬆柔沉穩，神態端莊平靜，呼吸自然均勻，圓滿大方，氣沉丹田，緩緩而收。

【用法】彼用雙掌擊我胸部，我則雙手沾黏其左右手腕，向下沉採，稍微向右或左轉腰胯，即可發放，將其彈出，亦可引勁落空，用挒勁或採或挒將彼放出。

從彎弓射虎到合太極添加一些動作以求聯貫完整，如白蛇吐信、進步搬攔捶等回到起勢位置。

圖3-143　合太極（一）　　圖3-144　合太極（二）　　圖3-145　合太極（三）

(三)關於盤架子

　　總結獲取太極拳術成效的經驗，最重要的是堅持實踐，實踐出真知。每天早晨和晚上各做一次鍛鍊，「晨昏無間，寒暑不易」，認真地體會和琢磨，肯定能夠獲得健壯的體魄和深湛的太極拳術造詣。

　　盤架子是太極拳術的基礎。一般來說，「入門引路須口授，功夫無息法自修」，要藉助於前人的經驗教訓而避免走彎路。此時應著重理解每招每式的作用和意義，務求正確，至少在外形姿勢上要正確。「學拳容易改拳難」，一旦錯誤的或不正確的姿勢形成動力定型，再想改正就十分困難了。因此，應該經常觀摩學習，最好是有人旁觀指導，及時發現問題，加以改正。

　　太極拳架中，每招每式都取法乎自然，反對矯揉造作，從而具有優美的藝術造型。例如，太極起勢與合太極，形象端莊穩重，巍然沉靜，神舒體逸；攬雀尾式圓活犀利，進退靈動，變化多端；單鞭舒展穩重而又有通臂勁力的運行；白鶴亮翅呼吸深長，神態安適大方；摟膝拗步虛實分明，轉動輕靈；如封似閉蓄而後發，開合有致；倒攆猴式鬆靜俐落，從容不迫；左顧右盼兼顧八方，機警靈動；打虎式目光似箭，凶猛威武；玉女穿梭滾捲起落，纖巧精密；雲手悠然鬆活，沉靜雄渾……

　　每天盤架子時，要在自然之中表現出每個定式的藝術形象，貫之以神。這樣，不僅有助於深入理解單式的意義，也能產生豐富的趣味，使一趟太極拳，從頭至尾，在輕慢圓勻穩的動作之中，連綿不斷，滔滔不絕：其中有

靜，要靜如山岳，端莊穩重；其中有動，要動似江河，氣勢磅礴；而動中有靜，靜中有動，處處貫穿精神，時時生有意境。

此外，應該瞭解到，太極拳術是在一套完整的指導思想之下建立起來的，經過多少代人反覆推敲琢磨，不斷地修補訂正，才形成今天的太極拳架。儘管各派太極拳架有所不同，但它們都始終貫串著體（行功、走架、鍛鍊）用（推手、打手、應用）一致的原則，「走架即是打手，打手即是走架，此皆一理」。

所謂體用一致，即在體時，要擬想與敵打手；而在用時，必須活用拳架。因此，在盤架子時必須「貫串」——「周身節節貫串」「由腳而腿而腰，總須完整一氣」；又須「用意」——「凡此皆是意」「勢勢存心揆用意」；而在推手時，也必須「貫串」——「隨曲就伸，不丟不頂」「兩手支撐，一氣貫串」；更必須「用意」——「要刻刻留心，挨何處，心要用在何處」「以意運氣，非以力使氣也」。

太極拳術的體用原則是以太極陰陽學說作為理論基礎的。體用太極拳時，應該做到：「太極即周身，周身即太極」「周身一家，宛如氣球」「無一寸非太極」，從而要求「內固精神，外示安逸」「神宜內斂」，要求「心靜」「用意」，也要求「貫串」「完整」。

在太極中包含著「陰陽」——「動靜之機，陰陽之母也」，而陰陽則指動靜、開合、虛實，指呼吸、蓄發，也指上下、左右、前後、內外、剛柔、順背、仰俯、進退，以及其他相互對立而又相互依存的事物。陰陽之間的關

係，必須是「陰陽互濟」「陰不離陽、陽不離陰」。

古典拳論要求「須悟太極之理」「須悟陰陽相濟之義」，並在體用中達到「陰陽互濟，方為懂勁」。而「懂勁」被認為是理解並掌握太極拳術的標誌：不懂勁時，經常陷入「雙重則滯」，其結果必不能運化，易為人所制；「懂勁後，愈練愈精」，漸至「從心所欲」，是以「由懂勁而階及神明」。顯然，這是兩種完全不同的境界。其間的轉化，則必須在理論上懂得太極陰陽學說，並在實踐上善於運用太極陰陽學說。

太極拳法對於周身各個部分都有不同而又統一的要求。從周身整體來看，有身法、步法、手法和眼法之分，又有動作、呼吸與意識之結合。

嚴格遵守太極拳術的基本要求，透過長期實踐鍛鍊，能使外形完滿、協調、空鬆圓活，內勁輕靈流利、變化萬端，進而身靈神聚，內外合一，柔中寓剛，圓融精妙。這些要求如下。

(1) 虛領頂勁

頭部虛領上頂，有如懸線將頭部提起，使其平正而不傾斜。下頦內含，頸部鬆直自然而不僵硬，則虛領頂勁能使脊骨端正，筋肉順遂。

頭處於人體最上部，頭顱中有腦，大腦主思想，小腦主運動，腦可支配神經，主宰全身。因此，「滿身輕利頂頭懸」「精神能提得起，則無遲重之虞」。

靈機於頂，不僅能使全身輕靈活潑，免除重滯，而且是身心合一、內外兼修、使精神與軀體相結合的關鍵，必

須當成全身整體運動的綱領。

(2) 尾閭正中

太極拳要求身體「立如平準，活似車輪」，所以，應「立身中正安舒，支撐八面」，使「尾閭正中神貫頂」。從頭頂，經軀幹，至會陰須保持成一條直線，上領頂勁，下守重心，無論身體向何方轉動，都必須保持這條直線，並使脊骨根正對臉部中間，尾閭正中，周身中正，保持任督二脈暢通。

這樣，可以免除身體前俯、後仰、左歪、右斜，偏頗失中，否則稍受牽引，就失去重心平衡。也只有如此，才能做到形象端莊而能變化，既穩重又輕靈。

(3) 含胸拔背

太極拳中，含胸拔背寓意於變化。「含胸」是胸部含而不露，既不能內凹如佝僂，也不應挺胸而外凸。「拔背」指脊骨頂微向外鼓起，使「牽動往來，氣貼背，斂入脊骨」。

能含胸，就能拔背。但含胸拔背主要表現在意識中，而不是用力；是在自然正直的基礎上所做的意想，不要求外形上有所表露。否則必將破壞太極拳法純任自然的原理，也必破壞中垂線的平準，而出現凹凸，出現缺陷。

(4) 吊襠裹臀

肛門寓勁上提，臀部內收，將襠撐圓合住，稱為吊襠裹臀，亦即「腰騰勁」。

　　「命意源頭在腰際」，腰是四肢運動的中軸，關係到全身平衡的調整與內勁的運轉，所以，須「活潑於腰」「刻刻留心在腰間」。

　　擰腰扣襠與塌腰提襠是腰襠勁的變換，必須鬆活靈動，左旋右轉毫不滯重，才能平衡重心。胸背能變化，腰襠能靈活，則摺疊有術、轉換有方，可以應付各種變化。是故「緊要全在胸中腰間，不在外面」。而蓄勁與發勁的中心環節也是腰，「腰如弓把」，要有彈性，有暴發力。因此，任何動作，必須首先腰動，然後四肢再動，「主宰於腰」。動腰時，要注意吊襠裏臀。

(5) 沉肩墜肘

　　鬆開肩肘關節，在擊技中有重要作用。沉肩不是聳肩，是使肩鬆而下沉，則臂膀的骨縫張開，兩臂運轉自然靈活。聳肩也稱寒肩，使氣上浮，重心升高，影響穩定。墜肘是肘尖時常取向下之意，除非用肘擊人時才以肘尖對人。肘鬆而下墜，則勁力內含，有助於沉氣，既能護肋，又可增加手臂伸引、回縮的力量。

(6) 腕隨掌轉

　　太極拳中，手法應有圓活之趣。腕隨掌轉，膀隨腕轉，觸處成圓（橫圓、豎圓、斜圓、正圓、逆圓、大圓、小圓、半圓，以及外形上無圓的表現而在意味上的圓）。腕、肘、肩、胸、腰、胯、膝、踝都做圓形運動，進而使內臟隨呼吸也做旋轉按摩，氣血則循經絡路線纏繞運轉，形成體內、體外，一動無有不動，動皆做圓，產生無窮趣

味。

所有這些圓運動，都是在用意不用力的原則下，以腰為主宰，而主要表現在手掌上的。因此，手指應微屈而不硬直，掌腕要圓活而能沉穩，不疲軟，不僵滯，從而達到空鬆圓活。但是，所有圓運動，必須隨處可以化為直線，「曲中求直」，有蓄有發。

(7) 虛實分明

「虛實宜分清楚。一處自有一處虛實，處處均有一虛實。」腰胯以下為支持全身的基礎，步法的靈活與滯重關係到身腰的轉換，關係到全身的平衡。是故邁步要輕靈有如貓行，落步時穩健如臨深淵，進退轉換必須虛實分明。

「虛非全然無力，實非全然占煞」，應該虛中有實，實中有虛，虛實滲透，變化隨機。步法有虛實，身法也有虛實，處處都有虛實，必須分清。

「步隨身換」，要隨身法的變化改變步法，協調而不僵硬，及時調整重心，轉換順遂而能保持平衡。

腰襠勁與步法結合，可使下肢穩重不可動搖，又有利於上肢軀幹「立如平準，活似車輪」。先做到虛實分明，才能逐漸達到互相滲透。

(8) 氣沉丹田

丹田亦名氣海，在人身臍下三寸，為人體重心所在的地方。「氣沉丹田」指腹部鼓盪，使身體上部的氣勁下沉而集中於丹田，並用提肛圓襠使身體下部的氣勁也集中於丹田，從而，身體上下俱輕靈，而重心部位獨實重，意念

完全集中於此，是故也稱「意守丹田」。

　　用鼻呼吸是人的本能。吸氧呼碳（即二氧化碳）是新陳代謝，有改善機體、增進健康的重要作用，必須深長勻細。因此，盤架子時大多要求出氣不得耳聞，以之為深長勻細的標準。

　　「遍體氣流行，一定繼續不能停」，說明任何動作都必須與呼吸結合進行；而「行氣如九曲珠，無微不到」，則說明氣的運行應達到身體的任何部分，甚至是身體的四梢（手指尖與腳趾尖）。這樣就稱為「呼吸通靈，周身罔間」。但是，「以氣運身務令順遂，乃能便利從心」，要以意導氣，增大肺活量，而不以力使氣，強迫呼吸。

　　上述呼吸與一般呼吸不同，是用腹部進行的，「腹內鬆淨氣騰然」。「氣宜鼓盪」，則是用腹部的鼓盪變化來進行氣的運轉。這種腹式呼吸和自然呼吸相反，吸氣時腹部收縮，為合、為蓄、為虛；而在呼氣時腹部鼓起，為開、為發、為實。這樣的一呼一吸所進行的鼓盪，即一開一合，一實一虛。這是我國古代流傳的體育保健方法，稱為吐納。它既能增大肺活量，更能使腹腔橫膈膜對臟腑進行按摩，鍛鍊五臟六腑，改善其功能。為此，腹式呼吸應貫串在整個太極拳架中，也應貫串於太極推手之中。

　　初練太極拳時，可採取自然呼吸（吸氣鼓腹，呼氣收腹），但在熟練掌握拳架的過程中，必須逐漸習慣於採用腹式呼吸，否則就不能與開合、虛實、蓄放結合起來，即不能順遂貫串，不能「氣遍身軀不稍滯」，從而，也不可能獲得「吸則自然提得起，亦拿得人起；呼則自然沉得下，亦放得人出」的高度擊技效果。這樣，使導引與吐納

相結合，將能獲得良好的醫療保健效果。

(9) 內勁運轉

「太極拳不在樣式，而在氣勢，不在外面而在內。」手法中的圓運動各式各樣，但都必須在內勁的統一支配下，做虛實開合變化。

所謂內勁，「在內不在外」，是意識長期統率之下使呼吸與動作相結合的鍛鍊，在精神意念貫注之下，體內形成的一種既沉重而又輕靈、既剛硬而又柔軟的勁力。這種動力具有柔中寓剛、綿裡藏針的特點。

內勁運行的路線是：「由腰形於脊骨，佈於兩膊，施於手指」「運之於掌，通之於指」。內勁運轉時要求「由腳而腿而腰，總須完整一氣」。因此，在太極拳走架與打手中，隨著掌腕的開合，全身協調一致，而內勁做前進與後退兩種不同的運轉，內外相合，完整貫串。

動作中，開為呼、為伸、為實、為發，內勁則由丹田上經胸、肩、臂、肘、腕而達於掌指，下過胯、腿、膝、足而達於腳掌腳趾；合為吸、為退、為虛、為蓄，則內勁路線與上相逆，由四梢而歸聚於丹田。這種內勁進退的運轉，有人也稱為纏繞，寓有虛實、開合的變化。

但是，「虛非全然無力，氣勢要有騰挪；實非全然占煞，精神要貫注」。騰挪是動的準備，貫注是靜的集中，都在於意念。有時，目光集中於意想之處，則勁力「達之於神」。因此，太極拳法要求目光隨主要之手的運動而向前平視，莊嚴而靈動，威武而不呆滯，稱為眼法。是故「神宜內斂」，含而不露，既不暴露自己勁力運轉的動

向，又能觀察對方變化的意圖。

(10) 凡此皆是意

太極拳法要求，呼吸和動作都必須由意識來統率，用意不用力。虛領頂勁要將意念用於頂部，提起精神；尾閭正中取意於端莊，保持身體上下一線相通；含胸拔背取法於自然而寓意於變化；吊襠裹臀注意於腰間變換，調整平衡；沉肩墜肘，腕隨掌轉，或隨曲就伸，或曲中求直，都是跟隨意念而動；虛實分明、氣沉丹田以及內勁運轉使動作開合有致、上下完整、內外協調，也是用意獲得的。

「凡此皆是意」，是「先在心，後在身」，所有太極拳動作及以上要領都必須在意念的支配下進行，而不是努氣使勁去達到，「切記不可用力，不可尚氣」「尚氣者無力，養氣者純剛」。所謂養氣，就是在意識引導下，腹式逆呼吸深緩勻細，「心為令，氣為旗」「以心（意）行氣」。意念在太極拳中始終居於主導地位。必須先有意，才有氣的呼吸鼓盪和勁力的纏繞往復，也才有肢體的運動。只有「心靈與意靜，自然無處不輕靈」，只有「意氣須換得靈，乃有圓活之趣」。

「凡此皆是意」要求把周身看成整體，看成氣球，將意識貫注於身體內外、上下、左右、前後，進而達到「表裡粗精無不到」的高度完整的境界，圓融精妙，「行住坐臥皆是太極」。

上述這些基本要求，在太極拳行動走架時如此，在太極推手實踐中也是如此。根據這些要求，長期堅持鍛鍊，

不僅能夠提高太極拳術水準，獲得精湛的擊技能力，也可以獲得增強體質、防病健身，以及治療一些慢性疾病的效果。為了便於掌握這些要領，現將它們概括成歌訣形式以供參考。

太極歌訣

心率氣行布四梢，頂靈身端蓄腿腰。

神舒體逸守丹田，虛實變化因意高。

動中寓靜靜猶動，圓中有直直亦圓。

太極一元多辯證，陰陽兩儀不固定。

三、推　手

太極推手，也稱打手或搦手，是太極拳術練習擊技用招的方法，也是學習太極拳法以致應用的中間途徑。

太極拳架綜合各種武術的精華，經過總結提高，概括成現在流傳的幾種拳式形態。它是在完整的拳術理論指導下，兼顧保健和擊技的體操運動。一般地說，只要堅持鍛鍊，深入體會其理論原則，並使理論和實踐緊密結合起來，就可以收到良好的成效。

但是，在有經驗的太極拳術家中，流傳著這樣一句話：練太極拳而不練推手，等於不練。

這句話強調的地方是，拳架本身具有極高的醫療保健作用，許多人已經由經常走架而獲得健康，並以充沛的精力從事工作和學習。然而，從進一步提高對太極拳法的認識和理解程度，特別是從擊技運動出發，這句話則具有指導性的意義，是行家的經驗談。

因為太極推手必須全神貫注、輕靈活潑，長期練習能獲得濃厚的興味情趣，引人入勝；太極推手是在拳架基礎上的進一步發展，卻又具有與拳架不同的效果，只練拳架而不練推手，很難深刻地領會太極拳法的各種要求，更不能靈活運用拳架，自如地呼吸行氣，巧妙地發揮勁力，從而達到擊技運動的高度成就。

「走架即是打手，打手即是走架。」要求在練習太極

拳架時，必須處處擬想與敵打手，無人若有人，揣摩每招每式的作用，並使精神貫注；在太極推手時，則應靈活運用拳架中總結的各種擊技招法和動作，善於運氣，巧於用勁。這句話實際上還描述了太極拳術的基本要求，以及鍛鍊過程中所應具備的境界。因此，練習太極拳法應該首先熟諳太極拳架，接著用推手奠定學以致用的基礎，然後再使走架與推手相輔相成。只有在拳架與推手的多次循環反覆之中，才能逐漸加深體會和理解，使理論和實踐緊密聯繫在一起。

由此可見，太極拳法既不是單純走架，也不是單純推手而能求得的。太極拳術的造詣，必須是在推手與走架互相緊密結合中才能獲得。

太極推手的種類極多。主要可分為定步推手和活步推手兩種。定步推手是活步推手的基礎，即訓練掤、捋、擠、按的四正推手。活步推手有楊式大捋，即訓練採、挒、肘、靠的四隅推手。我們所練習的則是圓形活步推手。

此外，還有單推手。儘管單推手的種類也很多，卻並不一定是必經的途徑，所以，我們不談單推手，而從太極推手的基本問題開始論述。

(一)太極推手的基本問題

很早以前，曾經流傳過一個「八字歌」，論述太極推手，並強調指出其基本問題。「八字歌」是：

掤捋擠按世間稀，十個藝人十不知。

　　若能輕靈並堅硬，沾連黏隨俱無疑。

　　採挒肘靠更出奇，行之不用費心機。

　　果能沾黏連隨字，得其環中不支離。

　　在這個歌訣中，不少人認為，「十個藝人十不知」可能是文字流傳中的錯誤，理由是，否則掤、捋、擠、按就不會流傳下來。因此，建議改為「十個藝人九不知」。但是，若從強調掤、捋、擠、按的重要性，強調認識和實踐的無限性來看，則原作者的提法應是無可厚非的。

　　這裡，提出了三組名詞，並對它們在擊技中的作用給予了相當高的評價。它們是掤、捋、擠、按，採、挒、肘、靠和沾、黏、連、隨。

　　掤、捋、擠、按是太極推手中的四個正向動作，也稱四正；採、挒、肘、靠是推手中的四個斜角動作，也稱四隅；四正四隅合成太極拳法中襯敵打手的基本方法，具有強烈的擊技作用。

　　沾、黏、連、隨是太極拳術中對敵打手的基本原則；和它們相反的是頂、扁、丟、抗，即太極拳法中規定的主要禁忌。

　　此外，太極拳經指出：「偏沉則隨，雙重則滯。」又說：「每見數年純功，不能運化者，率皆自為人制，雙重之病未悟耳。」這裡又提出太極推手中另一個必須注意的基本問題：偏沉和雙重。

1.基本手法

　　太極拳也稱十三勢，因為它掌運八方，即掤、捋、

搭手，掤勁

擠、按、採、挒、肘、靠；足行五步，即進、退、顧、盼、定。

十三勢也就是太極拳術在擊技中的基本方法。其中前進、後退、左顧、右盼和中定是步法，步隨身換，步法要與身法協調一致，靈活穩重。而手法也稱為推手八法，具體如下。

(1) 掤：

在太極拳法中，將向上向外之力稱為掤。雙方搭手，對方進身做攻勢，以手前進；我則逆敵方向，承其勁力而含有向上向外的勁力，使對方的勁力既不能達到我的胸部，又不能隨其意而下降，即所謂掤勁。

掤勁在太極拳法中極為重要，無論前進後退，左旋右轉，掤勁都不可失。

這裡應注意之處有三：

第一，掤勁是沾住對方，而不是與之相對抗；

第二，掤勁要保持自己臂肘有一定的弧度，而不使自己的小臂靠近胸腹；

第三，掤勁要貫徹敵進我退的原則，而此處的進退都是腰腿的運動。

這樣，使對方直來的勁力成為我動作弧線上的切線，如果對方繼續加力，其勁力將失去著力點，影響身體平衡的穩定，並將受到我的支配。

(2) 捋：

在太極拳法中，將向旁側的橫力稱為捋。對方向我進攻時，我沾住其腕肘，順其前進之勢而領向身體左側或右側，即在對方勁力之上再略加向旁側的小力，使對方身體受到更大的旁側方向的合力。

左捋右擠

捋勁的關鍵有三：

首先，要順對方的勁力而動，略微改變其方向；

其次，要轉腰坐胯，含胸拔背而不得僵滯；

最後，須連著對方腕肘，並防止對方借捋勁而肩擊胯打。

這樣，只要將自己先安排好，對敵人的勁力採取順應而施力的原則，就能使對方失去平衡，陷於被動。

(3) 擠：

擠是壓迫，有向外之意。在太極拳法中，將擠住對方，使其失去運化的外推之力稱為擠，即以手、臂、肩、背黏住對方身體，從而向前推擲。

擠

擠勁是進攻，其目的在於排擠對方失去平衡而離開原來的位置。因此，在擠法中，手臂要用力，而更重要的勁力卻要來自腰腿，腳趾抓地，

右擠左按

前腿弓，後腿蹬，腰部發力，直向對方重心，威力很大。

(4) 按：

將勁力向下稱為按。在太極拳法中，用手下按，以抑制對方前進的攻擊。

其實，按勁表現的形式是以手向下，但是仍要貫以全身的勁力。這樣就必須沉肩墜肘、鬆腰坐胯而氣往下沉。

如果同時含有向自身方向牽引的趨向，則按勁可使對方足跟離地；同時向一側牽引，則可使對方身體傾斜。所有這些都為向前發放創造條件。

(5) 採：

在太極拳法中，將採制敵人的勁力稱為採。按照一般的理解，採勁應是一鬆即緊，或一落即拔，先沉後提，或先順後逆，和採花摘葉的勁力相同。

雙方手肘相持，或腕腕相接時，下沉使對方反抗而上托，我則順勢提帶使其足跟離地，就是採勁的應用。

此勁力的先決條件是對方要有上托的勁力，否則即不能採制。

採

(6) 捯：

在太極拳法中，將轉移敵方勁力還制其身稱為捯。

應用捯手時，既要承受又要轉移對方的勁力。前者是從人，後者是由己。從人需要順遂，要順應對方勁力的方向；由己應改變其方向，使動作呈弧線形式。彎弓射虎的螺旋勁，就是典型的捯手。

捯

對方向我進擊，無論是單手或雙手，我都可以用捯勁化制，但必須使動作與身體協調一致。此外，在太極拳法中，也將撲面掌稱為捯手，在四隅推手中用作換手的方法。

(7) 肘：

在太極拳法中，以肘擊人稱為肘。肘是臂中間彎隨處的骨尖，擊人十分銳利，而且容易擊中肋部或其他關鍵部位，使人受傷。因此，在應用中要慎重。

太極拳術中，肘法極多，應用也極為靈活多變。

拳套中，攬雀尾、單鞭、雲手、野馬分鬃、肘底看捶等都含有肘法。用肘尖沉帶對方，形成牽引的勁力，也是肘法。

肘

靠

(8) 靠：

在太極拳法中，用肩背胯的外側擊人稱為靠。本來靠的意思是倚靠，或依附，此處肩擊胯打，必須是雙方身體貼近時才能施用，也稱為靠。

但是，用靠法必須慎重，如果不是在得機得勢時而輕用靠法擊人，則往往容易受到對方的轉化，反遭受更嚴重的打擊，因為應用靠勁將使自己身體的重心偏移過去，以致一擊不中，自己反而失去平衡。

古典拳論有「十八在訣」，扼要地點出應用太極十三勢的關鍵，值得在學習和運用時注意：

掤在兩臂，捋在掌中，擠在手背，按在腰攻，採在十指，挒在兩肱，肘在屈使，靠在肩胸，進在雲手，退在轉肱，顧在三前（眼前、手前、腳前），盼在七星（肩、肘、膝、胯、頭、手、足），空在有隙，中在得橫，滯在雙重，通在單輕，虛在當守，實在必衝。

作為「十八在訣」的解釋，有「十三字行功訣」，從另一個角度論述太極十三勢的應用：

掤手兩臂要圓撐，動靜虛實任意攻。

搭手捋開擠掌使，敵欲還招勢難逞。

按手用招似傾倒，二把採住不放鬆。

來勢凶猛挒手用，肘靠隨時任意行。

進退反側應機走，何怕敵人藝業精。

遇敵上前迫近打，顧住三前盼七星。

敵人逼近來打我，閃開正中空橫中。

太極十三字中法，精意揣摩妙更生。

「八字歌」對於掤、捋、擠、按、採、挒、肘、靠給予了高度的評價，而太極推手更以這八種手法作為基本訓練的內容，要求反覆訓練，靈活自如，一動無有不動。

進一步分析這八種手法可以看出，前四種基本上是直來橫去和橫來直去，制掤用捋，克捋用擠，破擠用按，化按用掤，而破擠也可以用捋；後四種基本上是斜角動作，是在步法變換中，用肘克靠，用採制肘，用挒化採，用靠破挒，步隨身換，腕隨掌轉，步法手法與身法變化協調一致，全身一動無有不動。

2.基本原則

應用掤、捋、擠、按、採、挒、肘、靠進行打手時，太極拳法要求遵守的基本原則是：沾黏連隨，或捨己從人。「八字歌」認為，沾黏連隨是獲得「輕靈並堅硬」的基礎，「得其環中不支離」。「不支離」的意思是完整、不破碎；「環中」的意思是核心和關鍵。

這句話指出，如果在打手中能夠做到沾黏連隨，因人所動，隨曲就伸，不丟不頂，就是掌握了太極拳法的核心，也就可以獲得擊技運動的勝利基礎。捨己從人是要求自己根據客觀情況而變化，因勢利導，而不要用自己的主觀想像去迫人就範。否則，「由己則滯，從人則活」。但是，要想能夠捨己從人，必須要善於沾黏連隨，而不能有頂扁丟抗的現象出現。因此，在太極拳法中，對待敵人的任何動作都要符合沾黏連隨的基本原則，而導致失敗的原

因產生於頂扁丟抗，即停頓和僵滯。

關於沾黏連隨，前人曾經做過這樣的闡釋：

沾者，提上拔高之謂也。黏者，留意纏綣之謂也。連者，捨己無離之謂也。隨者，彼走此應之謂也。要知人之知覺運動，非明沾黏連隨不可。斯沾黏連隨之功夫，亦甚細矣。

關於頂扁丟抗，前人曾做過這樣的闡釋：

頂者，出頭之謂也。扁者，不及之謂也。丟者，離開之謂也。抗者，太過之謂也。要知於四字之病，不但沾黏連隨斷，不明知覺運動也。初學時，對手不可不知也。更不可不去此病，所難者，沾黏連隨，而不許頂扁丟抗，是所不易矣。

在沾黏連隨的原則下，盡量避免頂扁丟抗，是太極拳法的基本要求，也是對敵打手時處理各種動作的基本原則，所以，也稱為「對待無病」：

頂扁丟抗，失於對待也。所以為之病者，既失沾黏連隨，何以獲知覺運動？既不知己，焉能知人？所謂對待者，不以頂扁丟抗相對於人也。能如是，不但無對待之病，知覺運動自然得矣，可以進於懂勁之功矣。

這樣，從正反兩方面，反覆地說明沾黏連隨的重要性，並指出這是和太極拳術的高級階段——懂勁相聯繫的。

太極打手是對立雙方的鬥爭。獲得鬥爭勝利的基本關鍵在於瞭解敵我雙方的情況，即所謂「知己知彼，百戰不殆」。

「知己」須在走架中打下八面支撐與八面轉換的牢固

基礎，而在打手中能根據對方情況的變化，及時調整自己的平衡，使自己立於不敗之地。

「知彼」是在打手中自始至終貫徹調查研究精神，偵察瞭解對方的動作虛實，判斷其動向意圖，並採取相應的對待措施，破壞其平衡。這樣，對於對方，則應儘可能不暴露自己的情況，「人不知我」，所以要求虛靈圓活、含蓄多變；而自己卻要儘可能地瞭解對方的情況，「我獨知人」，所以要求隨曲就伸，靜輕銳敏。歸結起來，打手和走架一樣，必須用意和貫串。

太極打手是訓練身體敏感知覺的平衡運動，要求隨時都能預測敵機，且根據偵察所得的虛實情況，對自己做出恰如其分的安排，對於對方採取有效的具體措施。礎潤而知雨，因微而知著。雙方打手中的任何微小動作，都是對方攻守的朕兆，必須細心體察，並做出正確的反應。

偵察就必須與對方有所接觸，否則必不能瞭解到真實的情況。「不入虎穴，焉得虎子。」大體瞭解或估計都不足以作為依據，特別是在鬥爭中，誰都知道應該採用虛虛實實的鬥爭藝術。但是，儘管強調偵察，又只能是微沾對方皮膚的接觸，以瞭解對方的動態規律，而不能全力以赴，將自己完全暴露給敵人。

因此，必須用「沾」，而不允許用力過大出頭，發生頂撞，拒敵人於國門之外；也不允許用力過小，凹扁失去掤勁，向敵人敞開門戶，給自己造成被動。因此，沾著對方，就是開始對其動態的偵察與瞭解，亦即開始聽勁。此項要求應該貫徹於打手的始終，盡量掌握全過程，不是一部分，更不是淺嘗輒止。

在用沾的同時，還要如膠一樣黏住對方，不即不離，防止任何突然襲擊，即所謂的「**黏**」。

對待對方的動作，要能捨己從人。捨己是不以自己為中心，不憑主觀願望或設想去辦事。從人是因人所動，隨曲就伸。只有將自己安排妥帖，在八面支撐與八面轉換中，悉心體會對方的情況，才能摸清其運動規律，發現其動作的意圖，即所謂的「**連**」。

如果能掌握對方的運動規律，清楚地判斷其意圖，則對方任何破壞我平衡的動作，我都能及時地調整，並採取正確的對待措施，即所謂的「**隨**」。

沾黏連隨都不能「丟」，也不能「抗」。

「**丟**」是離開對方，失去接觸，也就不能確切地瞭解對方的動向與意圖，從而有受到對方意外打擊的可能性，自己的動作也失去針對性，變成妄動。

「**抗**」是嚴重的頂撞，根本不去瞭解客觀情況，不知對方虛實變化，就企圖用大力頂抗拒敵，實際上具有蠻幹的性質。

在太極拳術中，運用掤、捋、擠、按、採、挒、肘、靠作為攻防的基本措施，而要求貫徹沾黏連隨的基本原則，反對頂扁丟抗。

其實，**掤就是沾**。這兩個術語在要求上和用法上是完全相同的。太極打手時，處處要有掤勁，隨時要用意沾著對方。受力而失去掤勁，必將不能掤圓而失去弧度，即受人剛勁而壓扁，過柔而受制於人，失去沾字。若用沾以制人，而不為人所制，必須因人所動，不使有絲毫間斷，進而，用黏以隨人，化卻對方勁力，使其失去控制能力。因

此，沾黏連隨就是「用意」和「貫串」的具體應用。

這種情況，有時也稱為沾走，或黏走。沾（黏）以隨人，自己不能失去運化，否則即是雙重而滯；走以化力，又不能失去沾黏之勁，否則必病於偏沉而隨。

古典拳論指出：「人剛我柔謂之走，我順人背謂之黏。」正是以柔化克剛勁。所以，黏走必須相生，黏即是走，走即是黏，制即是化，化即是制。在這兩者之間不得有任何停頓，任何間斷。

因此，在沾黏連隨中也必須貫徹「用意」的原則，用意於貫串，用意去瞭解對方。對方有力，我亦有力，我力不與對方之力相頂撞；對方無力，我亦無力，集中精神，跟隨對方變化，細心體察其虛實。不用意而用力，則必僵滯而失去敏感，喪失沾黏連隨的原則。只有用意於沾黏連隨，才能貫串一氣，連綿不斷，因人所動，隨曲就伸，不丟不頂。這也就是太極拳術中的懂勁階段。

3.輕重浮沉

太極拳擊技從某種意義上來說，就是保持自己的平衡而破壞對方平衡的拳術運動。因此，在打手過程中，對平衡極為重視。影響平衡的因素，從自己主觀方面來看，主要是勁力分配的輕重和呼吸鼓盪的浮沉。

「太極輕重浮沉解」將勁力輕重以上下肢的左右相比較，分為雙、半、偏三種情況；將呼吸對丹田吐納的深淺，也分為雙、半、偏三種情況，並說明如下。

雙重為病，失於填實，與沉不同也。雙沉不為病，自爾騰虛，與重不同也。雙浮為病，只如飄渺，與輕不例

也。雙輕不為病，天然輕靈，與浮不等也。半輕半重不為病，偏輕偏重為病。半者，半有著落也，所以不為病。偏者，偏無著落也，所以為病。偏無著落，不失方圓。半有著落，豈出方圓。半浮半沉為病，失於不及也。偏浮偏沉，失於太過也。半重偏重，滯而不正也。半輕偏輕，靈而不圓也。半沉偏沉，虛而不正也。半浮偏浮，茫而不圓也。夫雙輕不近於浮，則為輕靈。雙沉不近於重，則為離虛。故曰上手輕重，半有著落，則為平手。除此三者之外，皆為病手。蓋內之虛靈不昧，能至於如氣之清明，流行乎肢體也。若不窮研輕重浮沉之手，徒勞掘井不及井之嘆耳。然有方圓四正之手，表裡粗精無不到，已極大成，又何云四隅出方圓矣。所謂方而圓，圓而方，超乎群外，得其環中之上手也。

這裡將輕重浮沉分為十二種情況。其中關於輕重的有六種，即全輕、偏輕、半輕、半重、偏重、全重。雙重指的是兩手使用了全部勁力，兩腳又平均支撐全身重量，從而，只有實沒有虛，不能做任何轉換變化；偏輕偏重，左右相差較大，自身難於平衡；半輕半重，既未使用全部勁力，左右距離又較接近，有利於平衡，也有利於變化；半重偏輕和半輕偏重，雖然只是程度上的差別，但左右均有，或輕或重，不利於八面支撐；半輕偏輕可以達到靈活，但過柔而失圓；半重偏重失去靈變而又出頭；單重和單輕是相同的，左右相差懸殊，自身容易失去平衡；雙輕是用意不用力，自然表現輕靈。

同樣，對於浮沉也可以做類似的劃分，只不過浮沉指的是氣，呼吸要求深緩細長，氣沉丹田。

「**輕重浮沉解**」在指出認真研究、仔細體會輕重浮沉的重要性的同時，更明確指出，在這四個字中，任何一種浮都不好；沉較重好，但仍利少而弊多；只有輕才利弊相當。但是，由於輕重浮沉是相互矛盾的，必須做辯證的處理，所以，要求雙輕而不近於浮，雙沉而不近於重，或者半輕半重，而極力避免雙重。因此，太極拳的走架和打手，都必須用意不用力，氣沉丹田而不上浮；虛靈頂勁以取得周身輕靈，身法中正，腰襠開合而不偏不倚，八面支撐，八面轉換。

所謂輕重浮沉，就是柔剛、虛實，也是開合或陰陽。勁力和重量集中為剛、為實、為陽；否則為柔、為虛、為陰。全身重量集中於一腿，則此腿為重、為實，而另一腿為輕、為虛；勁力用於一手為重、為開，另一手為輕、為合。呼為沉為開，吸為浮為合。用陽剛以擊人謂之開，用陰柔以自守謂之合。

在太極拳法中，這一系列的名詞，都是相互對立而相互依存，相互聯繫又相互制約的。對待這些矛盾的雙方，不能採取任何極端的做法，而必須做辯證的處理，即「陰不離陽，陽不離陰，陰陽相濟」；虛中有實，實中有虛，虛實結合；剛中有柔，柔中有剛，剛柔相濟。

古典拳論中有「陰陽訣」：

太極陰陽少人修，吞吐開合問剛柔。

正隅收放任君走，動靜變化何須愁。

生剋二法隨招用，閃進全在動中求。

輕重虛實怎的是，重裡現輕勿稍留。

同時還有「虛實訣」：

虛虛實實神會中，虛實實虛手行功。

練拳不諳虛實理，枉費功夫終無成。

虛守實發掌中竅，中實不發藝難精。

虛實自有實虛在，實實虛虛攻不空。

強調了陰陽、虛實的重要，並根據實踐經驗闡述陰陽、虛實的應用及其關鍵。

單重和雙重是勁力分配的兩個極端。前者大虛大實，陰陽相乖離，易成偏隨，不利於平衡；後者有實無虛，有陽無陰，外貌是平衡，實際上不能運化，最易破壞平衡。因此，按虛實、陰陽來理解輕重，則有陽無陰和有陰無陽都不好；一陰九陽失之過剛，一陽九陰失之過柔；二陰八陽、三陰七陽和二陽八陰、三陽七陰都是陰陽偏盛偏衰、偏柔或偏剛而失於協調；四陰六陽和四陽六陰則近於平，可以應付突然變動做相應的轉換變化；五陰五陽是陰陽相間，虛實兼備，說有則有，說無即無，柔中寓剛，十分虛靈，又極為沉重，從而被認為是太極拳術的最高境界。

由此可見，在太極拳行動走架時，要從大虛大實開始，經過多陽少陰或多陰少陽，逐漸往虛實結合、陰陽相濟過渡，為自己奠定良好的基礎；在太極打手中，則必須「謹察陰陽所在而調之，以平為期」，透過調節虛實、運化剛柔，在實踐中逐步達到「陰不離陽，陽不離陰，陰陽相濟，方為懂勁」。

呼吸在太極拳術中，一向受到很大的重視。但呼吸必須與動作緊密結合，在意念中達到「吸為合為蓄，呼為開為發」的要求。這樣，浮沉也是上述陰陽、虛實的組成部分。因此，可以將人體想像成為一個氣球，表裡內外渾然

一體，在意識的統率下，呼吸鼓盪，動作開合，虛實變換，自然貫串。

這裡還有「聽勁」的問題，即「謹察陰陽所在」的問題。這是太極拳術在擊技中的基本問題。必須要求思想中對於陰陽有明確的概念，神經控制系統對於虛實有高度的敏感。因此，無論是走架，還是打手，都必須先有意動，才有身動手動，在動作中配合呼吸；以意將氣下沉送入丹田，斂入脊骨，氣遍身軀，無微不至。從而，前進不凸，後退不凹，左重則左虛，右重則右杳，沾黏連隨，變化萬端，有如氣球。

正確地處理好輕重浮沉的關係，刻刻用意，時時動腦，先懂自己的勁力，再能預測對方的勁力，日久功深，氣斂勁整，無意皆意，不法皆法，則可獲得太極拳術的高度造詣。

(二)四正推手

在太極拳法中，用四正推手進行掤、捋、擠、按的訓練和應用。

四正推手可以是定步推手，也可以是活步推手（進三退二或進三退三），但通常指的是定步四正推手，要求步伐不動而手法做掤、

定步四
正推手

捋、擠、按的往復變化，並要求切實貫徹沾黏連隨的原則。定步四正推手是擊技中攻守最普遍應用的技藝，也是訓練敏感、學習用招發勁最為有效的途徑，因此，也是流行最廣泛的。

1.搭手

做四正推手時，二人首先對面站立，相距約兩步。此時，必須內固精神，外示安逸，心靈意靜，思想集中，身體中正安舒，呼吸鼓盪，深細勻長，氣勢收斂含蓄。然後，二人各進一步，兩足內側相對，足間相距約 10 公分。面部隨身體略向側轉。

所進之步，可為左腳，也可為右腳；一般多習慣於用右腳上步，但並非全部如此，應按「彼不動，己不動，彼微動，己先動」的原則，及時相應地上步。同時伸出一手與對方之手相搭，也稱搭手或接手。

搭手時，腕背相接觸而取沾字，臂略屈作弧形而含有掤勁。另一手以手心沾接對方的肘尖，全身重量落於兩腿之間。此時，進右步出右手，或進左步出左手，稱為順步搭手；而進右步出左手，或進左步出右手，稱為拗步搭手。

為了說明的方便，設推手雙方，一方為甲，另一方為乙，而雙方都進右步而採取順步搭手。

2.掤勁

甲乙搭手後，手肘相沾接，各含掤勁。掤手勁力向外，而意欲黏回。因此，非抗非扁，最忌僵滯。僵是不知自己的運動，滯是不知對方的虛實。抗是以力御人，用力過大則失去敏感，是滯的根源；扁是力柔為人所進，手臂不能保持弧度而貼近胸前，不利於運化，是僵的條件。

與此相對，掤手應如膠著，又能靈活轉動，在沾的基礎上取黏字，同時又寓意於走。走是化除對方的勁力，所

以，臂要順應敵勢而滾動，有如滑軸；腰要進退旋轉，有如車軸。

3.捋勁

甲因乙進，在捋勁中順其勢而翻滾右腕，以手指沾取乙腕，左掌心黏著乙肘，同時屈後腿，收胯轉腰，即成捋式。乙受甲捋而不知運化，在沾黏之中不瞭解甲的勁力，則勢必向一側傾倒。乙必須應用擠或靠以對。

4.擠勁

乙順甲的捋勁，屈右腿，前移重心，同時左手棄去甲之肘尖，而用手掌附於右臂內側，以右小臂平擠甲之胸部，乘勢成為擠勢。乙由掤變擠，卸卻甲的捋勁，並轉入進攻。甲如不能因勢利導，則必將被乙擠出。

對此，應採用按式。

5.按勁

甲感受乙之擠勁時，立即屈右臂，含胸坐胯轉腰，並用兩手向下向左按乙之右臂，使其擠勁落空。於是，甲化擠為按。乙如不能再用掤勁承接甲之按勁，則腳跟將離地，或身體向左側傾斜而受到發放。

6.換手

甲對乙的擠式，不採用按勁，而順乙勢用左手領其左手，右手做捋式，乙則順勢變為擠，而甲則又應化擠為按。此時，乙左臂由左下方繞出，撫於甲的右肘，而捋甲

右臂。甲受挒即化為按。這樣，雙方完成換手動作。

總之，從搭手開始，甲乙雙方用掤、挒、擠、按進行一個方向的定步四正推手，其形式如圓環無端，所以，也稱打輪。打輪時，你來我往，循環往復，沾黏連隨，不丟不頂。採用換手之後，又進行另一個方向的輪轉。這樣，順逆兩個方向的動作，都必須熟練自如，輕靈活潑，不凸不凹。

打輪所劃的圓環，可大可小，可正可斜，如正圓、扁圓、橫圓、豎圓、立圓、平圓、斜圓，以及形式上為直線而又有圓環味道的動作，輕重快慢趣味異常豐富。

關於打輪的訓練，開始時，頭腦中必須對掤、挒、擠、按有明確的概念，甚至要求在每一次循環之中，自己都能將動作的這四個字讀出。

這樣，隨著手的進退、臂的滾捲、胸背的含拔、腰襠的扣合擰轉、腿膝的弓蹬以及腳趾的鬆緊，使呼吸浮沉緊密配合，在用意和貫串的原則要求下，逐漸就能做到順遂和靈動，日久功深，自能上肢輕靈活潑，下肢不僵不滯，腹部含吐沉實，立如平準，活似車輪；在捨己從人、黏走相生的原則中，遇勁即化，化即能打。

但是，在任何情況下，推手打輪都必須保持頂勁，虛領上頂，鬆活正直，不偏不倚；又必須目光神威，注視對方雙眼，以瞭解其動作虛實，預測敵機。在心靜神聚的原則要求下，處處聽勁，貫注精神；時時寓意於變化，腰腿靈活，肩胛鬆輕。

變化中，手法要變，身法也要變，而腰襠更要變；變

得不夠不行，變得過分也無必要，必須全身完整，恰如其分。任何變化都要因人而動，順其勢而變。無論如何要極力避免輕舉妄動，將自己的主觀願望強加於人。「由己則滯，從人則活。」

掤、捋、擠、按本身包含著強烈的擊技性質，而且其變化多種多樣。打手雙方運用這四種勁力做出各種圓直動作，其原則基本上是直來橫去和橫來直去，以進行黏走。

統觀打手的全過程，又可歸結為瞭解敵情和因勢利導兩點。因勢利導的基礎是充分地瞭解對方的動態和規律，從而能預測敵機；瞭解敵情的目的則是用因勢利導去奪取勝利。

不根據對方動作的虛實快慢去做相應的處理，不按照對方運動的規律而採取相應的措施，就會像盲人騎瞎馬、夜半臨深淵一樣危險，隨時都有喪失主動性的可能。

因此，在推手中，搭手的開始就必須是聽勁的開始，要將精神貫注於對方施力處，努力瞭解其勁力的虛實：「秤彼勁之大小，分釐不錯；權彼來之長短，毫髮無差」，進而分析判斷，做出相應的安排，以保持自己的平衡，破壞對方的平衡，這是黏走，也是因勢利導。

太極拳法所追求的目標是以小制大，以弱勝強，反對以大壓小，以強凌弱。因此，太極拳術要求柔中寓剛，綿裡藏針，採取「仰之則彌高，俯之則彌深；進之則愈長，退之則愈促」的方法，即因勢利導的原則，以獲取「四兩撥千斤」的效果。

根據對方的變化情勢，順其動向而略微施力，使對方受到自己勁力的作用，破壞其平衡。所以，因勢利導也就

是「力從人借」，也就是「懂勁」。

太極推手和太極拳式之間有著緊密的聯繫。此處四正推手在拳架中，集中表現於攬雀尾式，因為它包含了掤、捋、擠、按四手的變化，與上述推手是相通的。但是，推手並不是只和拳架有這樣一點關係，前一章中詳細論述的三十七個基本拳式，以及太極起勢與合太極，都能在四正推手中表現出來。

因此，在走架時，要設想與人打手，使拳式有技擊對象；在推手時，要聯想基本拳式，使推手符合基本拳式的要求。這樣，從走架到推手，又從推手到走架，反覆實踐，反覆體會，是提高太極拳術水準的捷徑。

定步四正推手認為腳步的移動是失利的標誌。由於將擊技看成一種體育運動，雖然它具有雙方鬥爭的形式，並有勝負之分，但這種鬥爭和政治概念中的敵我矛盾是有原則區別的，必須強調「友誼第一，比賽第二」，把增進友誼、提高技藝放在首位，而不去過分地看重勝負，爭得失之短長。

這樣，定步推手的友誼比賽，就反對上步進攻和退步防守的做法，尤其要反對動手傷人的惡劣行為。

在定步推手中，上步進攻是欺人，退步防守是失信，不僅違反友誼比賽的規定，即使僥倖取勝，也毫無光彩可言；而且對於技藝水準的提高也沒有任何幫助，因為黏走相生，化為制因，制為化果，才是定步四正推手訓練的基本內容。

(三)四隅推手

常見的活步推手有兩種。

一種在步法上可以是進三退二或進三退三，而手法仍是掤、捋、擠、按四種；這就是活步四正推手，即在前節的基礎上加上步法的進退變化；它在拳架中的表現為提手上勢、倒攆猴和如封似閉等。

一種則是四隅推手，通過採、挒、肘、靠的練習和應用，達到變換步法進行擊技的目的，如拳架中的上步或卸步搬攔捶的基本動作。

四隅推手在方位中是向四個隅角變化的，它在形式上有如大幅度的捋手，因此，通稱為大捋。由於這種推手最初見於楊派太極拳的傳授中，所以，也稱為楊氏大捋。

1.搭手

四隅推手的開始和準備，也是在搭手中完成的。搭手要求甲乙雙方各含掤勁，與四正推手相同。

2.靠勁

搭手後，甲翻右腕沾握乙腕，同時收回前足，對乙做捋式；乙黏隨甲動，後腳跟進與右足靠攏。甲順勢向右後轉，並撤右足，繼續用捋。乙受大捋的勁力而順勢進左步，一經踏實，即將右足插入甲襠間，並以右肩向甲胸靠去，稱為靠勁。

在此過程中，甲退兩步，而乙連進三步；乙化去甲之大捋動作，而用肩胛的靠勁擊甲。甲如不得運化，勢必被

擊出。當然，乙如不能迅速移動步伐，連進三步，化卻甲的捋勁，則必將受到嚴重打擊。

3.肘勁

甲受乙靠，應順勢用左小臂向外滾捲，稱為肘勁。肘勁使乙的肩靠失去著力點，甲身體再略向右轉，即可破除乙的靠勁，隨即含胸收胯，並向左轉腰，重心移向右腿，左足進步於乙之襠內，雙手變為按勢。

甲用肘勁旋轉小臂，使乙的靠勁失去支持，乙如不能鬆活，勢必身體騰虛，腳跟離地而受到發放。甲先右後左轉動身腰，即是發放動作，要求在有節奏的旋擰之中，表現出自然俐落。

4.採勁

對於甲的按勁，乙須用掤勁承接轉化。左掌以手背接甲左手，右手沾接甲之左肘，收回右腳，身體向左變為捋式，同時順勢向左後轉。在此過程中，乙走左肘，翻左腕沾握甲腕，稱為採，即順甲勢而往身體左後方向引甲，右手撫於甲肘，造成猛烈的進攻。

對此，甲又必須再順勢進兩步，化去乙的捋採，而用肩做靠擊。這樣循環往復，進三退二，完成大捋運動。

5.挒勁

在以上動作中，乙左手對甲做採時，如右手對甲做截擊，即乙右手棄去甲肘而順勢向甲面部用掌作斜擊，則稱為挒手，或撲面掌。撲面掌具有擊技作用，也是大捋的換

手方法。

如在四隅推手中，甲受乙靠，甲用小臂肘勁化乙靠勁時，又用右手做撲面掌擊乙，而乙則上舉右臂用掤勁沾取甲右腕，用左手沾接甲右肘，同時回收前足做捋式，則甲乙的左右手得到更換，攻守形勢也相應變化，甲得進三步，乙連退兩步，再做四隅推手。

四隅推手集中訓練採、挒、肘、靠，同時也對步法的變換和身法的靈動做相應訓練。在步伐變動之中進行技擊，其變化和猛烈的程度都遠甚於四正推手。採、挒、肘、靠和掤、捋、擠、按一樣，既是黏走，又是制化。因此，大捋的技擊原則，仍和四正推手一樣，必須透過沾黏連隨，捨己從人，以獲得因勢利導，奪取勝利。

由於四隅推手有嚴格的步法變化，所以其勝負的分界雖然也在於平衡的保持與破壞，但往往表現為擊出或擊倒。又由於其技擊程度的強烈，所以，它對於身體的靈動、感覺的銳敏，就比四正推手要求更高，對於聽勁和懂勁的要求也更細緻、更精確。

(四)圓形推手

圓形推手之抬膝

我們在學習太極拳術活步推手的過程中，曾經得到圓形推手的傳授。這種推手不僅要求手法和身法做圓形運動，而且步法也要求沿圓形跡線移動。從而，圓形推手在難度上、變化上都更高，也更接近於實戰的應用。

圓形推手的準備和開始，與四正四隅推手完全相同，但雙方一經搭手，立即展開猛烈的進攻，手腳一起動作。

甲乙雙方進步搭手，各含掤勁。在相互沾接時，甲即翻轉右手沾握敵腕，左手扶於敵肘做捋手，同時抬右膝攻敵襠腹。此時，乙如原地不動而用擠、按、靠中任何一種手法破捋，都將因腹部受攻擊而有困難。因此，乙必須立即抬膝護住襠腹，再做擠手。

甲因單足立地，受擠即有失去平衡的危險，所以，右腳前伸，向前方跨出一大步，含胸拔背，轉腰收胯，並用按克擠。

乙受按勁，在單足直立的情況下，也勢必傾倒；所以，右腳立即向左前方跨出一大步，再用右手做掤勁化按；用左手扶於對方肘部，防止肘擊。此時，甲須立即使左腳沿弧線繞過右腳，而面向乙；乙也必須轉腰上後腳，並迅速繞過前腳落地，以與甲相對。

雙方穩定後，立即又抬右腿攻襠腹，並用捋克掤。如此循環，手做掤捋擠按，腳循圓形跡線運轉，時刻寓意於

沾黏連隨，不丟不頂，完成順時針的圓形推手動作。如果用按制捋，則可換手做逆時針的圓形推手動作。

圓形推手，其手法在形態上是掤捋擠按，但攻守方位卻不是四正，因為步法沿圓線變化，要求腳扣腰擰，使身體做大幅度的轉動。這樣，在手法上出現四隅的攻守方位，使運動的激烈程度得到極大的加強。

圓形推手之沿弧線落腳

　　這種推手環環相扣，圓直變化，勁力矯健，氣勢雄道，只要稍事演習，就會發現它和四正四隅推手的風格迥然不同。圓形推手在身法、手法和步法上是靈活多變的，前進為擠，後退為挒，膝頂腳踢，肘打肩靠，腰擰身旋，必須有輕靈而牢固的底盤，柔韌而鬆活的身手，在思想集中、意念沉靜的統率下，使聽勁銳敏，反應迅速，全身完整協調。否則，就不能雙手打輪、雙腳轉圓而裕如地應付變化。

　　關於活步推手，在太極拳老譜中曾有這樣的論述：

　　　　退圈容易進圈難，不離腰腿後與前。

　　　　所難中土不離位，退易進難仔細研。

　　　　此為動功未站定，使身進退並比肩。

　　　　能如水磨催急緩，雲龍風光相周旋。

　　　　要用天盤從此窺，久而久之出自然。

　　這對於大挒和圓形推手的練習都是帶有指導意義的。

(五)關於打手

　　太極推手，無論是定步推手，還是活步推手，在你來我往

太極拳發放

太極拳散手

的運動中，都對身體的肌肉和精神有良好的鍛鍊效果。冬天清晨，在凜冽的寒冷空氣中打輪，不用太長的時間，就可以腰肢鬆活，精神煥發，沾濡汗出，手腳發暖。同時，推手還可以聽勁、發勁，纖巧靈動，趣味豐富，引人入勝。

對於擊技，太極拳術和其他拳術一樣，都包含有擊法、拿法和發人法。

擊法就是用剛勁之力以擊人的方法。太極拳術並不是不注意擊法，而是很講求擊法，但它的擊法與其他拳術不盡相同，別具一格。

太極拳架中，用捶進擊的只有五處，即太極五捶：搬攔捶、肘底捶、撇身捶、栽捶和指襠捶。它們的共同特點是：所用之拳都隱於掌後肘底；所擊之處或肋，或襠，或腰胯，都是重要的部位。

用拳擊人的方法可以有許多種，但在太極拳中只有此五捶的意思是說，經過提煉和總結，認為只有這五捶是行之有效，而又符合太極拳法要求的。它們的用法，或在變換身形，或是攔架敵拳，都能於被動之中爭取主動，不擊則已，一擊必中，中則必倒。

此外，太極拳架中，分腳是點踢，蹬腳是蹬踢，也屬於擊法。它們的共同特點又都是隱於掌下。這是由於拳打肩歪，腳踢膊斜，都不利於自己身體的平衡，因此，不在對方失去沾黏連隨時，不在自己手掌的護持之下，應用擊法就容易受到對方先化後打的反擊。

拿法是擒拿對方身體的一部分，而使其失去抗禦的能力，或分散其注意力的方法。太極拳術中拿法很多，懷抱琵琶、海底針、玉女穿梭、倒攆猴等都是拿法。有拳架中以這些拿法作為基礎，再由推手實踐，融會貫通，靈活運用，可以使拿法達到極為廣泛的多樣化，隨便什麼情況下都能擒拿對方。

例如，懷抱琵琶，在拳式中指的是，對方以拳掌進擊

我胸腹時，我用右手握住其手腕並作旋擰，用左手扶住其肘部以為支持，於是，擒拿住對方小臂，使其肘腕關節必須支撐其全身重量。

但是，在熟練之後，只要對方向前施力於我身體上，我先緩其前進之力並扶其肘部而略加旋擰，即使單手也能完成這個拿法。

應該指出，任何拿法都有解法。過於追求拿法，往往弄巧成拙，反遭擒拿，或喪失平衡。因為對待拿法的基本問題是鬆柔，而不是剛勁；是順其勢，而不是逆其鋒。

前述的懷抱琵琶擒拿對方的臂肘，對方只要放鬆肩胛關節，並順其勢而使臂前伸，則能破壞平衡穩定，克制擒拿。這樣，不要講對待功深基厚的拳術家，就是一般的掌握太極拳法、身體靈敏而能鬆柔的人，拿法也未必能奏效。因此，拳術家所謂「好拿不如癩打」就指出拿法本身的這種缺點。

擊技中最重要的技藝是發法，即將對方擲發出去，或使其重心偏離體外，失去平衡而跌倒。太極拳架中，處處講求的是發人之法。提手上勢、如封似閉、玉女穿梭、攬雀尾等都是發法的基本訓練，而高探馬、倒攆猴以及其他許多拳式都是拿中有發的基本方法。

推手中，掤、捋、擠、按、採、挒、肘、靠則是發法的基本手法。為了提高太極拳的擊技水準，必須在發法上下深刻功夫。

「八字歌」對於掤、捋、擠、按、採、挒、肘、靠做出高度評價，主要也是從發人之法的角度出發的，同時還指出，發法的關鍵在於沾黏連隨，捨己從人。

太極拳「打手歌」：

　　掤捋擠按須認真，上下相隨人難進。

　　任他巨力來打我，牽動四兩撥千斤。

　　引進落空合即出，沾連黏隨不丟頂。

明確地指出太極打手獲致發人之法的原則和途徑。推手打輪時，認真完成掤、捋、擠、按，是為發人的技術奠定基礎，也為自己化勁的順遂打下根底，所以，在任何一次循環往復之中，都要求將掤、捋、擠、按四個字打出來，即在思想意識中對這四種手法有明確的概念和嚴格的劃分，儘管其形態表現為這樣或那樣的圓弧動作。

掤、捋、擠、按都是全身運動，其關鍵在腰；必須精神貫注，呼吸通靈，上下相隨，腰襠開合，虛實轉換，周身完整一氣。如果不能協調一致，則必有停頓或空檔，即有失機失勢的可能性存在。由此也可見打手中「用意」和「貫串」的重要。

太極拳法努力於四兩撥千斤，以弱勝強，以小制大，以靜禦動，以柔克剛。所謂四兩撥千斤，並非全然無力，只是所用之力要略小於對方。這樣，不僅可以保持自己進退旋轉的餘地，而且可以在最敏感的狀態下，去秤彼勁之大小，權其來之長短。四兩撥千斤還說明要用小力去轉移大力，這裡包括使對方的勁力作用於其自身，或者使對方的勁力在我旋轉滾捲之中失去作用，反而破壞其自身的平衡。此處「撥」有略微改變方向的意思，即不能正對來勁的方向，與對方頂撞。

因此，太極拳法要求，對於剛勁的攻擊，採取柔化的戰術策略，用沾黏連隨去瞭解敵情，摸清虛實變化；在隨

曲就伸之中，既要順其勁勢，又要加以改變，不使它作用於我，卻要受我力的牽動，造成我對敵發放的好機會。這就是太極拳法中所謂「綿裡藏針，柔中寓剛」的意義。

「打手歌」明確而概括地闡述了太極打手的主要問題，其中指出的「引進落空合即出」，在原則上和方法上都具有提綱挈領的意義。

所謂「引進落空合即出」，也正是因勢利導。順應對方勁力的來勢不丟不頂是「引進」；或作進退，或作滾捲轉動，務使其勁力不作用於我身體上而破壞我的平衡是「落空」。對方勁力落空，勢必使其腳跟離地，身體騰虛，處於最不穩固、最易喪失平衡的狀態。此時，對方失機失勢，而我得機得勢，應立即轉入反攻，「合即出」。只有做到引進落空，才能四兩撥千斤，也才能以小制大，以弱勝強。因此，要想獲得引進落空，就必須因勢利導，因對方進攻之勢，導向有利於我的條件。

在太極打手中，要在思想上和動作上都貫徹沾黏連隨、捨己從人的方法，並從其中創造機會和條件，完成「引進落空合即出」。

「引進落空合即出」，也就是古典拳論中所謂的黏走。制人為黏，化人為走。「人剛我柔謂之走，我順人背謂之黏」是對以柔克剛的具體解釋。這裡包含在戰略思想中先做退讓以瞭解敵情（聽勁），和在瞭解敵情過程中判斷形勢、掌握時機（懂勁）兩個方面。

但是，不能由於退讓而遭致潰敗，形成「八公山上，草木皆兵」的局面。退讓的目的是「避其銳氣，擊其惰歸」。因此，退讓的準確含義應該是引進落空，就是走。

然而，走即是黏，黏即是走。

因為第一，不能由於引進落空而失去沾黏連隨，相反，只有在沾黏連隨中達到引進落空，否則即喪失對情況和規律的瞭解，也就無法判斷得機得勢的條件；

第二，走中要有黏，黏中要有走，既不能只化不制，也不能只制不化。必須先化敵勁力，達到我順人背，才能制人而不制於人。所以，制敵致勝，必須化勁順遂，自己首先平衡穩固。因此，化為制因，制為化果，黏走相生，引進落空合即出。

太極拳法反對頂扁丟抗，而要求順對方勁力以制化，即走化要順應對方勁力，發勁也要順應對方勁力，否則即不能達到四兩撥千斤的效果，所以，太極打手必須捨己從人，因勢利導，不能捨己，即不能從人，由己則滯，從人則活。由己與捨己是相互對立而又統一的兩個側面，不能捨己以從人，則必為人制；只有捨己從人，才能從其中抓住關鍵，化卸對方勁力，聽問對方動向而施力，克敵制勝。所以，你有力，我使你力更大，但不作用於我身；你要前進以作攻擊，我使你前進更遠，但不能破壞我的平衡，從而，「仰之則彌高，俯之則彌深，進之則愈長，退之則愈促」。

因此，太極拳法要求因人所動，隨曲就伸，絕不是被動地任人擺佈，相反，是用主動精神去從人變化，在順應對方的變化中，自己有改變對方的自由能力。也只有如此，才能「任他巨力來打我，牽動四兩撥千斤」。

李亦畬在論述太極打手時，曾經做出「撒放秘訣」，用「擎引鬆放」四個字，對太極打手的方法做了概括和總

結。「撒放秘訣」是：

擎起彼身借彼力（靈），

引到身前勁始蓄（斂），

鬆開我勁勿使屈（靜），

放時腰腳認端的（整）。

「擎引鬆放」就是這四行歌訣的句頭，是用來說明太極打手過程中的四個基本問題，並做出方法上的指導。其實，這也是對「引進落空合即出」的具體闡釋。

●擎

「擎」是提上拔高的意思，太極拳法要求，發放對方必須以其腳跟離地、身體騰虛為先決條件，因此，要使對方身體提上拔高，擎起對方。

古典拳論指出「如意要向上，即寓下意，若將物掀起，而加以挫之之意，斯其根自斷，乃壞之速而無疑」，則說明擎起對方身體的意義。但是，要將對方身體擎起，又必須符合太極拳法的基本要求，用意不用力，即使用力，也必須如「四兩撥千斤」中所指的小力，而不是用全副勁力去將對方提起。

一般人體有百十斤的重量，如將此重量提起，則絕不是用小力（如四兩）所能辦得到的，更何況人力有限，而對方又非木偶那樣聽任擺佈。因此，須使身體靈動，依賴對方的勁力把對方的身體擎起。或者，靈動是感覺銳敏，既能聽出對方的勁力，又能採取適當的措施利用對方的勁力。能借力，則能打人。

借力的方法很多，歸納起來，主要有兩種：

一是順對方勁力的方向移動使其落空；

二是滾動和轉動，使其著力點改變。

一般地說，上下臂的旋轉多稱為滾動，或捲；腰胯的左旋右轉，稱為轉動。提手上勢、扇通背、玉女穿梭等拳式中手臂的滾捲，都能起到借力的作用，正如勁力作用於滑軸上，滑軸稍作滾動，此勁力即已落空。所以，無論是移動或滾轉，都是要使對方的勁力落空，而落空的結果是對方身體自然騰虛，腳跟離地，對我來說，則獲致擎起的效果。這種情況即所謂「靈」字。四正推手中轉腰作捋，四隅推手中卷肘化靠，都表現了這種靈動。

● 引

「引」是牽引的意思。太極拳法要求沾黏連隨，自然而不僵滯。但是，在需要使用勁力時，即使是四兩那樣的微小勁力，也必須有一個蓄斂的過程。有蓄才有發，蓄而後發。這裡有兩個問題需要解決：

第一，蓄勁的過程應於何時開始？

第二，應如何蓄勁？

選擇蓄勁的時機很重要，過早蓄勁容易陷於僵滯，也容易為對方發覺而預作防範；過遲蓄勁，則無發放之力。最適宜的時機是在隨曲就伸中，用意識將對方牽引到自己身前，即將達到落空而還未落空的時候。這時，即使對方察覺，也難進行防範了。

至於蓄勁，必須斂意斂氣，將勁力收斂於脊骨內。蓄勁如張弓，腰為弓把，腳手如弓梢；發勁似放箭，無蓄勁，則無發箭之力。吸為合為蓄，呼為開為發，一蓄一發

應完成在一吸一呼之間。

人體猶如氣球，牽引對方勁力至我身前，我身體收縮，勁力蓄斂，為反攻進行了充分的準備。

●鬆

「鬆」是輕鬆，不用力，不僵滯。這裡有兩重意思。

首先是既要放鬆腰脊、肩胛、肘、腕各關節，又須保持掤勁，上下臂不能彎曲過甚而失去弧度。

其次是對方勁力作用於我身體任何一處，我都能保持鬆活，順其力而變化，左重則左虛，右重則右杳，物來順應，不丟不頂，使其勁力不得施展。

但是，「鬆開我勁勿使屈」，卻又包含另外一種意思，即上體與手臂在受力時，應用掤勁保持原狀，承受勁力而不屈，寓意於沉靜，同時腰胯鬆活，使對方在無法察覺中身體騰虛。這樣，始終保持心靜意靈，精神貫注於對方勁力作用處和自己的腰胯上，既偵察敵情，判斷虛實，又能相機變化，克敵制勝。

「鬆開我勁勿使屈」正確地說明了對待敵人進攻的方法。敵進我退，退時不能失去掤勁而扁屈。對方勁力挨我何處，我的精神要貫注於何處，但並非一定該處要靈活，而關鍵是腰胯要能靈活。

●放

「放」是對敵發放。此時要求身體上下一致，完整一氣。發放的前提條件是對方腳跟離地，身體騰虛。一旦達到此條件，發放的形勢與時機成熟，即應將全身所蓄的勁

力一呼即出，由腳而腿而腰，疾似勁弓電掣。發勁必須沉著鬆淨，專注一方，腰脊用力，前腿弓，後腿蹬，腳趾抓地，上下相隨，完整而富有彈性。

一般地說，任何一次發放都可以有幾種不同的方位：四個正向，四個斜角，正而偏上或偏下，斜而偏高或偏低。但開始學習發放時，只能是何處順，往何處打；熟練後，不僅能準確恰當地掌握發放的時機，更能在發放的方位中取得自由，意向何處，即往何處放；不放則已，放則要將全身勁力打到對方腳跟上。

「撒放秘訣」用「擎引鬆放」四個字從勁力的角度概括了打手中的太極拳法，將「引進落空合即出」做了細緻的刻畫。但是，「撒放秘訣」還沒有從呼吸的角度來闡明「氣」在太極打手中的應用。

太極拳法要求用意不用力，在意識的統率下，使呼吸與動作相結合。從而，要以心行氣，以氣運身；在行功走架時，要行氣如九曲珠，無微不到；又要氣遍身軀不稍滯。這些原則要求，不僅在走架時，就是在打手中，也必須貫徹。

李亦畬在「五字訣」中，兩次談到「氣」的問題，直接將「氣」與打手聯繫起來：氣向下沉，由兩肩收於脊骨，注於腰間，此氣之由上而下也，謂之合。由腰形於脊骨，佈於兩膊，施於手指，此氣之由下而上也，謂之開。合便是「收」，開即是「放」，具體地闡明呼吸與開合、收放的關係；「吸為合為蓄，呼為開為發。蓋吸則自然提得起，亦拿得人起，呼則自然沉得下，亦放得人出」，直接用呼吸來論打手。氣和力都是在意的統率下，互相協

調，緊密配合的。意到氣到，力亦到。因此，動作有虛實、開合，氣有呼吸、浮沉，也必須協調配合。

打手中，呼吸的要求不僅是深緩細長，直送丹田，而且要以對方的動作為自己呼吸的依據。能呼吸，然後能靈活，否則即成為僵滯不得運化。

掤勁向上向外，敵進我退，以柔克敵，在氣中應為吸浮；捋勁向旁側以化敵攻，要吸而能沉；擠、按兩勁是在化法上的進攻，應以呼為主。

但是，呼吸必須根據對方的情況以做變化：吸以掤捋，對方攻勢未止，我則吸而有餘；對方轉入防禦，我則又能立即轉入呼氣；呼以擠按，對方化勁未已，我則能夠呼氣，又能隨時轉入吸氣；對方化勁已止，我則進而愈長，能夠繼續呼氣。

同樣，沾黏連隨也應與呼吸行氣相合，掌握對方呼吸進退，合拍合節，息息相關。沾以應敵，必須與敵呼吸相應，才能不丟不頂；黏以留意繾綣，必須從人呼吸，才能如膠附著；連以因人所動，必須呼吸有餘，才能順遂圓活；隨以應對敵情，必須在呼吸中轉化，才能制敵無滯。

「引進落空」應是吸氣，為合為蓄；對方腳跟離地，失去憑藉，我則「合即出」，立即發放，應是呼氣，為開為發。這樣，無論走架還是推手，都必須使呼吸行氣深緩細長，遊刃有餘，順遂通靈。否則，不能俯之則彌深，仰之則彌高，退而愈促，進而愈長，使呼吸跟隨對方的進退變化，則必不能完整貫串。從而在走架中氣勢散漫，失去滔滔不絕的江河形象；在打手中，黏走相乖，僵滯不化，成為自己失機失勢的條件。

從呼吸行氣來論述太極打手的有「敷、蓋、對、吞」四字秘訣：

敷者，運氣於己身，敷佈於彼勁之上，使不得動也；蓋者，以氣蓋彼來處也；對者，以氣對彼來處，認定準頭而去也；吞者，以氣全吞而入於化也。此四字無形無象，非懂勁後練到極精地位者，不能知，全是以氣言。能直養其氣而無害，如能施於四體，四體不言而喻矣。

●敷

「敷」是塗抹的意思，輕微接觸對方的勁力，即使我呼吸與勁力和對方相沾接，敵進而我能順應，改變其勁力不為其破壞平衡。

●蓋

「蓋」是由上而下鋪覆於其上的意思，對方勁力作用於我身體的任何部位，我的意識和呼吸就必須集中地覆蓋於該處，因其動而運化。

●對

「對」是針對的意思，也稱為吐；在精神貫注於對方作用處，呼吸和勁力與對方相應合，我則黏走其勁力，對準其落空失著之處，沉氣外呼而發放。

●吞

「吞」是不經咀嚼而咽，有承受對方勁力，或用身法吸入對方來勁的意思。

敵進我退，你進已深，而我吸更長，且退有餘地，則對方莫測我之虛實，我卻得順應其勁力，改變其平衡。「四字秘訣」同樣也包含有聽勁和懂勁的過程，和打手原則完全一致，只不過從氣的角度做出概括的論述。

呼吸在太極拳術中占有重要的地位，從而，要求氣宜鼓盪，神宜內斂，並將人體看成氣球，稱為太極。氣球的運轉要前進不凸，後退不凹，左旋不缺，右轉不陷，周身完整，式式貫串，渾然一氣。這是太極拳法對行功走架的要求，也是對打手的要求。

其實，沾黏連隨是柔中寓剛，黏走相生，就是貫串；不丟不頂是輕靈圓活，鬆穩勻靜，必須用意。換句話說，太極拳運動必須在意識的引導之下，使呼吸和動作完整貫串，協調一致。

在這樣一元化的原則指導下，太極打手的發法是不難獲得的，而擊法和拿法也必然會在推手實踐中逐漸熟悉，以至運用自如。因此，我們也無須具體贅述多種擊法與拿法的微末細節，而只強調指出：提高太極拳術的造詣，必須「明白原理，練熟身法，善於用意，巧於運氣」，並堅持不斷地在實踐中鍛鍊學習。

但是，應該指出，作為鍛鍊的推手和實戰的打手之間還有一個接手問題，即首戰序幕的揭開問題，必須恰當處理。實際打手是鬥爭，絕不會先作搭手，再行出擊。相反，盡人皆知，拳法和兵法一樣，要求運用聲東擊西、指南打北、上驚下取一類有虛有實的具體戰術，在示形中包含有進攻，以獲取鬥爭的勝利；甚至強調「兵不厭詐」，以建立起真真假假、虛虛實實的鬥爭藝術。

　　對於太極拳術來說，在擊技中獲取勝利的來源在於聽勁和懂勁，只有雙方接觸，才能開始聽勁和懂勁，否則只能猜測對方的勁力虛實與動向，而無真憑實據。

　　正因為如此，太極拳術就更需要慎重處理初戰的接手問題，堅決反對魯莽從事。然而，接手問題實質上在太極拳法中已經解決，其方法仍舊是：儘可能地瞭解敵情，正確地做出判斷並及時地做出反應。「彼不動，己不動；彼微動，己先動。」「動急則急應，動緩則緩隨，雖變化萬端，而理為一貫。」

　　此外，太極拳法的戰術原則是透過沾黏連隨，以獲得知己知彼；太極拳法的戰略原則是透過敵進我退，以進行積極防禦。因此，在對方進攻面前，往往採取先退讓一步的辦法，來恰當地解決接手問題。

　　退讓並非示弱，而是誘敵深入，以利於我掌握敵情，發現漏洞，及時地組織反攻。這樣，使初戰的接手也建立在充分瞭解情況的基礎之上。

　　和解決初戰接手問題一樣，採用上述戰略戰術原則，還可以解決經常會遇到的突然襲擊的問題。而且，沾黏連隨本身就是防止突然襲擊的。

　　根據這種原則，太極拳法要求，無論對待何種強大的對手，都必須「內固精神，外示安逸」，在瞭解情況的基礎上，做具體的分析和對待，正確處理複雜多樣的矛盾變化。

　　蘇洵在《權書‧心術》中曾經指出：「善用兵者以形固。夫能以形固，則力有餘矣。」所謂形固，就是「內固精神，外示安逸」，也就是在戰略上藐視敵人，在戰術上

重視敵人，排除一切雜念而集中精神，對待任何艱難困苦，都能做到心不慌，手不軟，敢於鬥爭，善於鬥爭。從而，遇弱不懈，逢強越勇，既不驕傲而輕敵，也不自卑而氣餒，完全根據客觀情況做具體分析，充分利用有利的形勢，力爭主動地駕馭鬥爭的發展變化，防患於未然。

因此，太極拳法並不反對在得機得勢的情況下，充分發揮自己之所長，以獲取勝利。許多拳術家由於熟練地掌握某些招法，例如野馬分鬃、左顧右盼、斜飛式等，善於以己之長，攻人之短，克敵制勝，或者由敗轉勝。針對不同的對手，採取不同的對策，是具體對待；根據實際情況，發揮自己的長處，以對敵人之短缺，也是具體對待。不具備客觀條件，而強行運用自己之所長，肯定會碰壁；得機得勢而不發揮自己的威力，必將坐失時機。

同樣，太極拳法並不反對出奇制勝。奇是手段，勝是目的。不能獲致勝利的奇，只能認為是妄動，並不是真正的奇。普通拳式，形式上並無奇特，但能針對具體情況，因勢利導，獲取勝利，雖屬普通平常的招法，卻也具有奇的性質。

必須牢固地建立起這種認識：敵我雙方的鬥爭，我方勝利的基礎在於自己的平衡能在運動中穩固地保持，遇剛則柔化，遇軟則堅硬，及時瞭解情況的虛實變化，恰當而合理地處理對方的攻擊，以致雖受大力作用或突然襲擊，仍能平衡穩固，及時化走，毫不動搖。對方的失利則在於他自己失去保持平衡的條件，或者過剛而不能圓，或者過柔而失卻運化，以致稍受外力打擊，立即傾跌移動。

因此，勝利與失敗的關鍵在於自己，對方所能收到的

明顯效果，只不過是自己在因勢利導地瞭解情況中，發現弱點或錯誤而集中力量加以攻擊而已。

在這種認識的基礎上，吳式太極拳術的技擊，始終把楊祿躔告訴全佑的話「占住中定，往開裡打」奉為推手的秘訣與準則。

最後，我們指出，在學習太極推手的過程中，不要過分地計較勝負。「勝負乃兵家之常事」，更何況擊技是一種體育鍛鍊，是友誼競賽。

從整個太極拳術的學習和提高的過程來看，很少有，甚至不可能有始終保持勝利的拳術家，這和軍事上只有英勇明智的統帥，而無常勝將軍是一樣的；相反，許多造詣高深的拳術家都是在失敗中得到成長的，其中的重要關鍵在於總結經驗，汲取教訓，而不在於一次勝負。

勝負都有其原因，或者是技藝不高，實力不足，或者是處理失當。及時地找出其中的原因，對於提高拳術水準大有裨益。只有勝而驕、敗而餒，才是以後大敗虧輸的重要因素。因為這樣必不能認真總結經驗，及時汲取教訓，從而，也就不能再往前進。

(六)聽勁與懂勁

古典拳論曾明確地指出，獲得太極拳法成就所必須經過的途徑是：「由招熟而漸悟懂勁，由懂勁而階及神明。」由此可見，「懂勁」在太極拳法中占有十分重要的地位。

太極拳聽勁

事實上，在拳術中只有太極拳把「懂勁」問題放到極

高的地位上：「練太極推手而未能懂勁，則運用毫無是處。」這主要由於太極拳法的原則是「因人所動，隨曲就伸」，完全根據客觀情況的變化做相應的處理，反對不做調查研究，不對情況做具體分析的主觀態度。

這項原則絕不是憑空臆想出來的，而是太極拳法對大量實際鬥爭經驗的概括總結，也是大量失敗教訓的積累，從而導致對矛盾雙方認識的深化。

兵家對於戰爭的規律進行過許多總結。孫武早在春秋戰國時期就曾經指出：「知己知彼，百戰不殆。」不瞭解自己，又不瞭解敵人，只憑主觀臆想辦事，而不對敵我雙方做充分細緻的調查研究，除了作為一個魯莽家，並收到失敗的結局之外，不可能有其他的結果。同樣，在技擊中應用太極拳法是處理敵我雙方的鬥爭問題，充分地知己知彼、正確地識別並判斷出對方的勁力，才是獲取勝利的前提條件。

據傳，在太極拳法中有一個「功用歌」，其歌訣為：

輕靈活潑於懂勁，陰陽既濟無滯病。

若得四兩撥千斤，開合鼓盪主宰定。

論述了太極打手中要想獲得四兩撥千斤的效果，自己所應具備的基本條件，即動作變化中除輕靈和活潑之外，還必須懂勁，輕靈活潑需要根據懂勁；用陰陽互濟達到毫無僵滯，要求懂勁；動作的開合，呼吸的鼓盪，以及重心的調整，也都需要懂勁。只有懂勁，才能因人所動，隨曲就伸。

這個歌訣的辯證之處，在於它要求進行詳細的調查研究，而將自己的動作、呼吸和平衡都建立在調查研究的基

礎之上。所謂調查研究，就是太極拳法中的聽勁和懂勁。

太極拳中，將用感覺察測對方動作的輕重遲數，稱為聽勁。瞭解到對方的勁力情況，恰當地做出判斷，並根據對方的動向與企圖，制訂出攻防方案，而制敵於未動之先，稱為懂勁。

太極拳法要求透過黏走達到懂勁。拳論指出：「黏即是走，走即是黏。」又說：「人剛我柔謂之走，我順人背謂之黏。」對方用剛強的勁力進攻時，我用圓弧動作來承接，既改變其勁力方向，又不為對方所制，稱之為走。這也就是化卻敵勁，用柔克剛，黏即是制。只有我順人背，才可以制人而不為人所制。我得機得勢，對方失機失勢，以至我處於主動的地位，這就是順；反之，機勢有利於對方而不利於我，在我處於被動，就是背。

我順人背的機會和形勢，是由沾黏連隨而感覺並加以判斷的，也稱之為黏。使用黏勁，盡量掌握對方動作與勁力的運行過程，有如膠著物。只要與對方沾接，就順其勢而迎就，因其動而屈伸旋轉，用走勁來調整自己的平衡，並探測對方情況，審機應變，因勢利導。

在黏走過程中，由於不丟不頂，遇勁即化，將會出現兩種情況：對方使用的勁力不能達到目標時，或者繼續前進，或者中止其勁力而後撤，都將改變其重心位置，為我破壞其平衡創造條件。

以上所述，沒有強調任何力大手快之處，完全是由黏走達到以柔克剛、以小制大、以弱勝強。其中的關鍵在於「向不丟不頂中討消息」，應用黏走而達到「知己知彼」，因勢利導，即是懂勁。

太極拳法要求用黏來順應對方，用走來化卻對方的勁力，同時還要採取制勝的措施。其實，黏即是走，走即是黏；化為制因，制為化果，化即是制。黏走制化因果相生，概括了打手中多種多樣的招式。但是，如果只化而不制，或只制而不化，則都不能應用太極拳法克敵制勝。

在用黏法而不能應變為走法時，必然是自己處於雙重，轉換不靈，僵硬不化，稱為「滯」。

在用走法而不能輔以黏法時，必然是自己陷於偏沉，無力自持，依隨不能自主，稱為「隨」。

應該著重指出，「滯」「隨」兩種弊病，都是自己造成的。其病源在於黏走不能相生，陰陽不能相濟。能知人而不能知己，也不能百戰不殆，因而，也仍不是懂勁。

古典拳論指出：「陰不離陽，陽不離陰，陰陽互濟，方為懂勁。」陰陽在太極拳法中所指的概念極為廣泛，大抵互相對待的事物都概括在陰陽的範疇之中。

例如，上下、左右、前後、內外、呼吸、蓄發、剛柔、虛實、開合、往復……都可以認為是陰陽。

陰陽之間的關係是相互依存而又相互對立的：有上必有下，有左必有右，有前必有後，有內必外，有呼才有吸，有蓄才有發，有剛才有柔，有虛才有實，有開才有合，有往才有復……沒有一方的存在，也就沒有另一方的存在。而它們的存在又都是相反相對的兩個方向：上、左、前、外、呼、發、剛、實、開、往為陽；下、右、後、內、吸、蓄、柔、虛、合、復為陰。

太極拳法將人體比作氣球，以象徵其在動靜之中，應無缺陷、無凸凹、無斷續、無過不及，不偏不倚，往復無

端。實際上，這也就是太極拳術在處理上述陰陽兩極之間
關係的原則和要求。因此，太極拳法中，柔中有剛，剛中
有柔；合中有開，開中有合；虛中有實，實中有虛，即陰
不離陽，陽不離陰。

只有在行功走架時，從大虛大實進到虛實結合，在打
手時，從陰陽相乖進到陰陽互濟，才能及時調整平衡而應
付任何變化。這樣，陰陽滲透，以虛濟盈，互為消長，即
是黏走相生，因果相生。到此程度才能達到懂勁。

還可以將聽勁看成偵察情況的過程，而懂勁是判斷和
制訂對待方案的過程。而瞭解情況的偵察過程，也就是分
析、判斷的過程。因此，聽勁和懂勁不能截然分開。

所謂聽，不是用耳去聽，而是全神貫注，用意念去感
覺，即中樞神經對外界的感覺。

感覺到就要立即做出判斷，並相應地做出反應。感覺
的銳敏、判斷的正確和反應的迅速靈動，需要有長期實踐
的鍛鍊。這是懂勁的第一步。根據判斷，採取恰當的措
施，即正確地應用各種力學規律去對待對方，是懂勁的第
二步，也是對懂勁的正確性做出檢驗。只有充分地瞭解情
況，正確地做出判斷，果斷地採取措施並迅速地發之於
敵，才能獲得預期的效果。

由此可見，應用太極拳法進行技擊時，用招變式的決
心來源於正確的判斷，正確的判斷來源於周密而詳盡的調
查研究，所以，它強調黏走，強調聽勁和懂勁。這和軍事
家的用兵之道是完全一致的。

但是，擊技中，你擊我還發生在瞬息之間，因而太極
拳法要求手、眼、身、步法既不得雙重而僵滯，又不能偏

沉而失卻運化，相反，必須使黏走結合，圓弧與直線結合，防禦和進攻結合，使陰陽互濟，以便在最短的時間內，用最近的距離，完成進擊的動作。

兵法強調：兵貴神速。在太極拳法中，則由「彼不動，己不動；彼微動，己先動」來完成，只不過將神速建立在掌握情況、選擇時機的基礎之上，反對魯莽以防患於未然，反對為求快速而採用孤注一擲的做法。不能因為盤架子時要求緩慢，就認為太極拳不追求快速的進擊動作。

相反，只有在長期細緻的行功走架中建立起大腦皮層的條件反射，才能在擊技中根據情況做出及時而迅速的反應，並獲取擊技的勝利。

總之，太極拳法在擊技中採用積極防禦的戰略思想作為指導，從而認為黏即是走，化為制因，把防禦看成進攻的準備，要求圓弧運動隨時能轉變為直線。充分地認識到，進攻要造成對方平衡的破壞，但同時卻又往往造成自己失去平衡。因此，隨時要防止鬥爭的形勢從有利向不利的轉化。

為了避免事物經常向自己的反面發展，必須充分地掌握情況：「要刻刻留心，挨何處，心要用在何處」「彼之力挨我何處，我之意用在何處」；留心用意以「秤彼勁之大小，分釐不錯；權彼來之長短，毫髮無差」。聽勁要有定量的概念，才有助於懂勁做出正確的判斷，制訂符合客觀情況的鬥爭方案而不失誤。

從力學的觀點出發，我們再對聽勁和懂勁做如下的具體說明。

任何一個力的組成都有三項要素：大小、方向和著力

點。因此，在力學中通常用矢量來表示力。

要想瞭解一個力，首先必須與此力接觸，才能感覺到它的大小和方向，否則只是主觀上的臆想和推測。所以，聽勁要聽著力點處的勁力，「彼之力挨我何處，我之意用在何處」，而不是聽別處。

著力點以外的任何地方，都不能提供直接的、具體的情況，儘管太極拳法並不反對透過目光和精神而預測敵機。但是，掌握對方勁力的虛實變化，最關鍵的卻在於著力點。必須把思想和意識集中於著力點上，務求精確地獲取此處勁力的大小和方向。太極拳法中有「亂環訣」，專門闡述著力點問題：

> 亂環術法最難通，上下隨合妙無窮。
> 陷敵深入亂環內，四兩千斤招法成。
> 手腳齊進橫豎找，掌中亂環落不空。
> 欲知環中法何在，發落點對即成功。

此處發落點即著力點。對方勁力著於我身上的部位稱為落點。先要由移動、轉動或滾動使此落點落空，然後再以此落點打擊對方，稱為發點。發點即落點，能利用對方的落點作為發放對方的發點，即掌握「環中法」的關鍵。

透過聽勁來充分地瞭解對方勁力，其途徑原則上有二：一方面是盡量增長對方勁力的作用過程；另一方面又要盡量增加自己對於勁力的敏感程度。

太極拳法規定，採取用意不用力的原則，以增加對勁力的敏感；而採用圓弧運動，以增長此過程；並用圓弧向直線的轉化，以完成由防禦向進攻的轉變。

太極拳術中所謂的靈活，指的是人體的轉動和滾動，

以及凹凸的虛實變化。轉動和滾動也是圓弧運動，使對方的著力點沿圓弧軌跡轉移；凹凸變化實際是直線運動，使對方著力點作直線進退。無論是前者，還是後者，都是針對具體情況，使進攻的勁力落空，破壞其預定的計劃方案。因而，遇勁即化，或轉滾，或進退，不為敵力所困才是靈活。

太極拳法廣泛使用轉動，先順轉以化敵勁，再逆轉以擊敵身。掤、捋、擠、按必須貫徹以腰為軸的轉動；採、挒、肘、靠則不僅用腰，還結合步法的虛實轉換來完成各種轉動。對方用大力作用於我時，只要著力點不落在透過重心的中垂線上，就可以用腰作轉動，化除對方的勁力而保持自己的平衡。

由於我身體的轉動，著力點必隨對方的勁力在空間內位移，而不能直接作用於我的重心。於是，我用小力轉移其大力，著力點位移，能使對方勁力落空，身體騰虛。我則根據其運動規律，由防禦轉入進攻，向對方身體施力。這就是「引進落空合即出」。

滾動同樣也是圓弧化勁，只要順敵勁而滾動，就能做到「擎起彼身借彼力」。設對方以大力作用於我手臂時，我即用相應的肩、肘、腕諸關節為軸，順應敵力微作滾捲，使其著力點的位置改變。此時，對方的著力點落空，其身體則依慣性定律繼續前行，重心移動。因此，我只要有節奏地作反向逆轉的滾捲，就能使對方受到打擊，或發放出去。順滾為合，逆滾為開。

著力點的改變，除利用圓弧變化外，還可以用直線變化，或者說是形象上為直線的圓弧變化。此種應用主要是

對方的著力點在我重心的垂直線上時，先含胸拔背，沉腰坐胯，使其著力點微向後移，卸卻來勁，隨即進擊。其實，在重心垂直線以外的作用力，也可以用同樣的方法對待。這種直線往復的變化，是在圓弧運動的基礎上，由舒展緩慢而逐漸緊湊迅猛得到的。

由此可見，只要對方的勁力挨到我的身體，我身體上的受力部分，尤其是腰胯部分，應隨其速度作圓運動，或左右水平旋轉，或上下垂直滾捲；先順其勁力以接定對方的勁力，隨即轉移其著力點與作用方向，同時蓄勁待發。只要對方重心失去其正常位置，腳跟離地，即可發放。這種太極手法達到熟練程度時，就能夠在對方勁力將發未發之際，使我的勁力突然爆發，則對方將如球彈出。

此動作好像是直線，實際上仍是圓弧，否則即是頂撞對方，而不能使其著力點轉移落空。但是，由於圓弧和直線之間的轉化，接榫無跡，既能快迅而先發制人，又能使對方無法窺測我轉化的時機。

這種造詣境界的獲得，必須在長期的聽勁和懂勁訓練中，熟諳地掌握動作和勁力的特點與規律，確切地預測其虛實變化；又必須在長期行功走架之中，提高腰襠勁的質量，全身勁力完整而富於彈性爆發力。

因此，盤架子的過程就是從開展到緊湊的過程。開始時，下肢要從大虛大實逐漸進入虛實滲透，亦虛亦實；上肢要從大圓、小圓逐漸進入外形為直線而仍富含圓弧的意味。任何圓弧動作都不得失去掤勁，意念中要隨時不忘瞭解敵情，尋覓對方的薄弱環節，轉移對方的著力點而化擊對方。隨著敏感程度逐漸增加，識別和判斷能力也不斷提

高。此時，圓弧動作自然能夠逐漸縮小，略微轉移對方的著力點，就已經完成化勁而轉入發放。在身體各部分的靈活性和敏感性都提高之後，小圓弧就可以逐漸變成沒有圓弧形象的直線運動。

到此地步，「彼之力方入我皮毛，我之意已入彼骨裡」，對方進則將如球彈出，退則將受到發放，從而達到太極拳法在擊技中圓融精妙的高度境界。

透過聽勁瞭解到對方勁力的大小和方向之後，還可以採用分力與合力或螺旋力的作用而達到化擊的效果。這裡也包含有轉移對方著力點的問題，但更重要的是使對方勁力的方向略微改變，而使他受到更大的合力作用。

各種拿法大多利用槓桿原理。但是，拿法的取得在於對太極拳招法的熟練，也在於打手中對方受我誘引擬合，順勢取機。然而，一般地說，任何拿法都有解法，甚至有多種解法。

因此，不能將拿法看成克敵制勝的唯一方法，過高地估計其作用。不結合著力點的改變，不結合分力合力的應用，有時拿法並不能達到預期的效果。應該看到，拿法至少要占用自己的一隻手，甚至要占用雙手，這對我是不利的。在打手中受到擒拿時，一般性的處理是立即放鬆最靠近被拿處的關節，使對方擬想的支點與力點不再起作用，並依其薄弱環節而破之。

例如，腕被人拿，則應鬆肩肘而利用滾動或移動向對方大拇指施力，如攬雀尾。因為在手握的動作中，大拇指為薄弱處。再如，肘被人拿，則應鬆肩鬆腰，以解其旋擰肘關節的作用，同時或用高探馬以分腳蹬踢，或用玉女穿

梭以用掌進擊。所有這些動作，同樣要貫注精神於聽勁和懂勁。因此，在太極拳術中，我向人施力，必須周身完整，全身勁力集中；人向我施力，我周身關節必須節節鬆開，不使其勁力作用於我重心。

太極拳法要求瞭解對方情況，「因敵變化示神奇」，因而才有黏走。在我不瞭解敵方的勁力趨向時，則應採取問勁，主動問清對方勁力的大小、方向和著力點，並因勢利導。此時，或者佯攻詐誘，如用掌撲面或鎖喉，示形於敵，待其發覺而作相應變化時，我卻能早一步瞭解其動向，並破壞其平衡；或者預設圈套，如左顧右盼，迫使對方順我而來，我則轉腰胯改變身體方位，將敵推出，不然，對方抗拒，我則用單鞭的通臂勁，立肘扣腕連擊對方。

由此可見，太極拳法運用力學原理，採取以靜待動、守中寓攻、攻守結合的方針，並不是消極防禦，被動挨打。太極拳法並不反對主動進攻，只不過它要求在具體地瞭解敵情的基礎上去進攻。因此，在打手中，要目光神威，精神貫注，用聽勁以瞭解情況，用懂勁以採取應變措施，因勢利導，奪取勝利。這完全是在「知己知彼，百戰不殆」的原則指導下，針對具體情況做具體的解決。

這種唯物辯證的高度，是在長期實踐鬥爭中所做的概括和總結，也是對擊技雙方矛盾的深刻研究與認識；既不是主觀臆想，也不是一廂情願，而是具體分析與具體對待。這是太極拳法的特點，也是太極拳術與其他拳術不同的主要之點。

下篇

宋永祥派八卦功

一、源　流

　　晚清時期，北京城中的宋永祥，自幼習武練功，後拜董海川為師，逐日習練八卦拳，幾年後功力倍增，技藝日臻上乘，以善走下盤掌著稱。

　　出掌懷抱七星，左右連環，頭手足三體合一，屈膝蹲身矮襠行步，左旋右轉而分陰陽，轉掌從坎卦起勢，走坤卦，穿九宮，出乾卦，圍圓而走，五個圓圈換掌變式，換掌必先疊步，稱之為太極步。

　　疊步必踢腿，疊步先動肘，次動腰，再動足，後掰膝，腰勁的滾轉、沉勁、塌勁、虛實深蘊其中，後掌由下而上，由膝至肋至腋窩，穿鑽而出，擰翻而落，從離卦處換式再走坎卦，收勢必須在離卦處。

　　勢如龍蹲虎坐，沉吐綿巧，吸合抽撤，身腰似燕翻龜縮，腿行如風吹楊柳，輕靈圓活。步似槐蟲一步一趨，以走為用，掌法變化為技擊手段，圍圓打點，循環相生，無窮無盡。掌似蓮花，指分掌凹，指向上頂，腕向下塌，守中正身如天平，手臂轉動如滾板，擰旋而轉，出手疾速，力發冷脆快，卸化對方之力，橫開斜勁，發則蓄力沉腰，合柔勁、靈勁、剛勁於一身，抖彈而出，在八卦掌術中自成一派。

　　劉光斗先師說這種勁是由含蓄而發，稱之為崩弓之力，在瞬間發出，摧枯拉朽，因此先師在拳界被稱為「鐵

胳膊劉」。

宋永祥的弟子姓興，名福，字石如，旗人，人稱「興三爺」。其老姓他塔喇氏，「他塔喇」從漢姓為「唐」，故又作唐石如、唐興福。

與其師宋永祥一樣，唐興福早年亦自外家入門，後師從於宋，又曾從劉德寬習六合大槍等。唐興福自民國初期開始即在許禹生創辦的京師體育研究社任教員，歲近晚年一直沒有真正的徒弟傳其所學。其時，劉光斗已隨京城譚腿門名師張玉連、太極門名師王茂齋習藝多年，而劉光斗的習藝歷程和功底又與宋永祥、唐興福類似，王茂齋便將劉光斗薦與唐興福，讓劉正式拜唐興福為師。同時，王茂齋也曾讓其子王子英一起去學。

宋派八卦掌自宋永祥至唐興福傳劉光斗，沒有在外界公開傳授。劉光斗在唐興福門下學習宋派八卦有年，深得精奧，並將其所學毫無保留地傳授給劉晚蒼、劉煥烈二人。在傳授時嚴格要求，一絲不苟，並寄望二人能將宋派八卦掌傳承下去。劉晚蒼、劉煥烈也謹遵師訓，不輕易傳授，在傳承中保留了宋派八卦的特有風格。

當年光斗先師要求，八卦出掌懷抱七星，手足腰、上中下三體合一，肘不離肋，掌不離心，出洞入洞，以肘護身。

初習八卦掌應由慢到快，力求姿勢準確無誤，從定架逐步轉入活架和變架，必須勢勢相承，聯貫不斷，一氣呵成，不可有間斷停滯、努氣拙力，周身鬆而不懈，整而不僵。發力則要求肩催肘、肘催手，腰如軸立，胯催膝、膝催足。進則沉腰以踏其足，使腰部之力沉於胯膝，全身之

力貫注於足，由內而外，以氣催力，渾身蓄勁，一觸即發。沉肩墜肘，頭上頂，以利氣沉丹田，增加內三合之力，身步合一，手足齊到，六合具備，使肩肘腕腰胯膝手足在轉換中有機配合，神氣意力合一集中，其發力則瞬間而出，疾如閃電，敏捷快速，令人無可捉摸，防不勝防。

技法要求：

出手懷抱七星，步法樁如山岳，進即閃，閃即進，旋轉迂迴搶占中宮，防中守，守中攻，上下左右力貫通，身隨掌起，掌隨步到，背拔胸含，掌撐臀斂，起手如風，落掌似箭，打倒還嫌慢。

呼吸要求：

呼吸順暢，以意催氣，以氣催力，意與氣合，氣與力合。否則經絡阻滯，氣血上湧，容易形成挺胸提腹、僵力，不能暢胸則腹部空虛，腹空則兩足無根，足下無力，一舉動身必動搖，則無下沉之勁，以致下盤不穩，步法不堅，則滿身皆空。

八卦眼法要求：

顧在三前，盼在七星。三前即眼前、手前、腳前。七星即肩肘腕胯膝頭足。八卦交手所固守的地理位置是朝不東、暮不西、午不南、夜不北，腳踏中宮，守四正，取四隅。

一腿之功，一掌之奇，沒有逐日功夫，難以尋求體悟其奧妙。熟能生巧，久能通神，非精通不能神化，久練必生靈妙。劉晚蒼早年練功地點在北京天壇，以走下盤掌著稱，常為京城習武者所景慕，為其後來推手的獨到功夫打下了堅實的基礎。

宋派八卦與其他流派不同的最大特點是以腿法見長，腿法是宋氏門中之絕傳。換掌必疊步，疊步翻身必踢腿。點、踢、蹬，內力貫之於足，刻不容緩，銳不可當。其用靈活而氣足，在連環掌法疊勁掩護下，手密而疾速，發而擊人，無不中。此即宋氏三不教之技。

須窮理盡性，體煉成真，內含實際參修之功夫，非皮毛之研究能致。尤在習者細心領悟，逐日下工夫，則求之得之不難，無敵之道成矣。

暗腿多是在走轉中出腿，或變掌中出腿，取低下不防之連環腿法，步步進擊。初習八卦掌應以單換掌為母掌練習，練好單換掌是八卦入門的基礎。宋派八卦要求未習掌法先走圈，即走八卦圈，亦稱八卦步。一年走步，三年掌。走一年八卦圈，才能習練八卦老八掌（亦稱前八掌）及後四手（亦稱後四掌），並時常習練單操。三年時間，習練精熟後，再習八卦器械與八卦推手。

當年光斗先師要求走一年八卦圈，練三年單換掌，練出三體合一、七星相聚之功，坐身鬆腰、懸頂斂臀掩襠之勢，打好堅實的基礎。一環扣一環，出手勁力充實、沉穩、剛健有力，氣勢恢宏。

宋派八卦掌在器械上風格也有獨到之處，像馬眉刀、六合大桿，都是得自唐興福的傳授。劉光斗身傳口授使劉晚蒼、劉煥烈二人各有所習，各有所長。

劉晚蒼的馬眉刀還曾得到唐興福的親自教授指導，使劉晚蒼深得刀法精奧，聞名京城。劉煥烈曾得劉光斗師授以八卦變劍（純陽劍），以太極腰八卦步為基礎，抖彈崩發快速有力，上洗下截剛勁靈活而多變，旋身點刺敏捷機

警而靈動。劉晚蒼因六合大桿被譽為「大槍劉三爺」。劉煥烈八卦轉槍,變化靈活,招法精密。這些器械的演練,處處滲透宋派八卦的深厚底蘊。

習練八卦掌,首先要走好八卦圈,由淺入深,走深走透。走八卦圈也叫行樁,行樁蹚泥步為入門基礎,擰旋走轉,起落鑽翻,身如游龍,機警靈動。功夫練到自然而快,在這個基礎上再走八卦連環掌。

以八大掌為母掌,掌法要求式正招圓,勁法要求懂勁熟技,知勁明變,變中走,走中變,出手成招,擰裹勁變化萬千,螺旋力層出不窮,橫開直入,剛柔相濟,以求練出八卦身法、腰法、步法。行步轉走,擺扣步,左旋右轉,進退反側,全憑腰主宰,出手腰不活,只能有招架之功,無還手之力。

要想練好宋派八卦掌,只有苦功沒有捷徑,只要努力,人人都能入門,入門後自會深求。

劉晚蒼唯一存世的八卦拳照，攝於 20 世紀 80 年代
（劉君彥保存，劉源正提供）

二、功　譜

變化無窮

武八卦妙想千招　　　　　　　文八卦瑞氣千條

呼　吸　蓄　運　推　托　彈　崩

(一)八卦功妙藝譜

宋派　興福師　傳授

劉光魁　重訂

民國二十三年六月十日

　　此八卦功，一名董仙拳，自咸豐六年傳錄至今。董海川祖師，京東文安縣朱家塢人氏。無極生太極，太極生兩儀，兩儀生四象，四象生八卦，八卦無朕兆。

老八手之名：

　　第一手換掌，又名望斗式，又名指天畫地；第二式回

身捶；第三式挑手三穿；第四式轉身掌；第五式回身掌；第六式斜身拗步；第七式四龍取水；第八式臥蟒翻身。

後四手之名：

第一式順式掌，第二式獅子揉球，第三式老虎大張口，第四式抽身掌。

疊步為太極步，左旋右轉為兩儀，三環套月為三才。

閃門藝，一手分八手，八八六十四手，一手又分八手，五百一十二手。其式之形，掌如蓮花，步如楊柳，龍蹲虎坐，燕翻龜縮，形似槐蟲。閃轉趨避為四象，手、眼、身、腿、步為五行，腿、手、眼、心、神、意為六合。

掩手為飛九宮，變化神奇。中通消息謂之手音，隨高就低謂曰上盤。身如天秤，手如滾板，而與轆轤勁不同者，此純係上手勁也。

宋派疊步換掌三不教：不孝、淫、盜是也。

宋派八卦功老八掌之名

宋派八卦功後四掌之名

八卦功指掌圖

八卦功妙穴圖

八卦大丹訣圖

先天八卦圖

　　八卦槍，點、劈、崩、鉤、掛、提、攔、撩、刺，神乎？嘆觀止已！

　　八卦刀，點、鉤、片、旋、劈、刺、頓、剉。

　　此外尚有槍劍二譜。

(二)劉光魁傳妙藝功箴言

贊曰：天地之理，玄牝之門，太極之道，陰陽而已。聖人觀象畫卦而察萬物之情，於是焉，列三才，配五行，而曉神明。明乎休咎，方成大智，隱潛行藏，自在遊戲。

天地大德曰生，有德者生，靡德者死。此妙藝功自董海川僧三傳至今，窮理盡相，精於極微，統名曰「相門藝」，或曰「閃門藝」，先師論闢極詳。今則承授衣缽，傳以規箴，故傳神睟，明珠掌上，映應萬方，規止傳神，按圖索驥，模範可得，藉慰仙心，以示不忘，乃立規旨三章，敢銘於左：

曰防身

天地間一草一木俱有情況，人而無情不如草木。故人不害我乃我不傷人，苟謂虎不傷人人自戕，豈不為虎無傷人之心，人有害虎意耶？存公去私，窺見天地之情，以德刈暴，天地以瀟颯之為心，自善其身，不彼惡果，其與我間哉？

曰保身

明哲保身，亦有所本乎？觀夫萬物各善其生，人而獨不，可乎？還虛抱樸，古有明訓，袪病延年，元自仙傳。道按陰陽，無極伊始，太極判生，乃出八卦而四象於是定位，化成二十四氣，周流於天地之表，出入於太虛之間，消息於五行之變化，權度三才萬物之機。故晦朔寒暑，晝夜生死，抽算移度，何必假鬼神手？我一念一息操之耳，如月色百花耶，情耶，孰解語耶？而流水花開，流耶，苞耶，孰解蒂耶？行善明情理，奪星移斗轉，今合天地。故

判理定情而通形相之變化，亦曰相門出諸智用之無涯。花開見性是真，自在受用，明明不朽，養生故斯乎？

曰衣缽

自僧董海川於皖遊九華山，夢遇二童子，既悟，上山面壁三年，忽遇聖僧，僅得一睹而藝遂成。三傳至今，衣缽未絕，名揚海隅，幾遍行云。

光魁不敏，謹作尺牒，用傳不朽，因拈一偈曰：

清風作伴，

明月為家。

以筆代耕，

眠雲立雪。

鐵笛無人吹，

白雲無人掃。

冷笑兩三聲，

看空山秋月。

三、功　法

(一)宋派八卦老八掌

老掌一趟完
整影片演示

趟路名稱

第一掌　換掌　　　　　　第二掌　回身捶

第三掌　挑手三穿　　　　第四掌　轉身掌

第五掌　回身掌　　　　　第六掌　斜身拗步

第七掌　四龍取水　　　　第八掌　臥蟒翻身

第一掌　換掌（又名望斗式，指天畫地）

第一掌
正面

（1）無極式　　　　　　（2）雙按掌

（3）雙推掌　　　　　　（4）左七星式

（5）閃轉趨避　　　　　（6）抽身換影

（7）閃轉趨避　　　　　（8）抽身換影

（9）閃轉趨避　　　　　（10）左七星式

（11）雙撐掌　　　　　　（12）望斗式

（13）太極步　　　　　　（14）鷂子鑽天追風腿

（15）青龍轉身　　　　　（16）閃轉趨避

（17）右七星式　　　　　（18）雙撐掌

（19）太極步　　　　　　（20）鷂子鑽天追風腿

（21）青龍轉身　　　　　（22）閃轉趨避

圖4-1　無極式

第1動　無極式

沿圓圈東端或北端並步站立，面西背東，兩掌在兩腿側自然下垂，兩掌指分開，掌心向後，拇指外側貼靠兩腿，兩眼平視。上動不停，左腳開步，與肩同寬，精神貫注（圖4-1）。

【要點】頭要頂，項要直，全身放鬆，平靜自然。

第2動　雙按掌

圖4-2　雙按掌

兩掌抬起至胸前，臂內旋下按至腹部，十指相對圓撐，同時進右足，兩腿力量前三後七，眼看前方（圖4-2）。

【要點】鬆肩、坐腰、沉胯，右膝微向裡扣。

【用法】對方或拳或掌向我正面擊來，我雙掌臂內旋下按其肘臂，同時出右足鉤掛其小腿，雙掌向前向下，沉按其小腹處可使對方立撲。

第3動　雙推掌

圖4-3　雙推掌

右腳向前邁一大步，同時左腳跟步，兩腿並立，然後雙掌向前方推出（圖4-3）。

【要點】雙掌前推，有下沉之力，沉肩肘和塌腕與跟右足協調一致，身手相應，手足相合。

【用法】彼向我迎面攻來，我順其來力，以裡圈外旋向下或外圈內旋向上，先瀉後發，先拔其根後發放，用之為制勝之招。

第4動　左七星式

圖4-4　左七星式（一）

右掌向左側前方推出，然後左掌從右掌腕下上穿撐翻而出，掌心向外，同時進左足，足尖外擺，右掌臂內旋，屈肘向左肋側下按，掌心向下，身體繼續左轉，眼看虎口（圖4-4、圖4-5）。

【要點】腰撐，肘臂撐，手掌撐，頸項撐，頭、手、肘、身撐向圓心，撐成一股旋勁。

圖4-5　左七星式（二）

【用法】彼向我擊來，我閃身避其鋒芒，順勢向下摟採，用上穿掌即可將其擊倒。

第5動　閃轉趨避

進右足裡扣，開始由東向北向西向南至東沿圓而走，圍圓而換（圖4-6）。

圖4-6　閃轉趨避

【要點】閃轉是身法、手法，身如天平，轉走時不要忽高忽低。趨避是腿法、步法，步步緊扣，連環縱橫。

【用法】彼向我正面擊來，我用閃化其來勢，轉身腰卸其力，在滾捲中或拿或發，隨機而取。趨是腿法，屬八卦暗腿，避是避其正攻其斜，有避迫之意，在轉換中的應用是避其腿足，連環出擊。

圖4-7　抽身換影

第6動　抽身換影

在向左方轉走中，收右足，轉身擺步，同時，右掌從左肘下上穿至左小臂腕關節下穿鑽而出，滾翻而落，繼續圍圓向右方轉走（圖4-7）。

【要點】翻身如燕，輕靈快速，轉身如猴，機警敏捷，靈巧如貓，快捷神速。

【用法】左掌向側搬扣彼手臂，右掌由下向上擰旋鑽出，一拿彼臂，二肘擊彼胸，三鎖彼喉，四靠其身，下擊其襠腹。

第7動　閃轉趨避

與第5動閃轉趨避相同，唯方向相反。

第8動　抽身換影

與第6動抽身換影相同，唯方面相反。

第9動　閃轉趨避

與第5動閃轉趨避相同。

第10動　左七星式

　　轉走到起勢位置，由東至北端入坎卦或乾卦，三體合一站定，懷抱七星，眼看前掌虎口（圖4-8）。

圖4-8　左七星式

　　【要點】身法端正，沉掌塌腕，擰旋走轉，身輕步靈，蹬腳摩脛，屈腿蹚泥。

　　【用法】以靜制動，鎖彼來手掌，前掌撐力含有上拱下塌之勁，在應變中坐腰沉胯，守己之中，長腰而起，奔對方上中下三點出擊，疾速迅猛，沾則沉黏，發則擊遠。

第11動　雙撐掌

　　進左足，上右足，馬步蹲襠，兩掌臂內旋，兩臂重疊，下沉於腹部，兩掌心下按，眼看右側方（圖4-9）。

圖4-9　雙撐掌

　　【要點】懸頂，肩肘鬆垂，兩掌含沉勁、採勁。

　　【用法】迎對方來手，左手下採其臂腕，沉腰拿其臂肘關節，右臂藏肘含有上擊其肋之法，右腿套封其腿足。

圖 4-10　望斗式

第 12 動　望斗式

　　身法步法不變，左掌外旋至頭上部，向上撐起，掌心向前，右掌內旋至襠前，掌心向下，上托下沉，眼看右側前方（圖 4-10）。

　　【要點】左掌有托力，右掌有按力，兩臂圓撐，馬步蹲襠，十趾抓地。

　　【用法】上托彼進擊之手臂，右膝扣擊其腿關節，右掌沉力翻滾以擊其腹。

圖 4-11　太極步

第 13 動　太極步

　　左足收至右足前，左足尖外擺90°，與右足相併，屈膝沉胯，左掌圓撐，指分掌凹，架於左額前，右肘護肋，鬆肩墜肘，右掌內扣塌腕，以護襠腹（圖 4-11）。

　　【要點】懸頂斂臀，裹襠沉腰。

　　【用法】左掌上架拿對方之手臂，疊步是步法轉換，右掌塌腕，反擊彼身，敏捷多變。

第 14 動　鷂子鑽天追風腿

　　左掌沉肘，身腰左轉掰膝下蹲，在轉換中撤右足，同時右掌下插，由足而起，繞膝上穿至左肋腋下上穿，至肘

臂外側，鑽翻而出，重心移至左腿，抬右腿向東南方向踢出，轉換中身法左旋360°（圖4-12、圖4-13）。

圖4-12　鷂子鑽天追風腿（一）　　圖4-13　鷂子鑽天追風腿（二）

【要點】下蹲時要懸頂鬆腰，裹襠收臀，出腿疾速。

【用法】彼向我右方擊來，我左轉腰牽引彼來力，左掌下採其腕，右掌上穿挑其肘，同時翻捲手臂，隨即出腿將其擊出。

第15動　青龍轉身

落右足，足尖外擺，弓右腿蹬左腿，翻右掌，臂外旋，眼看右掌虎口（圖4-14）。

【要點】身體中正平衡，氣勢端莊。

【用法】右掌上穿其臂，在轉換中以斜取正，上攻其胸肩，中取其腰腹，下以右腿封其襠足。

圖4-14　青龍轉身

圖 4-15　閃轉趨避

圖 4-16　右七星式

第 16 動　閃轉趨避

與第 5 動閃轉趨避相同，唯方向相反（圖 4-15）。

第 17 動　右七星式

轉走至離卦或乾卦，在南端站定，與第 10 動左七星式相同，唯方向相反（圖 4-16）。

第 18 動　雙撐掌

與第 11 動雙撐掌相同，唯方向相反（圖 4-17、圖 4-18）。

第 19 動　太極步

與第 13 動太極步相同，唯方向相反（圖 4-19）。

圖 4-17　雙撐掌（一）

圖 4-18　雙撐掌（二）

圖 4-19　太極步

第20動　鷂子鑽天追風腿

與第 14 動鷂子鑽天追風腿相同，唯方向相反（圖4-20、圖 4-21）。

第21動　青龍轉身

與第 15 動青龍轉身相同，唯方向相反（圖 4-22）。

圖4-20　鷂子鑽天追風腿（一）　圖4-21　鷂子鑽天追風腿（二）　圖4-22　青龍轉身

第22動　閃轉趨避

與第 5 動閃轉趨避相同（圖4-23）。

單換掌法無極功，
懷抱琵琶轉七星。
先摟後拿定心肘，
閃轉趨避脫身形。

圖4-23　閃轉趨避

第二掌　回身捶

第二掌
反面

（1）進步左七星式　　（2）雙抱捶
（3）反背捶　　　　　（4）太極步
（5）鷂子鑽天追風腿　（6）青龍轉身
（7）閃轉趨避　　　　（8）進步右七星式
（9）雙抱捶　　　　　（10）反背捶
（11）太極步　　　　（12）鷂子鑽天追風腿
（13）青龍轉身　　　（14）閃轉趨避

第1動　進步左七星式

圖 4-24　進步左七星式

　　轉走至北端坎卦方位，進左足跟右足，右足在左足旁側足尖點地，兩掌不變，眼看前方（圖 4-24）。

　　【要點】頭虛領頂勁，身法正中不偏。

　　【用法】彼向我側方攻來，我以右掌擒其臂，用左掌直逼其胸，臂外旋發力，可將其擊出。

第2動　雙抱捶

　　身體右轉 180°，右足向右後方進一大步，馬步椿站立，兩捶十字交叉相合於胸前，眼看右前方（圖 4-25）。

　　【用法】彼從我後方用左拳擊我後背，我轉身用我左拳擒取彼手，右拳直擊彼胸肋，坐腰沉胯以助其勢。

圖 4-25　雙抱捶　　　圖 4-26　反背捶（反面）　　　圖 4-27　太極步

第 3 動　反背捶

上右足進左足旋轉 360°，將兩臂拳橫勁反背而出，騎馬蹲襠（圖 4-26）。

【要點】沉腰坐胯，力貫雙足。

【用法】彼向我擊來，我截擊其臂，上擊其胸，後擊其背，中擊其腰肋，下擊其襠腹。

第 4 動　太極步

與第一掌第 13 動太極步相同（圖 4-27）。

第 5 動　鷂子鑽天追風腿

與第一掌第 14 動鷂子鑽天追風腿相同（圖 4-28、圖 4-29）。

第 6 動　青龍轉身

與第一掌第 15 動青龍轉身相同（圖 4-30）。

圖4-28　鷂子鑽天追風腿（一）　圖4-29　鷂子鑽天追風腿（二）　圖4-30　青龍轉身

第7動　閃轉趨避

與第一掌第7動閃轉趨避相同（圖4-31）。

第8動　進步右七星式

與第二掌第1動進步左七星式相同，唯方向相反（圖4-32）。

圖4-31　閃轉趨避　　　　圖4-32　進步右七星式

第9動　雙抱捶

與第二掌第 2 動雙抱捶相同，唯方向相反（圖 4-33）。

第10動　反背捶

與第二掌第 3 動反背捶相同，唯方向相反（圖 4-34）。

第11動　太極步

與第二掌第 4 動太極步相同，唯方向相反（圖 4-35）。

圖 4-33　雙抱捶　　　圖 4-34　反背捶　　　圖 4-35　太極步

第12動　鷂子鑽天追風腿

與第二掌第 5 動鷂子鑽天追風腿相同，唯方向相反（圖 4-36、圖 4-37）。

圖 4-36　鷂子鑽天追風腿（一）

圖 4-37　鷂子鑽天追風腿（二）

第 13 動　青龍轉身

與第一掌第 21 動青龍轉身相同（圖 4-38）。

第 14 動　閃轉趨避

與第一掌第 22 動閃轉趨避相同（圖 4-39）。

　　回身反背用捶擊，連環捶法雙臂力。

　　騎馬蹲襠泰山勢，周身上下似崩弓。

圖 4-38　青龍轉身

圖 4-39　閃轉趨避

第三掌　挑手三穿

（1）左七星式　　　　　（2）挑手三穿
（3）挑手三穿　　　　　（4）穿掌十字腿
（5）太極步　　　　　　（6）鷂子鑽天追風腿
（7）青龍轉身　　　　　（8）閃轉趨避
（9）右七星式　　　　　（10）挑手三穿
（11）挑手三穿　　　　　（12）穿掌十字腿
（13）太極步　　　　　　（14）鷂子鑽天追風腿
（15）青龍轉身　　　　　（16）閃轉趨避

第三掌
正面

第1動　左七星式

與第一掌第10動左七星式相同（圖4-40）。

第2動　挑手三穿

上左足，右掌從左肘腕下直穿而出，同時右足向前進一步，足尖點地，右掌翻轉下按沉於右肘側，掌心向下，

圖4-40　左七星式

圖4-41　挑手三穿

肘護肋，掌護手，眼看前方（圖 4-41）。

【要點】肩肘腰相合，手腿足相隨，不偏不倚。

【用法】彼迎面向我擊來，或拳或腿，我上挑其臂手，下按其腿腰，穿掌鎖喉，翻掌撲面，肘靠胸，胯打膝，腿封足。

第3動　挑手三穿

與上動挑手三穿相同，唯左右互換（圖 4-42）。

第4動　穿掌十字腿

在左式穿掌的同時踢右腿，奔其肋或襠，然後翻掌馬步下按（圖 4-43）。

【要點】踢腿與上穿要協調一致。

【用法】我迎面穿掌而出，上擊肋，外套封其腿足，內插襠以擊其腹。

圖 4-42　挑手三穿　　　　圖 4-43　穿掌十字腿

第 5 動　太極步

與第一掌第 13 動太極步相同（圖 4-44）。

第 6 動　鷂子鑽天追風腿

與第一掌第 14 動鷂子鑽天追風腿相同（圖 4-45）。

第 7 動　青龍轉身

與第一掌第 15 動青龍轉身相同。

第 8 動　閃轉趨避

與第一掌第 7 動閃轉趨避相同。

第 9 動　右七星式

與第一掌第 17 動相同（圖 4-46）。

圖 4-44　太極步　　　圖 4-45　鷂子鑽天追風腿　　　圖 4-46　右七星式

第 10 動　挑手三穿

與第三掌第 3 動挑手三穿相同，唯方向相反（圖
4-47）。

第 11 動　挑手三穿

與第三掌第 2 動挑手三穿相同，唯方向相反（圖
4-48）。

第 12 動　穿掌十字腿

與第三掌第 4 動穿掌十字腿相同，唯方向相反（圖
4-49）。

第 13 動　太極步

與第一掌第 13 動太極步相同，唯方向相反（圖
4-50）。

圖 4-47　挑手三穿　　　圖 4-48　挑手三穿　　　圖 4-49　穿掌十字腿

圖 4-50　太極步

圖 4-51　鷂子鑽天追風腿

第 14 動　鷂子鑽天追風腿

與第一掌第 20 動鷂子鑽天追風腿相同（圖 4-51）。

第 15 動　青龍轉身

與第一掌第 21 動青龍轉身相同。

第 16 動　閃轉趨避

與第一掌第 22 動閃轉趨避相同。

　　挑手三穿鷹比疾，先挑後打翻掌起。

　　翻轉直擊穿林手，挑上打下飛腿取。

第四掌　轉身掌

第四掌
反面

（1）左七星式　　　　（2）雙撐掌

（3）轉身掌　　　　　（4）翻身靠掌

（5）太極步　　　　　（6）鷂子鑽天追風腿

（7）青龍轉身　　　　（8）閃轉趨避

（9）右七星式　　（10）雙撐掌

（11）轉身掌　　　（12）翻身靠掌

（13）太極步　　　（14）鷂子鑽天追風腿

（15）青龍轉身　　（16）閃轉趨避

第1動　左七星式

與第一掌第 10 動左七星式相同（圖 4-52）。

第2動　雙撐掌

與第一掌第 11 動雙撐掌相同（圖 4-53）。

第3動　轉身掌

身體向左轉身 180°，同時撤左足上步，左掌隨身體左轉劃圈劈出，右掌向前推出，眼看右掌（圖 4-54）。

【要點】轉身上步、衝掌要協調一致。

【用法】彼用左臂擊來，我用左掌向下扣帶其手臂，並用右掌推擊其肋肩胸際。

圖 4-52　左七星式　　　圖 4-53　雙撐掌　　　圖 4-54　轉身掌

第4動 翻身靠掌

上右足再進左足，轉身 180°，同時右掌扣帶，左掌橫向斜上，用臂肘肩發力而出，眼看左前上方（圖 4-55）。

【要點】轉身、上步、發力要整齊合一。

【用法】彼向我擊來，我右手扣帶其臂轉身向其胸肋靠出。

第5動 太極步

上右足左轉身，同時左掌搬扣，右掌向前橫向推出，然後左足收至右足前，左足尖外擺 90°，與右足相併，左掌圓撐，右掌下行至襠腹處（圖 4-56）。

【要點】與第一掌第 13 動太極步相同。

【用法】與第一掌第 13 動太極步相同。

第6動 鷂子鑽天追風腿

與第一掌第 14 動鷂子鑽天追風腿相同（圖 4-57）。

圖 4-55 翻身靠掌　　圖 4-56 太極步　　圖 4-57 鷂子鑽天追風腿

第7動　青龍轉身

與第一掌第15動青龍轉身相同。

第8動　閃轉趨避

與第一掌第7動閃轉趨避相同。

第9動　右七星式

與第一掌第17動右七星式相同（圖 4-58）。

第10動　雙撐掌

與第一掌第 11 動雙撐掌相同，唯方向相反（圖 4-59）。

第11動　轉身掌

與第四掌第 3 動轉身掌相同，唯方向相反（圖 4-60）。

圖 4-58　右七星式　　　圖 4-59　雙撐掌　　　圖 4-60　轉身掌

第 12 動　翻身靠掌

與第 4 動翻身靠掌相同，唯方向相反（圖 4-61）。

第 13 動　太極步

與第 5 動太極步相同，唯方向相反（圖 4-62）。

第 14 動　鷂子鑽天追風腿

與第 6 動鷂子鑽天追風腿相同，唯方向相反（圖 4-63）。

第 15 動　青龍轉身

與第 7 動青龍轉身相同，唯方向相反。

第 16 動　閃轉趨避

與第 8 動閃轉趨避相同，唯方向相反。

上步搭手轉回身，出招進擊在腰功。

圖 4-61　翻身靠掌　　　圖 4-62　太極步　　　圖 4-63　鷂子鑽天追風腿

轉身掌法連環步，肩擊胯打法上乘。

第五掌　回身掌

第五掌
正面

（1）左七星式　　　　（2）麒麟吐書
（3）迎面掌　　　　　（4）回身掌
（5）托天掌　　　　　（6）太極步
（7）鷂子鑽天追風腿　（8）青龍轉身
（9）閃轉趨避　　　　（10）右七星式
（11）麒麟吐書　　　　（12）迎面掌
（13）回身掌　　　　　（14）托天掌
（15）太極步　　　　　（16）鷂子鑽天追風腿
（17）青龍轉身　　　　（18）閃轉趨避

第1動　左七星式

與第一掌第10動左七星式相同（圖4-64）。

第2動　麒麟吐書

左足上一步踏實，右足前進一步，足尖點地，同時右掌順左掌肘下前穿而出，掌心向上成仰掌，眼看右掌（圖4-65）。

【要點】穿掌上步蹬後足，要合一。

【用法】此掌出手奔對方咽喉，明掌鎖喉，暗掌撲面，下藏暗腿。

第3動　迎面掌

右足前進一大步，後足跟步，右掌向前方斜上穿出，

圖4-64　左七星式　　　圖4-65　麒麟吐書　　　圖4-66　迎面掌

成仰掌，左掌在右肘側成俯掌，眼看右掌（圖4-66）。

【要點】右掌高於頭平，兩臂微曲，沉肩墜肘。

【用法】右掌取敵中鋒及頭部、面部，內藏暗肘擊胸。

第4動　回身掌

左轉身180°，同時進左足弓步，然後左掌向左前斜方，橫推而出（圖4-67）。

【要點】左掌高不過眉，鬆肩墜肘，後足蹬力。

【用法】左掌搬扣對方直來之臂，轉身向其肋胸橫向斜擊，使其被橫推而出。

第5動　托天掌

進右足，左掌翻掌上托，右掌從左側下方向前托出，眼看右前方（圖4-68）。

【要點】騎馬蹲襠，全身整力。

圖 4-67　回身掌　　　圖 4-68　托天掌　　　圖 4-69　太極步

【用法】左掌托彼肘臂，右掌上攻其腹，中擊其肋。

第6動　太極步

與第一掌第 13 動太極步相同（圖 4-69）。

第7動　鷂子鑽天追風腿

與第一掌第 14 動鷂子鑽天追風腿相同。

第8動　青龍轉身

與第一掌第 15 動青龍轉身相同。

第9動　閃轉趨避

與第一掌第 16 動閃轉趨避相同。

第10動　右七星式

與第一掌第 17 動右七星式相同（圖 4-70）。

圖 4-70　右七星式　　　圖 4-71　麒麟吐書　　　圖 4-72　迎面掌

第 11 動　麒麟吐書

與第 2 動麒麟吐書相同，唯方向相反（圖 4-71）。

第 12 動　迎面掌

與第 3 動迎面掌相同，唯方向相反（圖 4-72）。

第 13 動　回身掌

與第 4 動回身掌相同，唯方向相反（圖 4-73）。

第 14 動　托天掌

與第 5 動托天掌相同，唯方向相反（圖 4-74）。

第 15 動　太極步

與第一掌第 19 動太極步相同（圖 4-75）。

圖 4-73　回身掌

圖 4-74　托天掌

圖 4-75　太極步

第 16 動　鷂子鑽天追風腿

與第一掌第 20 動鷂子鑽天追風腿相同。

第 17 動　青龍轉身

與第一掌第 21 動青龍轉身相同。

第 18 動　閃轉趨避

與第一掌第 22 動閃轉趨避相同。

進步出掌似蛇行，長身而起蛇信靈。

麒麟吐書馬分鬃，上步兩掌托七星。

第六掌　斜身拗步

第六掌
反面

（1）左七星式　　　（2）左拗步雙封掌

（3）右拗步雙封掌　（4）腋掌

（5）馬上開弓　　　（6）太極步

（7）鷂子鑽天追風腿　　（8）青龍轉身

（9）閃轉趨避　　　　　（10）右七星式

（11）右拗步雙封掌　　　（12）左拗步雙封掌

（13）腋掌　　　　　　　（14）馬上開弓

（15）太極步　　　　　　（16）鷂子鑽天追風腿

（17）青龍轉身　　　　　（18）閃轉趨避

第1動　左七星式

與第一掌第10動左七星式相同（圖4-76）。

第2動　左拗步雙封掌

左足回收至與右足相疊，身體右轉，同時兩掌向左搬採。隨之左轉身，兩掌向左搬採，然後向左轉身180°，右足向左前斜方上一大步，同時雙掌向前推出，眼看前方（圖4-77～圖4-79）。

【要點】兩掌搬採掌心向外，轉身上步，推掌要一致。

圖4-76　左七星式　　　圖4-77　左拗步雙封掌（一）　　圖4-78　左拗步雙封掌（二）

第3動　右拗步雙封掌

與左拗步雙封掌相同，唯方向相反（圖 4-80～圖 4-82）。

【要點】兩掌搬採掌心向外，轉身上步，推掌要一致。

【用法】彼向右掌或拳向我擊來，我向右搬採其臂，然後轉腰上步，用雙掌上封其腹，下封其腿足，可將其發出。

圖4-79　左拗步雙封掌（三）　圖4-80　右拗步雙封掌（一）　圖4-81　右拗步雙封掌（二）

圖4-82　右拗步雙封掌（三）　　圖4-83　腋掌　　　　圖4-84　馬上開弓

第4動　腋掌

上左足，右臂屈肘內旋，反臂由左胸肋至左膝關節處翻掌而出，掌心向外，同時右掌處旋上架於右額上方，眼看左前方（圖4-83）。

【要點】頭上頂，沉腰坐胯，中定馬步。

【用法】彼右掌向我擊來，我右掌橫搬其臂，同時左掌奔其襠腹要害。

第5動　馬上開弓

進右足，左掌上架於左額上方，掌心向外，右掌同時向前方推出，掌指朝上，掌心向前，眼看右掌指（圖4-84）。

【要點】要騎馬蹲襠，坐腰沉胯。

【用法】左掌接架對方擊來之手，進右足發右掌以擊其肋腋。

第6動　太極步

與第一掌第13動太極步相同（圖4-85）。

第7動　鷂子鑽天追風腿

與第一掌第14動鷂子鑽天追風腿相同（圖4-86、圖4-87）。

第8動　青龍轉身

與第一掌第15動青龍轉身相同。

圖 4-85　太極步

圖 4-86　鷂子鑽天追風腿（一）

圖 4-87　鷂子鑽天追風腿（二）

圖 4-88　右七星式

圖 4-89　右拗步雙封掌（一）

圖 4-90　右拗步雙封掌（二）

第 9 動　閃轉趨避

與第一掌第 16 動閃轉趨避相同。

第 10 動　右七星式

與第一掌第 17 動右七星式相同（圖 4-88）。

第 11 動　右拗步雙封掌

與第 3 動右拗步雙封掌相同（圖 4-89～圖 4-91）。

第12動　左拗步雙封掌

與第2動左拗步雙封掌相同（圖4-92～圖4-94）。

第13動　腋掌

與第4動腋掌相同，唯方向相反（圖4-95）。

圖4-91　右拗步雙封掌（三）　　圖4-92　左拗步雙封掌（一）　　圖4-93　左拗步雙封掌（二）

圖4-94　左拗步雙封掌（三）　　　　圖4-95　腋掌　　　　　圖4-96　馬上開弓

第14動　馬上開弓

與第5動馬上開弓相同，唯方向相反（圖4-96）。

第15動　太極步

與第一掌第19動太極步相同（圖4-97）。

第16動　鷂子鑽天追風腿

與第一掌第14動鷂子鑽天追風腿相同，唯方向相反
（圖4-98、圖4-99）。

第17動　青龍轉身

與第一掌第15動青龍轉身相同，唯方向相反。

第18動　閃轉趨避

與第一掌第16動閃轉趨避相同，唯方向相反。

圖4-97　太極步　　　圖4-98　鷂子鑽天追風腿（一）　圖4-99　鷂子鑽天追風腿（二）

左右搬採腰軸承，雙撞掌法勢更凶。

八卦腋掌隨招用，擊人發人快如風。

第七掌　四龍取水

（1）左七星式　　　　　（2）龍形掌右式

（3）龍形掌左式　　　　（4）龍形掌右式

（5）轉身龍探爪　　　　（6）太極步

（7）鷂子鑽天追風腿　　（8）青龍轉身

（9）閃轉趨避　　　　　（10）右七星式

（11）龍形掌左式　　　　（12）龍形掌右式

（13）龍形掌左式　　　　（14）轉身龍探爪

（15）太極步　　　　　　（16）鷂子鑽天追風腿

（17）青龍轉身　　　　　（18）閃轉趨避

第七掌
正面

第1動　左七星式

與第一掌第10動左七星式相同（圖4-100）。

圖4-100　左七星式　　圖4-101　龍形掌右式（一）　圖4-102　龍形掌右式（二）

第2動　龍形掌右式

由七星式開始，左掌下落內旋，右掌上鑽外旋掌，同時邁左足，右足隨之前進一大步，左足跟進一步，然後兩掌向前向下推按而出，眼看右掌（圖 4-101、圖 4-102）。

【要點】身體重心前三後七，鬆肩墜肘坐腰沉胯。

【用法】彼以右掌向我擊來，我以右掌搬採其臂，同時進右足，下封其腿。右掌向前上封其喉，中封其胸，用肩肘的沉力和腰襠之力貫之於足，發則可擊人。

第3動　龍形掌左式

與龍形掌右式相同，唯方向相反（圖 4-103～圖 4-105）。

第4動　龍形掌右式

與第2動龍形掌右式相同（圖 4-106～圖 4-107）。

圖 4-103　龍形掌左式（一）　圖 4-104　龍形掌左式（二）　圖 4-105　龍形掌左式（三）

圖4-106　龍形掌右式（一）　圖4-107　龍形掌右式（二）　圖4-108　轉身龍探爪

第5動　轉身龍探爪

身體左轉180°，進左足成左弓步，左掌向左側上方外旋探掌，右掌向右側下方扣採，眼看右掌（圖4-108）。

【要點】左掌高於頭平，腰胯放鬆兩掌兩腿用力。

【用法】彼用右掌擊來，我右臂掌擒其腕臂，左掌上封其喉，中封其胸，用左腿封其腿足。

第6動　太極步

與第一掌第13動太極步相同（圖4-109）。

第7動　鷂子鑽天追風腿

與第一掌第14動鷂子鑽天追風腿相同（圖4-110、圖4-111）。

第8動　青龍轉身

與第一掌第15動青龍轉身相同。

圖4-109　太極步　　　圖4-110　鷂子鑽天追風腿（一）　圖4-111　鷂子鑽天追風腿（二）

第9動　閃轉趨避

與第一掌第16動閃轉趨避相同。

第10動　右七星式

與第一掌第17動右七星式相同（圖4-112）。

第11動　龍形掌左式

與第2動龍形掌右式相同，唯方向相反（圖4-113、圖4-114）。

第12動　龍形掌右式

與第3動龍形掌左式相同，唯方向相反（圖4-115～圖4-117）。

第13動　龍形掌左式

與第4動龍形掌右式相同，唯方向相反（圖4-118、

圖 4-112　右七星式　　圖 4-113　龍形掌左式（一）　圖 4-114　龍形掌左式（二）

圖 4-115　龍形掌右式（一）　圖 4-116　龍形掌右式（二）　圖 4-117　龍形掌右式（三）

圖 4-118　龍形掌左式（一）　　　圖 4-119　龍形掌左式（二）

圖 4-120　轉身龍探爪

圖 4-119）。

第 14 動　轉身龍探爪

與第 5 動轉身龍探爪相同，唯方向相反（圖 4-120）。

第 15 動　太極步

與第一掌第 19 動太極步相同（圖 4-121）。

第 16 動　鷂子鑽天追風腿

與第一掌第 20 動鷂子鑽天追風腿相同（圖 4-122、圖 4-123）。

第 17 動　青龍轉身

與第一掌第 21 動青龍轉身相同。

圖 4-121　太極步

圖 4-122　鷂子鑽天追風腿（一）

圖 4-123　鷂子鑽天追風腿（二）

第 18 動　閃轉趨避

與第一掌第 22 動閃轉趨避相同。

　　龍形掌法奔前鋒，出手探爪咽喉封。
　　左右運用連環手，步步進擊似龍騰。

第八掌　臥蟒翻身

第八掌
反面

（1）左七星式　　　　（2）臥蟒出洞左式
（3）臥蟒出洞右式　　（4）臥蟒出洞左式
（5）臥蟒翻身　　　　（6）太極步
（7）鷂子鑽天追風腿　（8）青龍轉身
（9）閃轉趨避　　　　（10）右七星式
（11）臥蟒出洞右式　（12）臥蟒出洞左式
（13）臥蟒出洞右式　（14）臥蟒翻身
（15）太極步　　　　（16）鷂子鑽天追風腿
（17）青龍轉身　　　（18）閃轉趨避
（19）七星收勢

第 1 動　左七星式

與第一掌第 10 動左七星式相同（圖 4-124）。

第 2 動　臥蟒出洞左式

　　由七星式開始，上左足進右足，足尖點地，兩掌隨之前進，左為陰右為陽，兩掌相對，抱於胸前，眼看前方（圖 4-125）。

圖4-124　左七星式　　圖4-125　臥蟒出洞左式　　圖4-126　臥蟒出洞右式

第3動　臥蟒出洞右式

與左式相同，唯方向相反（圖 4-126）。

第4動　臥蟒出洞左式

與第 2 動相同（圖 4-127）。

【要點】鬆肩墜肘，坐腰沉胯，全身重心在後腿。

【用法】設敵單掌或雙掌或拳向我正面攻來，我兩掌一陰一陽為乾坤手，上下翻滾，翻為化，滾為進，內藏暗掌，承受彼之勁而進。進必進前足，內藏暗腿，一掌變，八掌隨，化則綿軟巧，發則冷脆快，隨曲就伸，變化莫測。

第5動　臥蟒翻身

上右足為右弓步，兩掌同時探掌而出，兩掌陰陽相對，左上右下，然後翻身 360°，進左足為左弓步，兩掌不

圖 4-127　臥蟒出洞左式　圖 4-128　臥蟒翻身（一）　圖 4-129　臥蟒翻身（二）

變，眼看前方（圖 4-128、圖 4-129）。

【要點】左掌與胸平，右掌高於頭平，兩掌有撐力，力貫兩足。

【用法】乾坤手前探，上取其胸肩，下取其腿胯，中拿腰或拿或發，隨機而動。

第 6 動　太極步

進右足左轉身，左掌屈臂外旋，掌心向外，右掌向前橫推而出，掌心向外，同時收左足與右足相併，左掌隨腰勁左轉，架於左額前，右掌護於腹部，掌心向下，眼平視（圖 4-130）。

要點與用法與第一掌第 13 動太極步相同。

第 7 動　鷂子鑽天追風腿

與第一掌第 14 動鷂子鑽天追風腿相同（圖 4-131、圖 4-132）。

圖 4-130　太極步　　圖 4-131　鷂子鑽天追風腿（一）　圖 4-132　鷂子鑽天追風腿（二）

第 8 動　青龍轉身

與第一掌第 15 動青龍轉身相同。

第 9 動　閃轉趨避

與第一掌第 16 動閃轉趨避相同。

第 10 動　右七星式

與第一掌第 17 動右七星式相同（圖 4-133）。

第 11 動　臥蟒出洞右式

與第 2 動臥蟒出洞左式相同，唯方向相反（圖 4-134）。

第 12 動　臥蟒出洞左式

與第 3 動臥蟒出洞右式相同，唯方向相反（圖 4-135）。

圖 4-133　右七星式　　　圖 4-134　臥蟒出洞右式　　　圖 4-135　臥蟒出洞左式

第 13 動　臥蟒出洞右式

與第 2 動臥蟒出洞左式相同，唯方向相反（圖 4-136）。

第 14 動　臥蟒翻身

與第 5 動臥蟒翻身相同，唯方向相反（圖 4-137、圖 4-138）。

圖 4-136　臥蟒出洞右式　　　圖 4-137　臥蟒翻身（一）　　　圖 4-138　臥蟒翻身（二）

第15動　太極步

與第6動太極步相同，唯方向相反（圖4-139）。

第16動　鷂子鑽天追風腿

與第一掌第20動鷂子鑽天追風腿相同（圖4-140、圖4-141）。

第17動　青龍轉身

與第一掌第21動青龍轉身相同。

第18動　閃轉趨避

與第一掌第22動閃轉趨避相同（圖4-142）。

第19動　七星收勢

轉走至起勢位置。懷抱左七星式，右足收回，身體直

圖 4-139　太極步　　　圖 4-140　鷂子鑽天追風腿（一）　圖 4-141　鷂子鑽天追風腿（二）

圖 4-142　閃轉趨避　　　圖 4-143　七星收勢（一）　　圖 4-144　七星收勢（二）

立兩腿與肩同寬，兩掌在胸下按，左足向右足靠攏成立正姿勢，兩掌下垂貼於兩腿側，兩眼平視（圖 4-143、圖4-144）。

　　蟒形掌法出入洞，翻閃陰陽抱球行。

　　臥蟒翻身逞變化，轉走乾坤螺旋功。

(二)宋派八卦後四掌

趟路名稱

第一掌　順式掌　　　　　第二掌　獅子揉球

第三掌　老虎大張口　　　第四掌　抽身掌

第一掌　順式掌

（1）左七星式　　　　　（2）順式掌

（3）轉身反撩掌　　　　（4）順步翻掌

（5）太極步　　　　　（6）鷂子鑽天追風腿

（7）青龍轉身　　　　　（8）閃轉趨避

（9）右七星式　　　　（10）順式掌

（11）轉身反撩掌　　　（12）順步翻掌

（13）太極步　　　　　（14）鷂子鑽天追風腿

（15）青龍轉身　　　　（16）閃轉趨避

第1動　左七星式

在圓環北端，從坎卦起勢，由左七星式開始（圖
4-145）。

第2動　順式掌

身體左轉 90°，然後進左足上右足，屈膝半蹲，同時
跟左足，足尖點地，左臂屈肘左撐，抱掌於左側方，同時
右掌外旋，向左前方推出，眼看前方（圖 4-146）。

【要點】轉換時身法、步法協調一致。

【用法】彼用左掌擊我，我左轉身左掌搬扣其臂掌，

圖 4-145　左七星式

圖 4-146　順式掌

同時進左足上右足，右掌上擊其肋，右腿下封其腿足，上下合一，可使彼撲地。

第3動　轉身反撩掌

身體左轉 180°，左掌屈肘內旋反臂，由胸前至腹至左腿膝關節處撩出，掌心反向上，左腿伸直，足尖裡扣，右腿屈膝下蹲，足尖裡扣，右掌在頭右上方，眼看左掌（圖4-147）。

【要點】全身重心在右腿，左腿成仆步。

【用法】彼用右掌擊我，我左掌搬採其臂，右掌撩其襠腹。

第4動　順步翻掌

左腿變左弓步，左掌隨之外旋翻掌，掌心斜向上，右掌向下採帶停於右胯旁，眼看左掌（圖 4-148）。

【要點】頭上頂，兩腿力量平衡，左掌高於頭平。

【用法】此招為彼方拿住，我以肩肘為軸滾翻擊人。

圖 4-147　轉身反撩掌　　　圖 4-148　順步翻掌

第5動　太極步

進右足左轉身，左掌屈臂外旋，掌心向外，右掌向前橫推而出，掌心向外，同時收左足與右足相併，左掌隨腰勁左轉，撐在左額前，右掌護於腹部，掌心向下，眼平視（圖 4-149）。

要點與用法與前八掌第一掌第 13 動太極步相同。

第6動　鷂子鑽天追風腿

與前八掌第一掌第 14 動鷂子鑽天追風腿相同（圖 4-150）。

第7動　青龍轉身

與前八掌第一掌第 15 動青龍轉身相同。

第8動　閃轉趨避

與前八掌第一掌第 16 動閃轉趨避相同。

圖 4-149　太極步　　　圖 4-150　鷂子鑽天追風腿　　　圖 4-151　右七星式

第 9 動　右七星式

與前八掌第一掌第 17 動右七星式相同（圖 4-151）。

第 10 動　順式掌

與第 2 動順式掌相同，唯方向相反（圖 4-152）。

第 11 動　轉身反撩掌

與第 3 動轉身反撩掌相同，唯方向相反（圖 4-153）。

第 12 動　順步翻掌

與第 4 動順步翻掌相同，唯方向相反（圖 4-154）。

第 13 動　太極步

與第 5 動太極步相同，唯方向相反（圖 4-155）。

圖 4-152　順式掌　　　圖 4-153　轉身反撩掌　　　圖 4-154　順步翻掌

第14動　鷂子鑽天追風腿

與第 6 動鷂子鑽天追風腿相同，唯方向相反（圖 4-156）。

第15動　青龍轉身

與第 7 動青龍轉身相同，唯方向相反。

第16動　閃轉趨避

與第 8 動閃轉趨避相同，唯方向相反。

順式掌法手行功，閉門推月把人封。

翻身探掌旋轉動，見招拆招占上風。

第二掌　獅子揉球

（1）左七星式　　　　（2）獅子揉球（進身）

（3）獅子揉球（退身）　（4）獅子揉球（進身）

圖 4-155　太極步　　圖 4-156　鷂子鑽天追風腿　　圖 4-157　左七星式

（5）獅子翻身　　　　（6）太極步

（7）鷂子鑽天追風腿　（8）青龍轉身

（9）閃轉趨避　　　　（10）右七星式

（11）獅子揉球（進身）（12）獅子揉球（退身）

（13）獅子揉球（進身）（14）獅子翻身

（15）太極步　　　　 （16）鷂子鑽天追風腿

（17）青龍轉身　　　 （18）閃轉趨避

第1動　左七星式

與後四掌第一掌第 1 動左七星式相同（圖 4-157）。

第2動　獅子揉球（進身）

進左足上右足，落於左足前方，足尖點地，同時兩掌左陰右陽，成抱球狀螺旋前進，隨之進右足上左足，落於右足前方，足尖點地，兩掌右陰左陽，抱球螺旋而進。如此三進（圖 4-158～圖 4-160）。

圖 4-158　獅子揉球（進身，一）　圖 4-159　獅子揉球（進身，二）　圖 4-160　獅子揉球（進身，三）

第3動 獅子揉球（退身）

接上式，退右足收左足於右足前方，兩掌由右陽左陰，抱球螺旋而退，變為右陰左陽。隨之退左足，收右足於左足前方，兩掌由右陰左陽抱球螺旋而退，變為右陽左陰。再退右足收左足於右足前方，兩掌由右陽左陰再抱球螺旋而退，變為右陰左陽，隨之退左足收右足，於左足前方，眼看陰陽掌。如此退四（圖4-161～圖4-164）。

圖4-161 獅子揉球（退身，一）

圖4-162 獅子揉球（退身，二）

圖4-163 獅子揉球（退身，三）

圖4-164 獅子揉球（退身，四）

圖 4-165　獅子揉球（進身，一）　圖 4-166　獅子揉球（進身，二）　圖 4-167　獅子揉球（進身，三）

第4動　獅子揉球（進身）

與第 2 動相同，唯左右勢互換（圖 4-165～圖 4-167）。

【要點】進左足則左為實右為虛，進右足則右為實左為虛，退右足則右為實左為虛，虛實轉換，隨腰而動。

【用法】彼向我進擊，或掌或拳或腿或足，我以乾坤掌、陰陽悉變，滾捲往來，奇正相生，進之則隨，黏之則沾，牽動往來，柔化剛發，卸而後發，發無不中。

第5動　獅子翻身

接上式，進左足為左弓步，兩掌長腰而出，然後身腰右轉 180°，同時進右足為右弓步，兩掌左陰右陽，眼看陰陽掌（圖 4-168、圖 4-169）。

【要點】左右弓步，重心在兩足之間，翻身時力貫兩足。

圖 4-168　獅子翻身（一）　　　圖 4-169　獅子翻身（二）

【用法】彼雙掌擊來，我用獅吞手陰陽出擊，攻中守，守中攻，上封喉，中取腰，下閉陰拿腿封足。應用時要慎而用之。

第6動　太極步

右掌外旋反臂向右方橫推而出，左掌外旋於額前，掌心向外，同時左足收疊於右足前，眼看右掌（圖4-170）。

【要點】疊步要下蹲，頭不失頂勁。

【用法】彼向我擊來，我左掌外搬其臂，右掌反臂直攻其肋，右腿下封其襠足。

第7動　鷂子鑽天追風腿

與前八掌第一掌第 14 動鷂子鑽天追風腿相同（圖4-171）。

圖 4-170　太極步　　　圖 4-171　鷂子鑽天追風腿　　　圖 4-172　右七星式

第 8 動　青龍轉身

與前八掌第一掌第 15 動青龍轉身相同。

第 9 動　閃轉趨避

與前八掌第一掌第 16 動閃轉趨避相同。

第 10 動　右七星式

與前八掌第一掌第 17 動右七星式相同（圖 4-172）。

第 11 動　獅子揉球（進身）

與第 2 動獅子揉球（進身）相同，唯方向相反（圖 4-173～圖 4-175）。

第 12 動　獅子揉球（退身）

與第 3 動獅子揉球（退身）相同，唯方向相反（圖 4-176～圖 4-179）。

圖 4-173　獅子揉球（進身，一）　圖 4-174　獅子揉球（進身，二）　圖 4-175　獅子揉球（進身，三）

圖 4-176　獅子揉球（退身，一）　圖 4-177　獅子揉球（退身，二）　圖 4-178　獅子揉球（退身，三）

圖 4-179　獅子揉球（退身，四）　圖 4-180　獅子揉球（進身，一）　圖 4-181　獅子揉球（進身，二）

圖4-182　獅子揉球（進身，三）　圖4-183　獅子翻身（一）　圖4-184　獅子翻身（二）

第13動　獅子揉球（進身）

與第 4 動獅子揉球（進身）相同，唯方向相反（圖 4-180～圖 4 -182）。

第14動　獅子翻身

與第 5 動獅子翻身相同，唯方向相反（圖 4-183、圖 4 -184）。

第15動　太極步

與第 6 動太極步相同，唯方向相反（圖 4-185）。

第16動　鷂子鑽天追風腿

與前八掌第一掌第 14 動鷂子鑽天追風腿相同，唯方向相反（圖 4-186）。

圖4-185　太極步　　　　圖4-186　鷂子鑽天追風腿

第 17 動　青龍轉身

與前八掌第一掌第 15 動青龍轉身相同，唯方向相反。

第 18 動　閃轉趨避

與前八掌第一掌第 16 動閃轉趨避相同，唯方向相反。

　　獅子揉球守中攻，三戰三取意不空。

　　縮小綿巧螺旋力，陰陽手法上下攻。

第三掌　老虎大張口

（1）左轉老虎探爪　　（2）右轉翻身式
（3）左轉翻身式　　　（4）虎吞手
（5）虎吞手　　　　　（6）老虎翻身
（7）右轉老虎探爪　　（8）左轉翻身式
（9）右轉翻身式　　　（10）虎吞手

（11）虎吞手　　　（12）老虎翻身

（13）閃轉趨避

第 1 動　左轉老虎探爪

接上式，邁左足擺步，進右足轉走，左手在下，手心朝上為陽掌，右掌在上，手心朝下為陰掌，兩掌成抱球狀，眼看左掌（圖 4-187）。

【要點】沉肩墜肘，上下九節勁合一，力貫兩足。

【用法】此招為先合力後分力，合為拿，分為發，變化莫測，實戰技擊，效用極強。

第 2 動　右轉翻身式

接上式，在轉走中進右足，兩掌圓撐探身而出，同時兩掌向左上方翻旋滾裹至右上方，然後腰右轉，邁右足擺步，進左足轉走，兩掌圓撐，左上右下，眼看右掌（圖4-188）。

圖4-187　左轉老虎探爪　　　圖4-188　右轉翻身式

第 3 動　左轉翻身式

接上式，在轉走中進左足，兩掌圓撐探身而出，同時
兩掌向右上方翻旋滾裹至左上方，然後腰左轉，邁左足擺
步，進右足轉走，兩掌圓撐，右上左下，眼看左掌（圖
4-189、圖 4-190）。

【要點】變轉閃戰要走中求，化發全在腰際。

【用法】在走中變勁即含拿人法、發人法，在陰陽轉
換中化與發完成，在走中變式變招變勁，一招動八招應，
式式相承。

第 4 動　虎吞手

進左足上右足為右弓步，同時兩掌落於胸前，變為左
陰右陽，眼看前方（圖 4-191）。

第 5 動　虎吞手

進左足為左弓步，同時陰陽掌上下翻，落於胸前，兩

圖 4-189　左轉翻身式（一）　圖 4-190　左轉翻身式（二）　　圖 4-191　虎吞手

掌變為右陰左陽，眼看前方（圖 4-192）。

【要點】轉換在腰，中正不偏。

【用法】出手上封其臂，下封其足，中間取其腰身，腳踏中門占地位，左右翻轉任意攻。

第6動　老虎翻身

身腰先左後右翻旋，然後左掌內旋外翻，同時右掌內旋翻向右腰下為陽掌，左掌向左前方推出，掌心向外，步法成騎馬蹲襠式，眼看左掌（圖 4-193、圖 4-194）。

【要點】翻身要以腰為軸，身手步合一。

【用法】此招式要求身腰手臂螺旋而動，上下合一，內外貫通，技法貫串其中，乘機而用，隨機而取。

第7動　右轉老虎探爪

與第 1 動左轉老虎探爪相同，唯方向相反（圖 4-195）。

圖 4-192　虎吞手　　圖 4-193　老虎翻身（一）　　圖 4-194　老虎翻身（二）

第 8 動　左轉翻身式

與第 3 動左轉翻身式相同（圖 4-196）。

第 9 動　右轉翻身式

與第 2 動右轉翻身式相同（圖 4-197、圖 4-198）。

第 10 動　虎吞手

與第 4 動虎吞手相同，唯方向相反（圖 4-199）。

第 11 動　虎吞手

與第 5 動虎吞手相同，唯方向相反（圖 4-200）。

第 12 動　老虎翻身

與第 6 動老虎翻身相同，唯方向相反（圖 4-201、圖 4-202）。

圖 4-195　右轉老虎探爪　　圖 4-196　左轉翻身式　　圖 4-197　右轉翻身式（一）

圖 4-198　右轉翻身式（二）　　圖 4-199　虎吞手　　　圖 4-200　虎吞手

圖 4-201　老虎翻身（一）　圖 4-202　老虎翻身（二）　　圖 4-203　閃轉趨避

第 13 動　閃轉趨避

　　與前八掌第一掌第 22 動閃轉趨避相同，唯方向相反
（圖 4-203）。

　　　　虎形掌法氣勢吞，一招多變左右翻。
　　　　腳踏中門取四隅，陰陽變化奇正生。

第四掌　抽身掌

（1）左七星式　　　　　（2）烏龍探爪
（3）烏龍纏腰　　　　　（4）鷂子鑽天追風腿
（5）青龍轉身　　　　　（6）閃轉趨避
（7）右七星式　　　　　（8）烏龍探爪
（9）烏龍纏腰　　　　　（10）鷂子鑽天追風腿
（11）青龍轉身　　　　　（12）閃轉趨避
（13）七星收勢

第1動　左七星式

與後四掌第一掌第1動左七星式相同（圖4-204）。

第2動　烏龍探爪

上左足進右足，然後左掌內旋於左胸前，同時右掌從左掌肘下上穿為仰掌，高於眉齊，眼看右掌（圖4-205）。

圖4-204　左七星式　　　圖4-205　烏龍探爪　　　圖4-206　烏龍纏腰（一）

【要點】兩腿力量前三後七，右腿掩襠，左掌肘護肋掌掩心。

【用法】上穿掌奔胸鎖喉，左掌中取腰胯下防腿攻，掩護周密，防中守，守中攻。

第3動　烏龍纏腰

右掌外旋架於右額前，拇指外側朝下，然後左足尖外擺，疊步併於右足前，同時腰左移兩足不動，左掌內旋，從身前經腹部屈肘繞向後背，掌背貼身，眼看左肩（圖4-206、圖 4-207）。

【要點】腰左轉 45°，全身重點在右腿，左掌纏腰時兩肩要鬆活。

【用法】彼左掌向我右方擊來，我轉腰化彼之來力，黏沾其肘，右掌上穿可取其肩背，坐腰沉胯可將其擊倒。

第4動　鷂子鑽天追風腿

與前八掌第一掌第 14 動鷂子鑽天追風腿相同（圖

圖 4-207　烏龍纏腰（二）　　圖 4-208　鷂子鑽天追風腿（一）　　圖 4-209　鷂子鑽天追風腿（二）

4-208、圖 4-209）。

第5動　青龍轉身

與前八掌第一掌第 15 動青龍轉身相同。

第6動　閃轉趨避

與前八掌第一掌第 16 動閃轉趨避相同。

第7動　右七星式

與前八掌第一掌第 17 動右七星式相同（圖 4-210）。

第8動　烏龍探爪

與第 2 動烏龍探爪相同，唯方向相反（圖 4-211）。

第9動　烏龍纏腰

與第 3 動烏龍纏腰相同，唯方向相反（圖 4-212、圖 4-213）。

圖 4-210　右七星式　　　圖 4-211　烏龍探爪　　　圖 4-212　烏龍纏腰（一）

第10動　鷂子鑽天追風腿

與第 4 動鷂子鑽天追風腿相同，唯方向相反（圖 4-214、圖 4-215）。

第11動　青龍轉身

與第 5 動青龍轉身相同，唯方向相反。

第12動　閃轉趨避

與第 6 動閃轉趨避相同，唯方向相反。

第13動　七星收勢

轉走至起勢位置，為左七星式，左實右虛，眼看左掌虎口，收右足身體立起，兩腿與肩同寬，雙掌在胸前放平，下按落於兩胯側，掌指向下，拇指貼於兩腿側，收左足並步立定，兩眼平視前方。與前八掌收勢同。

圖 4-213　烏龍纏腰（二）　圖 4-214　鷂子鑽天追風腿（一）　圖 4-215　鷂子鑽天追風腿（二）

烏龍探爪奔前胸，疊步纏腰把人封。

搬扣劈進八方取，推託帶領任意攻。

(三)宋派八卦單操

單操趟路

（1）穿掌　　　　　（2）挑掌

（3）腋掌　　　　　（4）翻身掌

（5）斜身拗步　　　（6）麒麟吐書

（7）四龍取水　　　（8）獅子揉球

單操八式是八卦掌技擊功法的精華，其式簡而致用，一掌可分變掌八式，連環縱橫，式式相承，綿綿不斷。椿如山岳，步似水中，摔旋走轉。意動生慧，奇正相生，變化萬千。

可以二人對操演練，也可以圍圓走轉搭手對練，騰挪閃戰，滾鑽爭裹。亦可走直趟練習，進退左右，套腿插襠。從單操中訓練得機而進、乘隙而入，逐漸達到懂勁明變，知人善發，漸至從心所欲。

要求身法敏捷輕靈，手法沉黏奇妙，步法閃轉趨避，眼神靈動精準，腿法綿密連環。

演練單操走陰陽乾坤掌，走乾卦，坤卦換式，走坤卦，乾卦換式，亦稱子午陰陽掌。不限場地，可以單式習練，也可以雙人搭手對練，操練時無人似有人，進攻與防守時刻意在其中。

(四)宋派八卦推手

八卦推手就是把純熟的八卦功夫運用到推手中去，長期演練使手眼身法步高度統一，擰旋走轉，渾身是圓，掌隨步到，身隨掌走，剛猛中含有柔化勁，搭手則沾，沾之則轉，彼進我化，彼發我瀉，攻中有防，守中有攻，正面化，轉身攻，久練通氣血，活筋骨，強身健腦，益智增壽，使身輕步活，腰腿靈動，思維敏捷機警。

日積月累，持之以恆，每次堅持八卦推手數十回合以上，則氣不喘，心不慌，力不竭，功力漸長。

八卦推手以單換掌、雙換掌、連環掌為基本掌法，以獅子揉球、反背捶、鴛鴦肘法為主要技法，貫串於推手之中，簡單實用，靈活多變。必須熟技走轉、翻旋騰挪，在閃戰疾速中運用自如。在練好八卦掌的基礎上，學練單換掌、雙換掌，習練精熟再習其他技法。

八卦基本推手為單推手單換掌、雙推手雙換掌。

八卦樁定步單推手單換掌

甲乙二人相對站立，全身放鬆，氣沉丹田，精神內斂，身法端正自然，左腳同時向左側邁一大步，成騎馬蹲襠式站定，然後兩掌提起內旋下按，同時二人右掌上穿搭手，腕腕相搭，左掌按於各自左腹前，平圓搭輪而推，相互推挽十個來回（圓圈）後穿掌換手，此為單換掌右推手（圖 5-1～圖 5-4）。

二人同時出左掌上穿搭手，腕腕相搭，右掌按於各自右腹前，平圓搭輪而推，相互推挽十個來回（圓圈）後穿

圖 5-1　單換掌右推手（一）

圖 5-2　單換掌右推手（二）

圖 5-3　單換掌右推手（三）

圖 5-4　單換掌右推手（四）

圖 5-5　單換掌左推手（一）

圖 5-6　單換掌左推手（二）

掌換手，此為單換掌左推手（圖 5-5、圖 5-6）。

八卦樁單推手單換掌為八卦樁推手法，既練站樁又推手，起初習練推一次 3～5 分鐘，習練精熟後可推十多分鐘或更長時間。

在推手中身法要中正不偏，兩腳平行沉襠馬步，站立

不動，長期堅持，既能增長內力，又能增強臂力和腰襠胯沉力，習練精熟而漸至周身鬆沉，兩足有力，落地生根，全身合一，上下貫通，混元一體之八卦整體勁力。逐步訓練觸覺之靈敏，視覺之靈動，聽勁之靈巧，內勁通靈沉穩，變化輕靈敏捷。

八卦步雙推手雙換掌

甲乙二人相對站立，身法中正，不偏不倚，步法輕靈而敏捷，眼神準確而靈動，二人同時進右足穿右掌搭腕相沾，左手扶彼右肘臂，向外旋翻滾，身腰右轉在走中推手不停，左轉或右轉一至幾圈不限，在走中變換往來連而不斷。在走中往來變化，穿左掌搭腕相沾，右手扶彼左肘

圖 5-7 雙推手雙換掌（一）

圖 5-8 雙推手雙換掌（二）

圖 5-9 雙推手雙換掌（三）

圖 5-10 雙推手雙換掌（四）

臂，向外翻滾，身腰左轉在走中變換往來不斷，如圓環之無端，方圓相生，無窮無盡，如長江大河，滔滔不絕。在走中運用「搬扣劈進，推託帶領，閃轉騰挪，擒拿捉放」十六字要訣（圖 5-7～圖 5-10）。

八卦推手十六式

（1）預備式　　　　　（2）起勢

（3）單換掌　　　　　（4）雙換掌

（5）連環掌　　　　　（6）挑手穿掌

（7）反背捶　　　　　（8）轉身掌

（9）斜身拗步　　　　（10）四龍取水

（11）臥蟒翻身　　　　（12）順式掌

（13）獅子揉球　　　　（14）老虎張口

（15）鑽翻點踢腿　　　（16）收勢

第1動　預備式

甲乙二人相對站立，間距一步，同時兩掌由兩側同時抬起，至胸前下按至腹部，眼平視前方（圖 5-11）。

第2動　起勢

甲乙二人右足各邁出一步，左實右虛，兩掌由兩側同時抬起，右掌仰掌上穿外旋與乙腕相搭相沾，左掌下塌外旋至腹部，眼看兩腕相搭處。

第3動　單換掌

甲乙二人右掌上鑽翻旋，同時左掌下塌外旋，二人右

腕沾黏相搭，然後向左轉走一周至坎（離）卦方位，再穿掌轉身換手向右轉走一周至坎（離）卦方位，左轉右旋，循環往來，甲乙二人同時穿掌轉身換手（圖 5-12）。

第4動　雙換掌

甲進右足成右弓步，同時用迎面掌擊乙面部，乙向後撤左足，同時用左掌搬扣甲掌，然後兩臂翻旋下按甲雙臂手，甲趁勢向後鬆沉，由裡圈手翻旋下按乙之肘臂或胸腹，甲乙二人循環往來，連環攻防進擊，至坎（離）卦方位，甲乙二人同時穿掌轉身換手（圖 5-13、圖 5-14）。

圖 5-11　預備式

圖 5-12　單換掌

圖 5-13　雙換掌（一）

圖 5-14　雙換掌（二）

第5動　連環掌

乙向甲左側攻來，用迎面掌鎖喉或撲面，甲穿掌搭乙腕臂向右側鑽翻，卸其來力以避實擊虛，上鑽其頭落翻其身，下關其膝足腿胯。同時乙左穿掌挑甲腕臂向左側翻滾，卸其來力以避實擊虛，上鑽其頭落翻其身，下關其膝足腿胯，轉走中至坎（離）卦方位，甲乙同時穿掌轉身換手（圖5-15、圖5-16）。

第6動　挑手穿掌

乙向甲撲面掌擊來，甲挑手穿掌擊乙胸部，乙同時搬領甲手臂向後轉腰撤步，甲進乙退，循環往來，至坎（離）卦方位，甲乙二人同時穿掌轉身換手（圖5-17、圖5-18）。

圖5-15　連環掌（一）

圖5-16　連環掌（二）

圖5-17　挑手穿掌（一）

圖5-18　挑手穿掌（二）

第7動 反背捶

乙左手臂向甲擊來，甲左掌搬扣乙臂，用臂捶沉採乙肘，同時反背擊乙頭部胸部，乙撤步後退，甲進左步同時用左臂捶反背擊之，直取乙肋、腹、肩、頭等部位，進擊不停，甲進乙退，至坎（離）卦方位，甲乙二人同時穿掌轉身換手（圖 5-19、圖 5 -20）。

第8動 轉身掌

乙拳向甲擊來，甲進步領乙拳，同時擒拿沉採乙臂，轉身掌向乙擊去，乙退甲進，甲轉身靠掌向乙擊出，進擊不停，甲進乙退，至坎（離）卦方位，甲乙二人同時穿掌轉身換手（圖 5-21、圖 5-22）。

圖 5-19 反背捶（一）

圖 5-20 反背捶（二）

圖 5-21 轉身掌（一）

圖 5-22 轉身掌（二）

第 9 動　斜身拗步

乙左拳擊甲胸部，同時進足穿右掌，甲捋乙拳同時腰左轉捋乙左臂拿其右臂，然後雙掌將乙擊出，左右轉換，至坎（離）卦方位，甲乙二人同時穿掌轉身換手（圖5-23、圖5-24）。

第 10 動　四龍取水

乙進右拳向甲面部或胸部擊來，甲左掌內旋帶採扣拿乙腕，同時進右足右掌截乙肘臂，沉拿前劈，上撲面下擊胸或鎖喉。循環往來，至坎（離）卦方位，甲乙二人同時穿掌轉身換手（圖5-25、圖5-26）。

圖 5-23　斜身拗步（一）

圖 5-24　斜身拗步（二）

圖 5-25　四龍取水（一）

圖 5-26　四龍取水（二）

第 11 動　臥蟒翻身

甲乙二人陰陽掌相搭圓撐，甲長身前探，同時雙掌翻旋滾動向乙擊出，乙退甲跟進，滾動翻腰向乙擊去，左右轉換，循環往來，至坎（離）卦方位，甲乙二人同時穿掌轉身換手（圖 5-27、圖 5-28）。

第 12 動　順式掌

乙右掌向甲擊來，甲左轉身扣帶乙右拳，同時右掌擊其胸，然後轉身下截其腿，同時左掌搬其臂，進右掌擊其胸，循環往來，至坎（離）卦方位，甲乙二人同時穿掌轉身換手（圖 5-29、圖 5-30）。

圖 5-27　臥蟒翻身（一）

圖 5-28　臥蟒翻身（二）

圖 5-29　順式掌（一）

圖 5-30　順式掌（二）

第13動　獅子揉球

　　甲乙二人在轉走中，甲進乙化，甲攻乙防，甲進左足為虛，右腿屈膝半蹲為實，同時雙掌向乙進擊，或胸或肋，或腰或胯，或肩或肘，忽左忽右，兩掌如抱球，乙退左足為實，右足變虛，隨退隨化，虛實轉換，兩掌陰陽變換，循環往來，至坎（離）卦方位，甲乙二人同時穿掌搭手轉身換手（圖5-31、圖5-32）。

第14動　老虎張口

　　甲乙二人陰陽手兩掌上下圓撐，向左轉走至坎（離）卦方位，進右足翻旋右轉身，兩掌不變，轉走至坎（離）

圖5-31　獅子揉球（一）

圖5-32　獅子揉球（二）

圖5-33　老虎張口（一）

圖5-34　老虎張口（二）

卦方位，進左足翻旋左轉身，兩掌不變，轉走至坎（離）卦方位，進左足再進右足再進左足左轉身，右掌翻旋，橫推而出，鬆腰沉胯，向右轉走至坎（離）卦方位，進右足再進左足再進右足右轉身，左掌翻旋，橫推而出。循環往來，至坎（離）卦方位，甲乙二人同時穿掌轉身換手（圖5-33、圖5-34）。

第15動　鑽翻點踢腿

乙左拳向甲擊來，甲上鑽其拳前翻其臂，用右腿點踢其腹，然後左旋轉走，乙右拳擊來，甲上鑽其拳前翻其臂，用左腿點踢其腹，然後右旋轉走，循環往來，至坎（離）卦方位，甲乙二人同時穿掌轉身換手。

第16動　收勢

左轉身轉走至起勢位置，甲乙二人緩緩站立，雙掌下按至身體兩側，身體立起，兩臂鬆放自然，掌心向後，兩眼平視前方，身法中正，氣勢端莊，精神飽滿，呼吸自然。

(五)宋派八卦散手

八卦散手又稱八卦拆招，不拘形式，自由搏擊，見招拆招，應手而上，攻中守，守中攻，見縫插針，一發即至，眼到手到身法到，一枝動百枝隨，周身一體，節節貫通，上下相隨，精神貫注，形神合一，樁步沉穩，鬆腰坐胯，兩臂有撐勁，兩掌有挑勁、滾勁、翻勁、擰勁、推

勁、按勁、裹勁、螺旋勁。瞬間而出，發有爆發力、震彈力、抖擻力。

遇敵不慌，臨危不懼，逢強智取，遇弱隱攻，起手如風，落掌似箭，打倒還嫌慢，閃即進，進即閃，腳踏中門橫豎找，避實擊虛轉回圈，左旋右閃回身攻，閃轉騰挪斜中取，膝頂指點足下封，遠腿近肘貼身靠。

八卦散手招法深蘊八卦掌法之中，學好練好八卦掌，是八卦散手的堅實基礎，遇敵必克，逢敵寓攻，制勝之道，在乎技精，一拳之奇，一掌之妙，熟能生巧，久能通神，功夫無多精而至，非精通不能神化。

凡百工雜藝，貴在專精，非親身造詣者不知其艱辛，然用功之久，其力非常人所能知。

八卦之功夫在於求正、求真、求實，要想求真功夫，就必須一步一個腳印地力行不懈。所難者，天長地久地持之以恆，用心體悟，自強不息，才能達到渾然天成，非道中人不知其淺深，能入八卦之門，自會深求，即所謂從真參實悟而來，日積月累，功到自然成。功夫上身，謂之一招可用，則千招可用，否則一招不可用則千招不可用，悟到深處理自明。

初學八卦掌，要從穩中求快，不要散亂。唯穩之勁不易得，出勁不穩者，其勁漂浮無力而兩足無根，出招易受制於人，強硬而易折，不能入八卦技擊之門也。能得穩勁，其勁堅實有力，慢中求快，穩中取巧，唯穩而後能快，然後無巧不生，隨剛柔變化致用不難也。

八卦技法在動中自己處處穩定重心，重心穩定平衡自然能靈活。沉穩者，意在精神，不在外面。唯獨心地平靜

而後才能精明。功勁不能致用，其弊在不知靈活之妙用，不活則滯則呆，不足以擊人、拿人、發人。能靈活則善變化，出手心嫻而手敏，然後無巧不生。多練多悟，日久功深，自能應用自如，得心應手，得八卦技擊之道。

八卦招法貴在精，與彼對壘，先觀看地形、方位、正隅、前後左右、東西南北中，要顧往三前盼在七星。內固精神，左顧右盼，無所不及，胸有成竹，居安思危，要心中有數，而不能顧此失彼。要一身輕鬆，主宰中定，才能一呼百應，節節貫串。要抱六合勿散亂，身體有蓄而發，無含蓄之勁則無發放之力。採在梢，截在根，胯打走，肩打撞，套腿絆足進步封，腰沉膝扣掌要塌，連環腿瞬間出，陰陽手上下翻。

1.掌　法

(1) 八卦明掌：

有單換掌、雙換掌、穿掌、挑掌、回身掌、翻身掌、轉身掌、螺旋掌。

單換掌、雙換掌即單手操和雙手操，搭手即左旋右轉，隨機而動，捨己從人，左右換手，出其不意而攻之，見縫插針而取之。彼實我虛，彼攻我化，彼進我轉，彼取我閃，閃即進，化即擊，在轉換中取勝。

穿掌有向上向前之勁力，腰勁、蹬勁、穿勁三勁齊發方能奏效。

挑掌有上架之勁力和翻掌之力，運用得當，稍縱即逝，挑翻之力相連不斷，斷則為人所乘，不足以擊人。

回身掌、翻身掌、轉身掌順勢而入，閃身而發，其用在腰，發力在掌。

螺旋掌弧形而出，螺旋而進，進則轉，轉則化，化則入，無孔不入。

(2) 八卦暗掌：

有撲面掌、鎖喉掌、蛇信掌、麒麟吐書掌、沉掌、推掌、托掌、搬掌、扣掌、劈掌、崩掌、抖掌、彈掌、獅子滾掌、虎吞掌、雙封掌、琵琶掌、陰陽掌、雙靠掌。

撲面掌，又稱捌掌，出手直擊彼面。

鎖喉掌，奔哽嗓咽喉。

蛇信掌、麒麟吐書掌，出手發力在中食二指，有掌不如指之稱，鎖喉拿頂閉穴。

沉掌、推掌、托掌、搬掌、扣掌，均要沉腰坐胯，兩足發力運至腰脊，其力才能雄厚沉穩，攻堅克壘，奇正相生。

劈掌，有前推上攻下按之勁。

崩掌、抖掌、彈掌，為全身彈力，瞬間爆發，一呼即出，無堅不摧，如排山倒海之勢，氣吞山河之雄。

獅子滾掌、虎吞掌，逢迎接招之間能進之則擊，退之則化，化之則發，虛實轉換，隨曲就伸，千變萬化，無窮無盡。

雙封掌、琵琶掌、陰陽掌為八卦拿法，拿之則擊，擒之則發。

雙靠掌為八卦擊法，靠者有強烈的震彈力，肩擊胯打貼身靠。沾、貼、黏、封、靠出擊。

2.腿　法

八卦明腿內含追風五腿，即點、踢、蹬、踹、踩。

點：勁力集中於一點或某一部位，準確無誤地點到力發，使彼立仆，勁力在腳尖。

踢：引進落空，得機得勢之踢法，由下而上，勁力在腳背，用時刻不容緩，抬腿便踢，取其便利靈活快速而用之。

蹬：為勇力，勁力在腳跟，發力在腳運於腰，變化在腳尖，妙在應機善變。

踹：為橫勁，踹力在腳跟，尚其猛力，踹力如彈簧，用在神速，一發即回。

踩：踩為直踩腳背與腳腕，出腿低而速，取低下不防，愈見手快者愈宜用之。

八卦暗腿，在百練一走的左旋右轉中，變化出十六腿法，稱之為八卦暗腿，包括扁踩、側踹、寸腿、套腿、封腿、扣膝拌腿、關腿、插腿、進腿、撤腿、踩腿、踩腿、靠腿、橫腿、連環腿、鴛鴦腿。

扁踩：足扁而出，中在人之膝蓋或仰面骨上，出腿快捷輕巧，愈見手密者愈宜用之。

側踹：轉腰側動，足扁而出為橫勁，尚其剛烈，需在手臂掩護周密而用之。

寸腿：取其輕巧靈動，在彼方重心失衡或敗退取之，所謂神不知鬼不覺，恍若輕風快似箭，手腳齊到，疾中快。

套腿：套彼腿足，向上向前施力。

封腿：封彼雙腿，橫向發力。

扣膝拌腿：用膝扣擊彼腿，或前或後，上下用力，可使其立仆。

關腿：向彼上步，關其雙腿，使其無退路，雙臂發力而用之。

插腿：下進步插襠，上肩擊肘靠。

進腿：在單換掌或雙換掌中，閃身進步即可用封變靠，虛實變化而用之。

撤腿：在彼進攻上步之時，撤步時運用腿膝借力用招，牽動往來，我順人背。

踩腿：發沉勁，抬腳即踩，出腿疾速，不問虛實，遇力大尚猛者以致效能。

跤腿：橫勁而出，威力極大，遇強手而用之。

靠腿：進步發招，或前或後均可用靠，全身抖彈力而用之，沉肩墜肘以發之，即可奏效。

橫腿：上手中腰下足，三節齊到而用之，橫勁而出，稱之為橫腿。

連環腿：左腿出右腿跟，連環不斷，一環扣一環，可使彼防不勝防。

鴛鴦腿：一腿出二腿到，扣足轉腰翻身拋。

3.八勁八翻

八勁：滾勁加鑽勁，爭勁加裹勁，抖勁加崩勁，按勁加彈勁。

八卦勁為彈性剛之勁，是爆發勁的基礎，練不出彈性剛之勁，就發不出無堅不摧的爆發力，這種勁也稱渾元

勁，即周身渾元一體，稍觸即發，說有即有，說無即無，為上乘功勁，非一般學者所能為。

八翻：回身、轉身、翻身、揉球、翻捶、滾身、翻肘、連環。

八翻講究的是腰腿之勁，上下九節勁，腰是總樞紐，貫通一體，梢節動，中節隨，根節催。力起於足蹬於腿，主於腰運之兩膊，達之於臂形如手指，擰旋翻轉，滾鑽爭裹，連環縱橫，燕翻龜縮。

4.八卦擒拿

八卦擒拿來自八卦功勁，需具備深厚的功力造詣，才能拿之有效，用之得心應手。

八卦拿法有拿頭、拿頸、拿頦……拿足；裡圈手、外圈手、正剪手、側剪手、拌腿拿喉、插腿拿胸、反臂拿頸、裡扳金、外扳金、採臂拿頭、頂膝拿喉、拿腕別臂、捯手扳指、插腿鎖胸、鎖臂跪膝、泰山壓頂。

拿法主要是拿骨（反關節）、拿筋（控制關節韌帶）、拿穴（使血脈不流通），人身各個關節要害部位均可施用拿法，但有拿就有解，誰技高一籌，誰就勝券在握。在技擊散打中，可先拿後發，也可在轉化彼力時施用拿法，隨處可用，用之得當，能對彼造成極大威脅。

拿頭法：右手拿彼太陽穴，左手拿其下頦，同時進左足套封其腿，運用指力，鬆腰坐胯，可使其仆倒。

拿頸法：進左足下套彼腿，上右手上拿彼頦，同時左手拿彼腰，上下合力，可使彼倒地。

拿背法：彼右手向我擊來，我右手扣其右手向側下

領，同時出左手拿其後背，雙手沉力，可將其撲倒。

拿肩法：右手點其左肩，左手拿其腰眼，兩手合力，可使其立仆。

拿臂法：彼向我擊來，我左手翻捲其臂腕，同時右手擒拿其臂，兩手合力，彼必仆倒。

拿肘法：彼右手向我擊來，我右手翻滾其腕，上扶其手，左手拿其肘，兩手合力，使其趴地。

拿胸法：彼右手向我擊來，我左手內旋擰其臂，同時進左足封靠其腿，右手上拿其胸，上下合力可將其擊倒。

拿腕法：彼右手拿我右腕，我右腕先鬆後緊，內旋翻纏拿彼手腕，同時左手扶其肘，兩手合力可使其倒地。

拿指法：彼伸手向我面部擊來，我或左或右，手拿其指內旋下沉，可將其拿倒。

拿手法：彼伸手向我胸部抓來，我含胸拿其指，同時左手輕扶其肘，可使其倒地。

拿腰法：彼向我正面擊來，或拳或腿，我進步拿腰，左右翻轉，使其無法發力。

拿臀法：彼向我擊來，我右手拿腰，左手拿其臀部，兩手合力，可使其立仆。

拿胯法：彼右腿向我擊來，我右手搬領其腿，左手進步拿胯，可使其倒地。

拿膝法：彼右腿向我擊來，我右手拿其腳腕，左手拿其膝，兩手合力，可使其仆跌。

拿足法：彼向我踢來，我一手拿其腳趾，一手拿其腳跟，兩手擰翻下沉，可將其撲倒。

裡圈手：兩手在對方胸前撐開，左右翻滾，進可拿彼

腰，上可拿彼頭，下可拿其胯，退可拿其腿足。

外圈手：彼雙手向我胸部擊來，我兩手在外圈扶其雙肘，進可拿彼肩頭，內旋翻捧可拿其雙肘，隨其往來，左右轉換，乘機而取之。

側剪手：彼向我踢來，我轉腰側身，用側剪手將其擒拿而摔之。

拌腿拿喉：我進步套封其腿足，同時用手上封其喉，可使其立仆。

插腿拿胸：我進步插襠，同時伸手拿胸，可使其倒地。

反臂拿頸：彼左手向我擊來，我右手拿其肘，左手拿其頸部，進右足上下合力，可將其撲倒。

裡扳金：拿彼手內旋沉力。

外扳金：拿彼手外旋沉力。

採臂拿頭：彼右手擊來，我左手採其臂，同時進左足套封其腿，右手拿其頭部，上下合力，可使其倒地。

頂膝拿喉：我進左足頂其後膝，同時右手拿喉，可使其立仆。

拿腕別臂：我右手拿彼腕內旋擰裹，同時左手別其臂，兩手合力，可將其擊倒。

捌手扳指：彼伸掌向我擊來，我左手拿其拇指，右手拿其四指，兩手內旋沉力，可使其下蹲趴地。

插腿鎖胸：我進步插襠，左手拿其臀部，右手鎖其胸部，可使其倒地。

鎖臂跪膝：彼右手向我擊來，我鎖其臂上提其腕，左膝跪其膝彎處，可使其倒地。

泰山壓頂：彼向我擊來，或單手或雙手，我兩手向上，拿起頭部左右太陽穴，同時雙手合力擰旋，使其失去重心而跌倒。

散打技擊施用拿法，要具備閃轉騰挪的身法、靈活多變的步法，能在瞬間飄忽而至，疾上加疾，出手冷脆快，乾淨俐落，唯乾淨而後能輕靈，唯輕靈而後能快速，出其不意，攻其不備，使人防不勝防，以八卦功雄厚的氣勢、勇武的神態，膝頂頭撞，肘擊肩靠，掌彈足踢胯打，七星為用，必須在動中求取機勢，觸敵發力變奇正，先發制人或後發先至。

制勝之道要望彼之勢，瞭解情況，準確無誤，意敷彼身，彼不動我意動，彼微動我先動，彼先發我已至，處處占先，發敵之先發。上下動，中間攻；中間攻，上下合。渾元一體，周身一家，則能達到無處不化、無處不發，漸至隨心所欲。

附錄一
劉晚蒼師承表

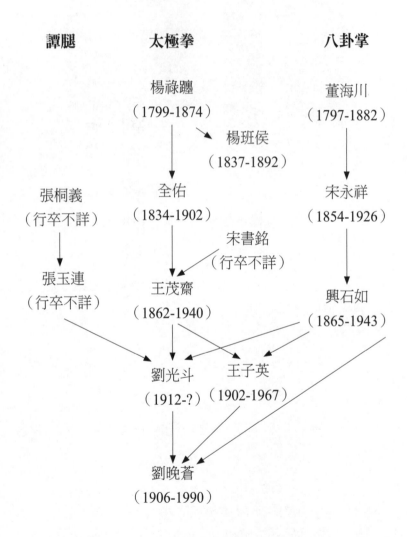

譚腿　　　　　太極拳　　　　　八卦掌

楊祿躔
（1799-1874）

董海川
（1797-1882）

楊班侯
（1837-1892）

張桐義
（行卒不詳）

全佑
（1834-1902）

宋永祥
（1854-1926）

宋書銘
（行卒不詳）

張玉連
（行卒不詳）

王茂齋
（1862-1940）

興石如
（1865-1943）

劉光斗　　王子英
（1912-?）（1902-1967）

劉晚蒼
（1906-1990）

附錄二

手抄功譜

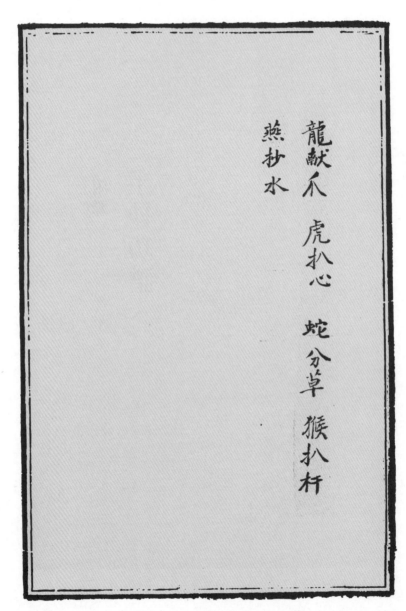

龍献爪　虎扑心　蛇分草　猴扑杆
燕抄水

詳細。著有成法。用之得當可傳無虞矣。

歌曰

推托代領須認真　搬扣刁戳用法精

任他勇力來打我　仙人換影轉身攻

又曰

未曾出手觀虛實　剛柔相濟莫遲滯

龍行虎坐蛇龜燕　五行之妙要留意

委身背靠暗打膝　高不攬　底不攔

迎風接　最為先　採在稍　截在根

進時必須　要三停

又曰十三腿

點截踩蹬盤彈蹬騸擺撞絆掛掃

出腿不見腿　腿出半邊空

使腿不過膝　護法要相宜

總而言之。身體要灵活。腿腳要敏捷。用法要

口訣

八卦掌　走為先　收即放　去即還

變化虛實步中參　行如龍　坐如虎

動似江河靜為山　陰陽手　上下翻

沉肩隨肘歸丹田　抱六合　勿散亂

氣遍身軀得自然　鑽扣步　要仔細

進退轉還在腰際　手打三　步打七

手足齊發莫遲滯　跨打走　肩打撞

42

再走下盤邁步如貓行鹿伏之勢。乃入臻妙之境。此
謂上中下之盤。天地人三才之象也。若運用此功志不
堅定不能得其完整斷難領會其中奧妙走
如風站如釘轉換掰扣要分明。腰為毒縣氣為旗。
眼觀六路。手足先鋒欲求此功之本源。須先於腰腿求
之使上中下三停貫串一氣發行四稍。何為四稍。髮為
血稍。舌為肉稍。手為骨稍。四稍通則無遲
滯之虞。愈熟愈精。，則心有所得而力自生矣。

不已。變化無窮。神而明之。則存乎其人矣。

八卦轉掌運動法

凡一舉動先將架式定準。務令六合齊整。無使錯亂氣沉丹田神貫頂初起運動切勿用力。須求開展。順其步法導其氣脈通流轉換。無遲滯之處使其氣力自生按法走轉。陰陽要明。剛柔相濟。由上盤轉換自由稍下矮勢。走中盤。走至開合伸自由極夫活之時。

40

艮為山。屬頸項。震為雷。屬舌。兌為澤。屬兩肩。

巽為風。屬兩足離為火。屬心乾坎艮巽離兌即

聰門丹田頸項兩足心腹兩肩是也此六竅並

無錯亂偏斜之處雷以震之坤以成之六合之像

備矣外六合既備內六合自然堅固內外交至乃能發

生活潑之精神何謂內六合眼與心合心與氣合氣

與血合血與肉合肉與筋合筋與骨合也內外六

合齊備而坤象成。坤地也。土地也。萬物生焉生。

八卦轉掌口訣

定勢半魚步七星　氣沉丹田神貫頂

兩臀下溜穀道提　二目注視虎中口

心虛腹實舌上捲　叩齒呼吸換液津

沉肩隨肘肘向內合　前手食指與肩平

拳術也。而以八卦轉掌名之。以其多用掌故也。

八卦則接周天之術。衍之易也曰。近取諸身

遠取諸物。乾為天。屬聰門坎為水屬丹田。

38

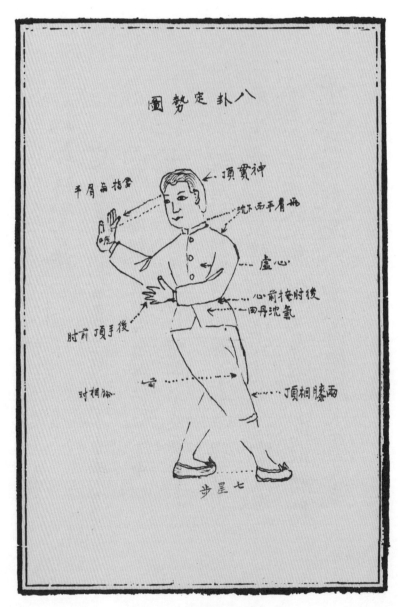

八卦定勢圖

神貫頂

露指扁肩平

兩肩平而沉下

虛心

後肘抱前心

氣沉丹田

後手頂前肘

跨楣对

兩膝相頂丁

前

七星步

上步七星

轉身擺蓮   退步跨虎

攬雀尾 進步擠擺按掤   彎弓射雁

摟膝拗步 掛足   十字單鞭

閃步搬攔捶   向右掤擠

合太極   如封四閉

十字單鞭

白鶴亮翅　提手上式

扇通背　海底針

攬雀尾 進步川掤攦擠按　上步搬搞挫

運手　十字單鞭

三掩肘　高探馬

彎弓射虎 進步裁捶　十字擺蓮

攬雀尾 掤攦擠按 進步栽捶

　　　　十字單鞭 下勢

掤分蹬腳　　　　轉身蹬腳

進步搬攔捶　　　如封四閉

懷中抱月　　　　攬雀尾 回身摟膝攦按掤掛

斜飛式　　　　　野馬分鬃 三次

玉女穿梭 四角 卸步緾攦赶攦　斜飛式

攬雀尾 掤擠攦按掤掛定　十字單鞭

運手 將劈　　　斜單鞭 下勢

金鷄獨立　　　倒輦猴 手由耳後推出

34

高探馬 先撲面高
棒手

高探馬

回身蹬腳

指襠捶

推展二起腳

左打虎式

右打虎式

進步挫捶

右分腳

左分腳

摟膝拗步

翻身撇身捶

海底撈月

披身蹬腳

蓋捶

雙風貫耳

33

十字單鞭

肘底肴捶

十字單鞭

白鶴亮翅

扇通背　捧攔手起攔托／攔番身扛肘

卸步搬榭捶

攬雀尾　挒足／掤搆攦按掤

運手五次

抱虎归山　三次或五次手由耳　仍绕前伸

倒辇猴

提手上式

海底針　摟膝指面将／手下指

撇身捶

如封四闭

十字單鞭

斜單鞭

32

太極拳運動姿勢及名目次序

攬雀尾　先向左掤擠後向右掤
　　　　擠按掤掛定外卦即籤箕式
十字單鞭

提手上式　高捧手進步擠
　　　　　上提腕
白鶴亮翅

摟膝拗步
手揮琵琶式

摟膝拗步
回抱琵琶式　与前式名称雖
　　　　　　昊其式則同

摟膝拗步
手抱琵琶式

進步搬欄捶
如封四開

白鶴亮翅
攬雀尾　回身左右摟膝拗步
　　　　擠按掤擠按掤掛定

31

自由。入門引路須口授。用功無息法休。若言体
用何為準意氣為君骨為臣。詳推用意終
何在益壽延年不老春歌兮歌兮百四十字真
切亦無遺若不向此推求去枉費功夫噫嘆惜。

　打手歌

掤攦擠按須認真。上下相隨人難近任他巨
力来打咳牽動四两撥千斤引進落空合即
出粘連黏隨不去身。

已先勁。似鬆非鬆。將展未展勁斷意不斷。

十三勢歌

十三總勢莫輕識。命意源頭在腰隙。變換

虛實須留意。氣遍身軀不稍滯。靜中觸

動動猶靜。因敵變化是神奇。勢勢存心

揆用意得來即在剎那時。刻刻留心在腰間腹

內鬆靜氣騰然尾閭正中神貫頂滿身

輕利頂夫懸。仔細留心向推求。屈伸開合聽

有餘。心為令氣為旗腰為纛。先求开展。後求緊
凑乃可臻於縝密矣。又曰先在心後在身腹鬆
氣斂神舒體靜。刻〳在心切記一動无有不動。一
靜无有不靜。內固精神外示安逸。邁步如
貓行。運勁以抽絲。全身意在蓄神。不在勁
氣有氣者无力无氣者純剛氣以車輪腰为
車軸。
又曰彼不動。己不動。彼微動。彼微動。

發勁沉著鬆靜。專注一方。立身須中正安舒。
支撐八面。行氣如九曲珠無微不利（氣徧週身
之謂）運勁如百鍊鋼。何堅不摧。形如搏兔之
鶻。神如捕鼠之貓。靜如山岳。動是江河。蓄勁
如開弓。發勁如放箭。曲中求直。蓄而後發。力
由脊發。步隨身換。收即是放。斷而後連。往復須
有摺疊。進退須有轉換。極柔軟而後極堅硬。能
呼吸然後能靈活。氣以直養而無害。勁以曲蓄而

左顧右盼此五行也。合而言之曰十三勢也。掤攦擠

按即坎離震兌四方也。採挒肘靠即乾坤艮

巽四斜角也。進退顧盼定即金木水火也。

十三勢行心解

以心行氣務令沉著乃能收歛入骨以氣行

心身務令順遂乃能便利從心精神能提

得起則無遲重之虞(所謂頂头懸也)意氣

須換灵乃有圓活之趣(所謂變轉虛實)

26

懂勁。懂勁後。愈練愈精默識揣摩。漸至從心

所欲。本是舍己從人乃多誤爲舍近求遠。所

謂差之毫厘謬之千里學者不可不詳焉此

論句、要切。並無一字敷衍。先師不肯妄傳也右

係武當山張三峯老师遺論欲天下豪傑延年養

生不徒作藝技之談也。

長拳者。如長江大海滔、不絕也。十三勢者。乃掤

搋擠按採挒肘告非此八卦也。進步。退步。中定。

知我。之獨知人。英雄所向無敵。蓋由此而及也。斯技旁
甚多雖有區別。概不外手強欺弱。欺弱耳至有
力打無力手快勝手慢。皆先天自然之理也。然察四
兩撥千斤之句顯非力勝觀耄耋能禦群眾之功。快
復奚益必立如平準。活似車輪。偏沉則隨雙重則
滯。每見數年純功不能運化者。率皆已為人制。
未悟雙重之病耳。欲避此病。須知陰陽。粘即是
走。即是粘陽不離陰。。不離陽陰陽相濟。方為

24

王宗岳談太極拳 一名長拳一名十三式

太極者。無極而生陰陽之母也動之則分靜之則合。無過

不及隨曲就伸人剛我柔謂之走我順人背謂之粘動

急則急應。動緩則緩隨雖變化萬端。而理為一貫由

著熟而漸悟。識勁而漸神然。非用力之久不能豁然

貫通焉虛領頂勁。氣沈丹田不偏不倚忽隱忽

見左而重而右虛右重則左去仰之則彌高俯之則彌深

進之則愈長。退之則愈促。一羽不能加。一蠅不能落人不

23

武術集宗

劉晚蒼

22

出入於太虛之間消息於五行之變化權度三才萬物之機故晦朔寒暑晝夜生死相尋移度何必假鬼神

手我一念息操之耳卻月色百花耶情耶熟解語耶而流水花開流耶苞耶孰解帶耶行善明明情

理奪尊星移斗轉今合天地故判理定情而通形相之變化齊日相門出諸智用之無涯花開見性是真自

蓮成三傳至今衣鉢未絕艷名揚海嶠幾過行雲光尉示敏謹作尺牘用傳不朽用拈一偈曰一

曰夜鉢自僧董海川于皖遊萬華山夢遇二童子既悟上山面壁三年忽遇聖僧僅得一觀而藝

在變用明明不朽養生故斯手

八卦圖解終、

清風作伴　明月為家　以筆帶耕　眠雲立雪　鉄笛無人吹　白雲無人掃　冷笑雲三聲　看空山秋月

箴故傳神踏明珠掌上玩應萬方規必傳一神拯圖騫索模範可得籍慰仙心以示不忘乃立規言三章于戰錄

三

於左

曰防身　天地間一草一木俱有情況人而無情不如草木故人不害我乃我不傷人苟謂虎不傷人人自剋我

豈不為虎無傷人心人有害虎意耶存公去私豈見天地之情以德州暴天地以瀟飒之為心自善其身

不彼恐果其與我問哉

曰保身　明哲保身亦有所本乎觀夫萬物各善其生人而獨不可乎還虛拘模古有時明訊却病近年

元自仙傳道按陰陽無極伊始太極判生一乃出八卦而四相於是定伍化成于四氣週流于天地之表

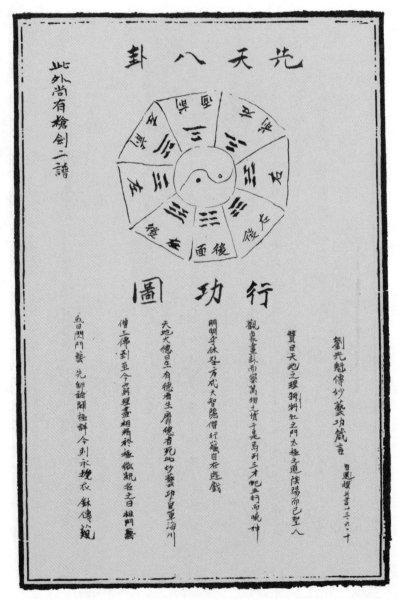

先天八卦

行功圖

此外尚有槍劍二譜

劉光魁傳妙藝功箴言

贊曰天地之理物物丸一之門太極之道陰陽而已聖人

觀象畫卦而窮萬物之情千是馬列三才肥五行而曉神

明明乎休矣方成大智隱僧行藏自在遊戲

天地大德曰生有德者生靡德者死此妙藝功旦重海川

僧三傳到至今新理盡精終極微統名之曰相門雲

或曰閉門藝　先師論闢極詳今則承攬衣鉢傳翰

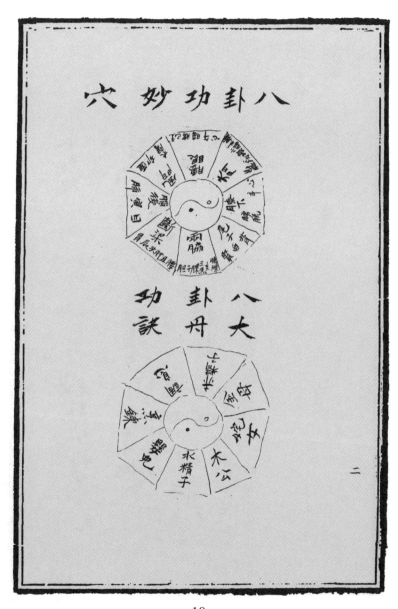

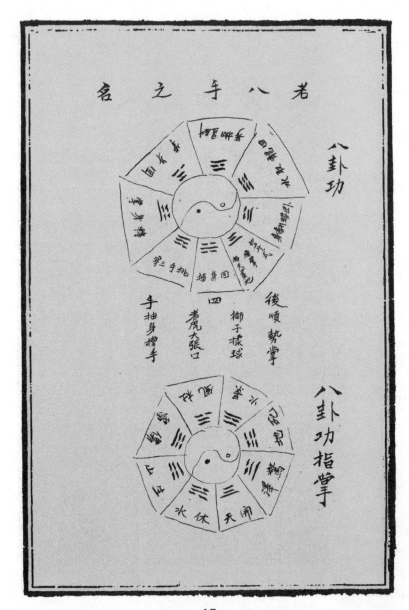

閃門藝一手分八手八八六十四手一手又分又分八手五百一十二手其式之形掌如蓮花步如楊柳龍蹲虎坐燕翻龜縮形似桃蟲

閃轉趨避為四象手眼身腿步為五行腿手眼心神意六合

掩手為飛九宮變化神奇中通消息謂之手音隨高就低謂之上盤身如天秤手如滾板而與轆轆動不同者此總像上手動也

宋派叠掌步出三不教 不孝不義淫盜是也

八卦槍點劈攔拘挂提攔撩刺神乎嘆觀止已

八卦刀點鉤刺削旋劈刺頓剉

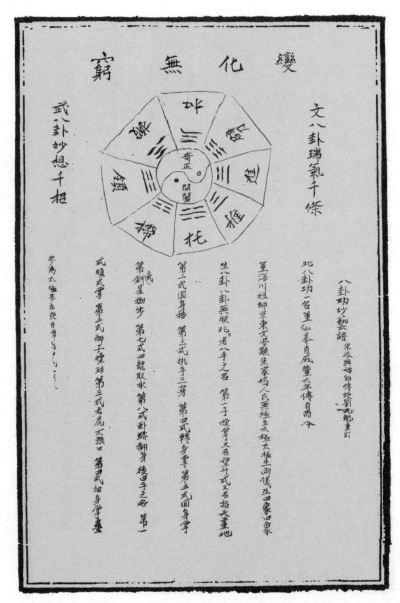

變化無窮

武卦妙想千招

文八卦瑞氣千條

奇正 開闔

八卦功妙藝譜　宋派興福師傳授劉乡刱重訂

此八卦功一名蓮仙拳身咸豐六年傳易今

董海川祖師係京東文安縣朱家塢人氏無極生太極生兩儀生四象四象

生八卦八卦無朕兆老八羊之名　第二手搜掌又名望斗式又名指天畫地

第二式回身掌　第三式挑手三芽　第四式轉身掌　第五式回身掌

式鈄星拗步　第七式四龍取水　第八式卧蠓翻身　後四手之名　第一

式順式掌　第一式獅子探球　第三式右虎大灑口　第式抽身挐臺

15

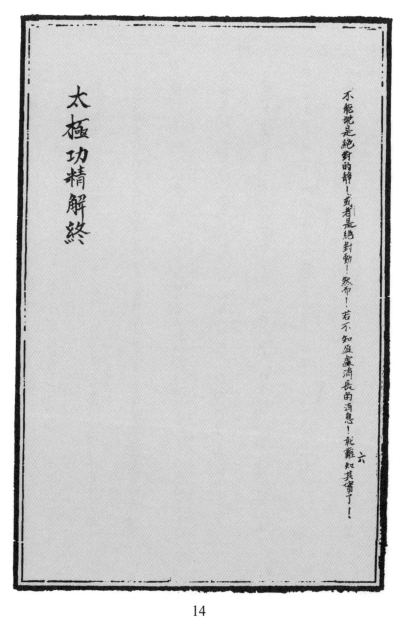

太極功精解終

不能說是絕對的靜～或者是絕對動！然而！若不知盈虛消長的消息！就難如其實了！

六

14

太極功最益於養身！那麼！他養身方法何所從來！太極門最烈精的道理就是陰陽生剋！譬喻

人身有動靜二脈！用為過動傷陽過靜傷陰！然而！陰極陽生！陽極陰伏！也能過其過便之極！

即能有齊！雖偏陰！偏陽在人身皆是病！而能藉其病養身！其理安在！就譬喻為王治水一樣！

使水之大者也！入海！小者入江河！但不用提防！就是這個理了！

這理應該注意的一點！不管是偏於陽！也不管是偏於陰！都用一個方法！同樣的可以補救！

這樣的方法是什麼呢？就是面說的因勢力導！就是以靜化動！以動運靜的趣旨，陰陽的假理！處夕

可以推着用！所以！人們聽德得陰陽兩個字也都煩了！其實不過醫家有仔細的研究！但是之也

與拳術的理亦合！太極拳就是動靜相生的情形！就是由以靜化動！以動運靜相生來的！雖然

勁！貓龍畫畫，畫虎的指書，人家就殘殘奈何他了！

五

太極拳練到這裡就算是九尺竿頭，學者願教再進一步看自己的力量，人家說太極門

殘有力量怎麼會打人呢？這話說出來，不算稀奇，專為外人不能懂得太極門致純剛的道理

理！雖然！他殘有濁勁！外表純是柔弱！不過內裡純是堅剛！自然！人家若單知道他是柔弱！

怎能不吃他的虧呢！所幸不欺負他！他決不至於暗算傷人！若是動貪他，六消他，拳一手就可以傷人！

他用不着暗算！但是！他也不怕暗算！他有這樣的拳德！還有那些碌碌之輩！外表本不異

強健！但殘有得着這點子內勁！就可以同日而語嗎！

內功要旨

劉光鬥

按着架子！指點着！使他處夕都掃摩到了！比給他看！教他處夕都着挂上這點奧勁的意思在內！

這時學者才知道！自己所練的太極拳了！揢龍畫虎的樣子！處處都是很有用的！

自然！他會精益求精！把自己所練出來處夕的鋒棱掩藏起來！雖然！他練得更圓活了！大概！

越是精於太極的人夕裡更含渾！就是這個裡！他的手自然容易哄人！但他就會把人當作瞎子看

的！雖他自己夕不用眼睛了！

會太極的人不難與外門人鬥氣！他只有勝人的奧妙！他瞧不起人家講究力大！手快！手毒那些！

說！他的手毒不毒！他可以自主！決不倚着手毒討便宜！他的手就是慢！但此得別快！因為

他懂得取勢所以別人快！也就得用處了！說就是人家講力氣！他最瞧不起！真的！他聽着

手呪！雖然！練習久了！性體非常的平靜！自然不居這一門裡！他自有平靜的須要！所以才練得如此。

就仿彿墨賊在水裡放墨汁！保護他自己的身體一般！您想！用智而沁探臘算的奉活！那得不是精明

而平靜的人呢！惟獨心地平靜然後才能精明！最把人個練得迷而優腳！才算是了結了這一面事！

工夫不到此種不能受用！凡是發勁都是由含蓄裡來的！心非涵養定不下！勁非含蓄！然後得

不着那個于甲自然的真勁！真勁就是由心神專一發出的！所以含養得到！然後工夫總能受用

自然！得着這個勁！蠅虫不能落！微加羽不能加！其神妙也氣可想而知了！也不謹々就像放箭樣

那麼利害！有說得好的！給這種勁叫搠弓！

工夫練得好了！自然！無處顧不得到了！這個自然見要有深一層的鍛鍊！把他得着的一無與勁！

見～時常去練～永不隔下！自然～櫂永芽老的工夫也疵出來了！雖然是熟能生巧～精嵗通神～然而～的確

是自然的道理～日子久了！工夫自然不可思議！但有笨須注意的件事情！運動時候！手裡要怎沉！

然後！以意理行！前後左一胥而！勁是斷非斷！手似連非連！即是不丟不頂！所以！說是無間然！

這是難得很了！玲瓏好像九由之珠！無處是不可以變化的！手裡的智靈勁好似潭深之月～差

毫厘都不是了！所以初學的人講不得這個！雖然過來的人是明白的！那廐！對初學的人應該怎料呢！

須要告訴他！一天練快了！是求不出工夫！須要越慢越好！越練得慢些！氣力越能長些！下苦工夫的人車

常一趟架子一百多手練一點鐘！這也方能方知道吧！

練太極的人很注重涵養了！我們方必打趄他～說是弱如處女！其實處女要練得該弱的到什麼樣

9

是較近拳術成了國家的利器！是否能讓人人會的！也得看人們的機緣如何！不敢遽斷！雖然可以自衛！可以

三

防身！但恐怕是不容易易得的！得着自愛！未得看之人勉着也！

太極功精解

劉　光　斗

太極門內功的根本在太極拳裡！自然！我是要來講太極拳了！但我決不畫圖作說來講太極拳的式子！

太極拳的式子有楊祿堂先生的太極式工拳學講的很好！雖然他與此地楊派所傳不同！別为外講萬先生著

的十三勢圖解！倒是這派傳盡可以參考！並且！雖未盡書而精於口授的老師傅多的很，須知譚一先生都是

由口授得來的！我術講的！在學會式子以後，怎样用功的方法，我願示願意講這個難題！雖然恐怕

在過些年也竟有來講的！所以我茫然的變誰！太極拳架子學，會了以後，只要學者用流水不停的眼

8

太極門堂奧的質難　　劉王剛

我把太極門的工夫輕易地說了！我是打算拌袞而鬻的！況且我說的工夫！既莫有鴬人也莫有胡

說！我不招災惹禍！不過把這點國術的貢獻送給同胞四海兄弟強是國硬家賣亡國給外國人也呢！

雖然！我所講的虛夕都有重要之點！但可以說大庭都說得齊全口還有細密的地方！當另有文章發

表他！然而！那地不甚需要ㄧ由為入門引路須口授工夫無思法自修！夢能入門自會深求的！

如果尚有人以為我說的不齊全！我講問您！怎樣就可以仰之則彌深！進之則愈長！退之則愈促！艳是說

若要應敵！怎样縱能俯仰進退都隨心好意呢！前篇所說的也不過這個！可不要小看了這個題目！

我作這篇後的算難！不是指別人的質難！因為別人與我同胞着齊世的……美亦會質難我的！我所……

勁上着差別就是了！本算不了什麼！不過！逾是細微！才見出神奇奧妙！偏走遍處都有用！

二

前者也不過如此！

另外我見解為太極門是在虛裡討巧！自然！這是道家的傳授！挂着道門的色彩了！所以、

牠最不講固執！能夠像水一班纔好！水執最陰！所以、舭的陰聲也與道家的！鷰鳥特聲執子　其、

先伏！聖人將動心有愚色見解完全一致！雖然牠的目的在於獨善其身！也無弯於人！

太極門並不怕堅強的敵人！因為、身上的勁！在枝數上不能有進車！就是說用一個式出手打人同

時自己殘有能防護住了自己力量！所以犯不怕力氣大的！武藝高的、我聽說楊班候(的太極拳練最高)

也殘有長着三頭六臂呢！(而就是锻练而亦)本文說的太嫷嘹了！不仅前輩說的萬一啊！

太極門的奧妙正在這裡！不可以忽視！雖然牠有自然的變化！惟獨最善於囬環歲事的就是太

極門！這是自然的道理！能夠隨着敵人的鋒棱！在武術裡！不怕失去個人自己的個性！但我無處不可

隨順！就是我無身體之患！無處可以傷我了！我另有意藏着的力量！焉知不可以擊人呢！這是

太極門的特長！這是國術裡專門的一家與家不同！

但我所見！尚不此些！凡精於此道的！能分出敵手中之裡外勁！他的妙處在橫着敵的外勁！隨

處可以拿敵人的裡勁！裡勁就是根！所以敵人活着他的手裡有能踏住腳的何況能勝他！這並不着因

循和什麼分合變化！那麼這又是怎樣一囬事！

這些算不了什麼例外！也是由囬循裡來的！就是譬說！太極向來是柔中属剛！這裡

變～轉譬喻轉則是可虛可實的！虛呢？實呢？譬喻伸出一手以虛勁可以空敵～就是虛！以實勁可以擊敵～

是實！怎樣就虛！怎樣就實！這點子活機開起是勁意！亂其有標準！就不足言矣呀！然而～據

我所見莫非一分合就是牠的標準！並不問利害！無非由分中求合但以合救其分之為敵所乘！由合中求

分但以分齊其合之為力不足制敵！循環相成！可知勁意之妙就在其刃了！

譬喻！敵人擊我！我忽然由分而合或由合而分！雖然我微有移動但敵人按原意打來～不是打

不到就是適力了！殘有打到那自然不用說～若是打過了！雖然人拳腳可以到了我的身上但敵

人的勁並殘有發出來！仍然是殘有打到！這就有隙可乘了！難然我不須乘他的空隙！但我

隨有變化！敵人就會敗的！

太極功精解

太極門精到的堂奧　　劉正剛

我並不精於太極拳術，我就不佩來作這個題目！況且論到太極門精到的堂奧也不許我來講話？

就是許我講話，況且世上不知名的高人多着哩！但我十年來以來並未曾聽見那一位老師傅講

過這個題目！這個學習自然是不許我來講了！自然也有不用我來講一點，就是太極的勁意

，人們都知道那是神妙難剎了！諸位老前輩也還有不是得着這一點總成名的！這一點勁意

為什麼神妙呢！雖然人們不得而知！或者當代高明諸位前輩並未曾具體的研究！讓我

講給讀者聽吧！並且我要補充前者所述的勁意是由變轉虛實講來的！

3

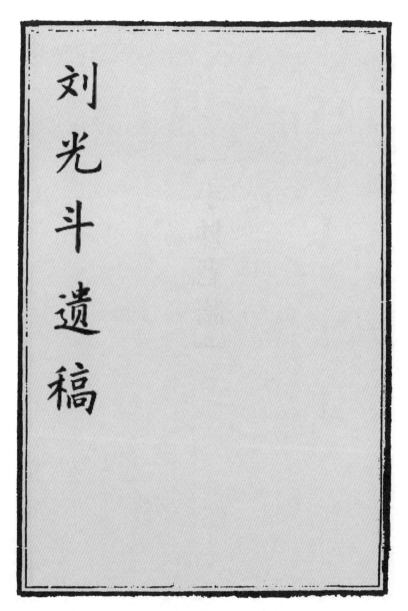

刘光斗遗稿

2

【手抄老譜】

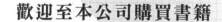

歡迎至本公司購買書籍

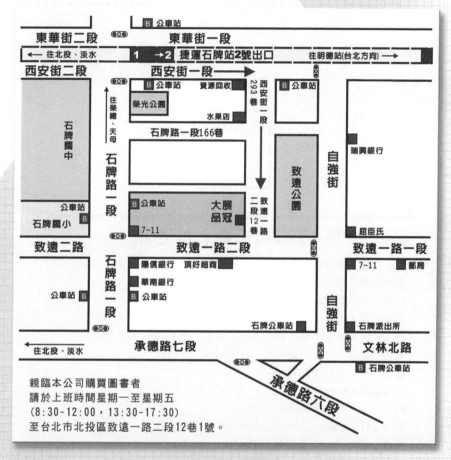

親臨本公司購買圖書者
請於上班時間星期一至星期五
(8：30-12：00，13：30-17：30)
至台北市北投區致遠一路二段12巷1號。

建議路線
1.搭乘捷運
　　淡水信義線石牌站下車，由月台上二號出口出站，二號出口出站後靠右邊，沿著捷運高架往台北方向走(往明德站方向)，其街名為西安街，約80公尺後至西安街一段293巷進入(巷口有一公車站牌，站名為自強街口，勿超過紅綠燈)，再步行約200公尺可達本公司，本公司面對致遠公園。

2.自行開車或騎車
　　由承德路接石牌路，看到陽信銀行右轉，此條即為致遠一路二段，在遇到自強街(紅綠燈)前的巷子左轉，即可看到本公司招牌。

國家圖書館出版品預行編目資料

劉晚蒼傳內家功夫與手抄老譜 / 劉晚蒼、劉光鼎、劉培俊著.
——初版——臺北市，大展，2020 [民 109.08]
面；21公分—（武術特輯；163）
ISBN　978-986-346-307-8（平裝）
1. 武術　2. 中國
528.97　　　　　　　　　　　　　　　　109008046

劉晚蒼傳-內家功夫與手抄老譜

原　　著/劉晚蒼、劉光鼎、劉培俊
責任編輯/胡志華
發行人/蔡森明
出版者/大展出版社有限公司
社　　址/臺北市北投區（石牌）致遠一路2段12巷1號
電　　話/（02）28236031，28236033，28233123
傳　　真/（02）28272069
郵政劃撥/01669551
網　　址/www.dah-jaan.com.tw
E-mail/service@dah-jaan.com.tw
登記證/局版臺業字第2171號
承印者/傳興印刷有限公司
裝　　訂/佳昇興業有限公司
排版者/菩薩蠻數位文化有限公司
授權者/北京科學技術出版社
初版1刷/2020年（民109）8月　　　　　定價/450元

大展好書　好書大展
品嘗好書　冠群可期

大展好書　好書大展
品嘗好書　冠群可期